Das Buch

Nein, nicht alle Frauen wollen unterworfen werden. Für alle, die sich lieber selbst aussuchen, Was sie Wo mit Wem machen, gibt es *Unwiderstehlich* von Naomi Noah.

Man könnte die zwölf Geschichten von Naomi Noah auch das »dreckige Dutzend« nennen. Aber die Kurzgeschichten sind viel mehr als das. Schon die Titel sprechen Bände. Ob Hugo, der Schweinehund das Spiel bestimmt, multiple Persönlichkeiten aufeinandertreffen oder ob es um eine Umdeutung von bekannten Storys wie *Laugh, Eat, Pray* oder *Toy Story* geht – alle Geschichten lösen etwas im Stammhirn aus, das direkt zwischen die Beine der Leser geht.

Die Autorin

Naomi Noah Weltenbummlerin ist im Rheinland aufgewachsen, hat viele Jahre in der Werbebranche gearbeitet und wollte schon immer mehr aus »Sex sells« machen als ein Marketingkonzept. Trotz erfolgreicher Veröffentlichung in anderen Genres ist sie stets ihrer Liebe zur *ars erotica* treu geblieben.

Weitere Informationen zu Naomi Noah finden Sie unter www.naomi-noah.de

NAOMI NOAH

Unwiderstehlic

Erotische Geschichten

WILHELM HEYNE VERLAG
MÜNCHEN

w.heyne-hardcore.de finden Sie das

Hardcore-Programm, den monatlichen Newsletter

er halbjährlich erscheinendes

azin mit Themen rund um das Hardcore-Universum.

Verlagsgruppe Random House FSC® N001967
Das für dieses Buch verwendete
FSC®-zertifizierte Papier *Holmen Book Cream*
liefert Holmen Paper, Hallstavik, Schweden.

Originalausgabe 05/2013
Copyright © 2013 by Naomi Noah
Copyright © 2013 by Wilhelm Heyne Verlag, München,
in der Verlagsgruppe Random House GmbH
Umschlaggestaltung: yellowfarm GmbH, S. Freischem
unter Verwendung eines Motivs von
© Demurez Cover Arts / Alex Maxim / Maxim Stockphotos
Satz: C. Schaber Datentechnik, Wels
Druck und Bindung: GGP Media GmbH, Pößneck
Printed in Germany

ISBN 978-3-453-67651-0

www.heyne-hardcore.de

Das dreckige Dutzend

An dieser Stelle möchte ich mich für die wertvollen Anmerkungen meiner Agentin von der Agentur Meller bedanken. Größten Dank schulde ich auch meiner Testleserin Ulrike H., deren häuslichen Bettfrieden ich beinahe überstrapaziert habe. Großen Dank für ihre Mithilfe geht auch an Paul H. und an Verena G. und natürlich an meinen »Beloved Husband«.

Laugh, Pray, Eat

Wie eine Kuh auf dem Eis, die Schlittschuhe trägt. Nele biss sich auf die Zunge, damit sie nicht laut loslachte. Sie blieb einen Moment auf der kleinen Treppe stehen, die runter ins warme Wasser des Schwebebeckens führte. Der Kerl vor ihr hatte arge Probleme. Er ruderte mit den Armen, damit der Oberkörper nicht unterging, während er verzweifelt versuchte, gleichzeitig seine Beine und seine Arme auf jeweils einer Poolnudel abzulegen. So konnte das ja auch nicht klappen. Völlig mit dem Sich-über-Wasser-Halten beschäftigt, bemerkte er gar nicht, dass da jemand am Beckenrand stand. Nele konnte ihren Blick kaum von dieser absurden Szene abwenden, auch wenn sie es eigentlich nicht mochte, dass da schon jemand vor ihr im Wasser war.

Am liebsten ging sie montagmorgens in die Sauna, wenn noch kaum Gäste da waren. Bisher hatte Nele nur ein paar Angestellte getroffen. Es war ruhig, sehr ruhig. Kein Geschnatter von den Frauen, keine lauten Wasserplatscher der Männer, die mit Anlauf in die Schwimmbecken springen mussten. Die asiatische Saunalandschaft war noch leer und ihrer Erfahrung nach würde dieser Zustand noch ungefähr anderthalb bis zwei Stunden anhalten. Und das war gut so. Sie brauchte die Erholung dringend, und jetzt wollte sie einfach nur in aller Ruhe im warmen Wasser schweben. Die Gelenke, die Muskeln, die

Gedanken, alles entspannte sich. Deshalb ging sie zuallererst immer ins Schwebebecken mit der sanften Unterwassermusik, und erst danach kam das Schwitzen.

Doch was sie jetzt geboten bekam, hatte sie so auch noch nicht gesehen. Gerade kippte der Mann zu einer Seite, die bunten Poolnudeln schossen nach außen weg, und er drehte sich unter Wasser um sich selbst. Nele konnte nicht mehr an sich halten. Sie lachte laut auf. Es war aber auch wirklich zu komisch.

Als er sich einigermaßen sortiert hatte und endlich wieder stand, blickte er wie ein begossener Pudel zu ihr hoch. Etwas schuldbewusst stieg Nele jetzt die gekachelten Mosaikfliesen hinab ins warme Wasser. Als wenn nichts gewesen wäre, schnappte sie sich zwei von den Schaumstoffröhren und legte sich eine ins Genick, während sie sich die andere unter die Kniekehlen schob. *So machte man das, mein Herr.* Völlig gelöst lag sie im Wasser. Aus dem Augenwinkel nahm sie wahr, wie der Mann es ihr nachtat. Und schon nach wenigen Sekunden war Ruhe im Becken. Sie konnte endlich relaxen und der Unterwassermusik lauschen.

Aber so ganz klappte es nicht mit der Entspannung. Immer wieder linste sie hinüber zu diesem komischen Typen. Na ja, er selbst war eigentlich gar nicht komisch, sondern nur der Umstand, dass er nicht wusste, wie man gelassen im Wasser abhängt. Jetzt sah er ganz normal aus, wie er da mit geschlossenen Augen durchs Wasser trieb. Dreitagebart, dunkles Haar, Sportlerfigur und ein schöner Schwanz, soweit man das im entspannten Zustand beurteilen konnte. Er war weder zugewachsen noch völlig glatt rasiert wie ein Kinderpopo. Nele zuckte zurück, als sie bemerkte, dass er sie dabei beobachtete, wie sie ihn beobachtete. Und dass sich ihre Brustwarzen verräterisch aufgerichtet hatten, war nun wirklich keine Hilfe. Sie drehte sich verschämt weg und tat so, als würde sie ihn gar nicht bemerken.

Ob es nun daran lag, dass er sich über ihre Blicke geärgert hatte, oder er einfach nicht im Wasser entspannen konnte, jedenfalls stieg er nun langsam die Treppe hoch. Kleine Wellen schwappten über Neles Körper. Jetzt hatte sie Gelegenheit, auch noch seinen muskulösen Rücken und seinen wohlgeformten Hintern zu bewundern. Mit verstohlenen Paddelbewegungen ihrer Hände brachte sie sich in den richtigen Winkel und linste durch halb geschlossene Augenlider. Kein Marathonmann, dafür war er zu muskulös, eher ein Schwimmer – oder vielleicht machte er seit seiner Kindheit Judo oder trainierte für die K2-Besteigung. Aber er war definitiv ein aktiver Sportler, der sich jetzt zu ihr herumdrehte, als er seine Badelatschen anzog. Er grinste sie an, als habe er ihre Blicke bemerkt, dann war er schon verschwunden.

Schade, dachte Nele. So einen tollen Körper kriegt man nicht oft zu sehen. Und noch viel seltener kriegt man so einen Körper ins heimische Bett, oder wo man es sonst noch treiben konnte. *Wirklich schade.* Sie stieß die Poolnudeln beiseite und ließ sich komplett ins Wasser gleiten. Als sie wieder hochkam, fand ihr Körper endlich die perfekte Balance. Er schwebte von ganz allein auf der Wasseroberfläche und senkte und hob sich leicht im Rhythmus ihres Atems.

Nach zwanzig Minuten im warmen Wasser stieg sie die Treppe hoch und trocknete sich ab. Dick in ihren Bademantel eingemummelt, ging sie nach draußen und atmete die frische Winterluft tief ein. Wie immer folgte sie den Steinplatten bis zur Kiesspirale und lief dort einmal bis zum Zentrum und zurück. Aber ihre Gedanken kreisten weiter. *Verdammt, heute fand sie einfach keinen Weg zur inneren Mitte.* Die letzten Wochen waren aber auch sehr stressig gewesen. Als selbstständige Unternehmerin mit einem *One-woman*-Cateringservice waren ihre Wochenenden immer mit Arbeit belegt. In der letzten Woche hatte sie zusätzlich noch zwei weitere Aufträge gehabt und seit drei Monaten nur ein freies Wochenende. Sie brauchte dringend eine Ruhepause. Deswegen war heute das volle Verwöhnprogramm angesagt. Und am Nachmittag würde sie sich noch eine Massage gönnen, bevor sie nach einem letzten Aufguss, bei dem sie sich mit Rosenblütenöl einölen würde, nach Hause fuhr.

Am Ende des Zengartens stand eine große, mit Sand gefüllte Steinschale direkt neben einem dicken lachenden Buddha aus Marmor. Im Sand steckte ein einzelnes glimmendes Räucherstäbchen. Neben der Schale lagen mehrere Packungen davon in verschiedenen Duftrichtungen und in einem Windglas brannte eine Kerze.

Nele nahm sich ein Stäbchen mit Lotusduft und hielt es über die Kerzenflamme, bis die Spitze brannte. Sie steckte es in den Sand, und als sie es ausblies, wünschte sie sich etwas. *Morgen Abend, wenn sie ihre Eltern besuchte, bitte keine Diskussion über den noch immer fehlenden Schwiegersohn.* Sie nahm sich noch ein Stäbchen und wiederholte die Prozedur. *Bitte nicht krank werden bis zu ihrem verdienten Urlaub Ende März.* Noch ein Stäbchen. *Endlich nicht immer nur andere glückliche Paare bekochen müssen.* Und noch eins. *Bitte endlich Mister Right über den Weg laufen.* Sie hielt das fünfte Stäbchen schon in der Hand, als sie glaubte, auf dem Gesicht des lachenden Buddhas einen ärgerlichen Zug zu entdecken. *Ja, ja, schon gut. Wir wollen es mal nicht übertreiben.* Sie legte das Räucherstäbchen zurück und verneigte sich mit gefalteten Händen vor der Statue. Es war ohnehin Zeit für das Dampfbad. Zu jeder vollen Stunde gab es dort ein Schoko-Zucker-Peeling.

Nele öffnete die Glastür und warmer Wasserdampf quoll ihr aus einem großen Kachelofen entgegen, der in der Mitte des Raumes stand. Es war heiß. Heiß und feucht. Der gekachelte Raum war völlig vernebelt. Genau so, wie sie es am liebsten hatte. Sie schloss die Tür hinter sich und spritzte mit einem Wasserschlauch die Sitzfläche in einer der Nischen ab. Erst jetzt setzte sie sich. Sie spürte die warmen Kacheln auf ihrer Haut. Der Wasserdampf setzte sich sofort auf ihrer Haut und in ihren Poren ab. Herrlich. Sie schwitzte sich die Arbeit und die Anstrengung des letzten Wochenendes aus dem Körper und konnte förmlich spüren, wie sich ihre verspannten Muskeln an den Schultern allmählich lockerten.

Nach ein paar Minuten ging die Tür auf und eine Angestellte kam herein. Sie trug ein Tablett mit kleinen Schälchen.

»So, wie viele haben wir denn hier?«

Nele stand schon. »Nur mich.«

»Das stimmt nicht«, kam eine Stimme aus der gegenüberliegenden Nische. Der Kerl von vorhin tauchte plötzlich aus dem Dampf auf.

»Also nur zwei Personen. Na, da bekommen Sie beide zwei Schälchen. Wissen Sie, wie es geht?«

»Ja«, sagte Nele.

»Nein«, sagte der Mann.

»Okay, also hier haben wir eine Schokoladen-Zucker-Mischung mit hochwertigem Olivenöl. Der Zucker bringt den Peelingeffekt, die Schokolade pflegt die Haut, und das Öl ist dafür da, dass Sie das Gemisch besser auftragen können. Wenn Ihre Haut richtig warm ist, bitte auf dem ganzen Körper auftragen und zehn Minuten einziehen lassen. Und bitte denken Sie daran, sich hinterher richtig gut abzuduschen.« Sie hielt Nele das Tablett hin, die sich zwei Schälchen nahm. Auch der Mann griff zu. Dann schloss sich die Tür wieder hinter der Angestellten.

Nele stellte die Schälchen auf dem Dampfofen ab. Sofort fing sie an, die süße Masse auf ihren verschwitzten Körper aufzutragen. Erst die Schultern und Arme, dann das Dekolleté und die Brüste ...

Der Typ stand immer noch mit den beiden Schälchen in der Hand da und schaute sie an. Wenn Nele es richtig sah, dann regte sich sein Schwanz gerade. *Gelegenheit macht Diebe,* schoss ihr durch den Kopf. Sie dachte an den Wunsch, für den sie beinahe das fünfte Räucherstäbchen angezündet hätte. Sie brauchte doch lediglich das Feuer ein wenig anfachen, dann ...

Schon ganz gebannt beobachtete er, wie sie sich die Brüste mit der Schoko-Zucker-Paste eincremte. Aber das reichte schließlich nicht. Um einen Peelingeffekt zu bekommen, musste man sich die ölige Masse rubbelnd in die Haut einmassieren. Ein wenig schadenfroh rieb Nele sich in langsamen Kreisen das braune Gemisch über die Brüste. Der Typ starrte sie noch immer durch den Nebel hindurch an, und wie sie nun zweifelsfrei sehen konnte, wurde sein Schwanz immer größer. Etwas zu spät verzog er sich hinter den Kachelofen, um seine Latte zu verstecken. Offenbar war er ein gut erzogener Junge.

Sie stellte ein Bein auf die Sitzfläche und massierte sich die Schokopaste weiter auf dem Po und den Oberschenkeln ein. Erst jetzt fing er an, sich selbst einzureiben. Dabei drehte er sich weg, sodass Nele jetzt nur noch seine muskulöse Rückseite sehen konnte. *Mamma Mia, war der Kerl gut gebaut.* Sie hielt inne. Bis auf das Gesicht und den Rücken war sie nun komplett von dieser duftenden Masse umhüllt. Vorsichtig rieb sie sich die Schokopaste ins Gesicht. Mit umständlichen Verrenkungen versuchte sie nun, ihren Rücken einzuschmieren.

»Soll ich helfen?«

Nele zuckte zusammen. Sie drehte sich zu dem Kerl um. Offenbar schien er seinen Schwanz unter Kontrolle zu haben, denn er hing jetzt wieder ganz züchtig und unschuldig zwischen seinen Beinen.

»Ähm ... ich ... also ... Okay.« Sie reichte ihm eins ihrer Schälchen und drehte ihm den Rücken zu. Gefühlvoll massierte er die Masse über ihre Schultern bis runter zur Taille und über die Hüften, bis er kurz vor dem Po haltmachte. Auch an ihrem seitlichen Oberkörper wagte er sich nur so weit vor, dass er die Ansätze ihrer Brüste nicht streifte. *Wie schade.*

Jetzt hielt er ihr ein Schälchen hin. »Machst du das auch bei mir?«

»Klar.« Nele stand hinter ihm und fing oben an seinen Schultern an. In langsamen Kreisen arbeitete sie sich immer weiter runter. Herrliche Muskeln, schöne Haut und der Hintern: perfekt. Aber den ließ sie natürlich aus – na ja, fast. Sie konnte es nicht lassen, ihm wenigstens über die äußerste Wölbung zu streichen.

Überrascht strafften sich die Schultern des Kerls, aber er drehte sich nicht um. Nele hatte schon so eine Vermutung, warum er das wohl vermied.

»Und jetzt?« Ganz offensichtlich war er ein absoluter Saunaneuling.

»Jetzt setzen wir uns wieder hin und schwitzen weiter.«

»Und danach?«

»Danach müssen wir uns heiß abduschen, damit das Öl richtig vom Körper gewaschen wird.«

»Schade, ich dachte, man könnte sich das Zeug einfach ablecken.« Er leckte seine Finger ab. »Schmeckt echt gut.« Verstohlen setzte er sich in die nächste Nische und legte seine Arme diskret über seinen Schritt. Nele hätte schwören können, dass er wieder einen Ständer hatte.

»Klar, das kann man natürlich auch ... obwohl man ja an die meisten Stellen nicht rankommt ...« Über und über mit der Schoko-Zucker-Paste eingeschmiert, stand sie nun genau vor ihm. »Appetit hätte ich schon.« Sie wartete.

Er blickte sie an. Und wartete ebenfalls.

»Da bräuchte man schon jemanden, der einem hilft.«

Es dauerte drei lange Sekunden, bis er seine Arme nach ihr ausstreckte. Während er seine Schenkel öffnete, sprang sein Schwanz in die Höhe. Er zog sie nahe zu sich heran und leckte ohne Umschweife über ihre Brust.

»Hmm, sind die süß.« Seine Hände glitten über ihre ölige Haut. Sie fasste ihn bei den Haaren und ließ ihren Kopf in den Nacken fallen. Ihr Oberkörper drückte sich ihm entgegen. Gefühlvoll schleckte er die Masse von ihren Brüsten, griff nach einem Schälchen, das neben ihm stand, und verteilte in kleinen Kreisen mehr Schoko-Zucker-Peeling auf ihren Brustwarzen. Seine Zunge leckte über die harten Spitzen, während seine Hände von hinten ihren Po umfassten. Er knetete ihr festes Fleisch, aber tiefer traute er sich wohl nicht. Seine Fingerspitzen waren für ihren Geschmack noch viel zu weit von ihrer Spalte weg, und genau diese Zurückhaltung machte Nele richtig kribbelig. Sie kippte ihren Po nach hinten, aber er kam nicht näher. War das Absicht, oder war er schüchtern?

Sie griff hinter sich nach einem ihrer Schälchen und wischte den letzten Rest aus dem Porzellan. Dann rückte sie ein wenig von ihm ab, stellte auffordernd ein Bein neben ihn auf die Sitzfläche und ließ ihn dabei zuschauen, wie sie den Finger mit der Schokopaste zwischen ihre Schamlippen schob. Ohne ihren Blick von ihm abzuwenden, fuhr ihr Finger vor und zurück.

Er hatte die Aufforderung verstanden. Mit beiden Händen fasste er sie bei der Taille, und langsam wanderten seine Daumen zu ihrem Dreieck. Nele schob ihm ihren Finger in den Mund. Sie wusste, er schmeckte nach ihrer Lust.

Endlich erreichten seine Daumen ihr feuchtes Dreieck und glitten hinein. Neles Körper erschauderte bei der ersten Berührung. Ganz langsam teilte er ihre Schamlippen und fuhr mit den Fingern über die empfindliche Haut. Hier war sie ebenso glitschig wie am Rest ihres Körpers. Er leckte einen seiner Finger ab und tastete sich vor bis zu ihrem Loch, während ein Daumen still auf ihrer Perle lag. Nele stöhnte auf. Verzückt krallte sie ihre Hände in seine Haare. Ihr Körper zuckte unter seinen Berührungen. Unerträglich langsam fing er nun an, den Finger in ihr zu bewegen. Er schob sich tiefer in sie hinein, während der Daumen genau auf der Mitte ihrer Perle lag. Jetzt fing er an, in winzig kleinen Kreisen darüberzustreichen. Nele rang laut nach Luft. Als hätte er gewusst, wie sie es am liebsten mochte. Sie genoss jede einzelne seiner Berührungen. Ganz sanft ließ sie ihr Becken kreisen, folgte den Bewegungen seiner Finger, als würden sie gemeinsam einen Tanz aufführen. Weiter und immer weiter kreiste ihr Unterkörper. Er spielte mit ihrer Lust. Seine Finger stießen mal heftig in sie hinein, mal erforschten sie ganz sanft ihre empfindliche Zone. Es war überwältigend. Nele fuhr sich mit der Zunge über die Lippen und schleckte die süße Masse um ihren Mund herum ab.

»Wenn du gerne etwas ablecken möchtest, dann hätte ich da was für dich.« Er ließ von ihr ab und griff noch mal zu dem Schälchen. Provozierend gründlich verteilte er den letzten Rest Schokozucker auf seinem Schwanz, während Nele ihm dabei zuschaute. Mit einem auffordernden Blick stellte er das Schälchen ab. Nele ging in die Knie und stülpte begierig ihren Mund über seinen Schwanz. So süß, so zart, so prall. Wie eine dicke Zuckerstange. Sie ließ ihre Zunge schnell über die Haut gleiten. Mit einem leisen Stöhnen schob der Kerl seinen Unterkörper weit nach vorne bis an den Rand der Sitzfläche. Sie saugte an ihm, und immer schneller hob und senkte sich ihr Kopf, während sie vergeblich versuchte, sich an seinen glitschigen Oberschenkeln festzuhalten.

Auch er hatte Spaß, unverkennbar. Das merkte sie nicht nur an seinem Atem, der immer stoßartiger kam, auch seine muskulösen Beine zitterten jetzt. Sie fuhr mit ihrer Zungenspitze um seine Eichel, und ein tiefes, lang gezogenes Stöhnen entwich seinem Mund. Sie griff nach dem Schaft und drückte seinen Penis zum Bauch, während sie ihm über die Eier leckte. Er hielt den Atem an, schnappte nach Luft, als sie es wiederholte. Mit einer Hand umfasste sie den Schwanz, sodass oben nur noch die Eichel hervorschaute. Sie stülpte ihre Lippen über seine fleischige Spitze und saugte daran.

»O Gott, ja!«, brach es aus ihm heraus. Nele saugte weiter und fing an, auch ihre Hand langsam auf- und abwärts zu bewegen. »Ja. Ja!« Sie saugte fester, ließ kurz los, als sie ihm die Vorhaut ganz über die Eichel stülpte, um dann sofort wieder mit den Lippen nach seinem Schwanz zu schnappen. Sie merkte, dass sein Ausbruch jeden Moment bevorstand. Doch ihr stand der Sinn nach noch mehr Süßem. Außerdem wollte *sie* jetzt wieder Spaß haben. Sie hielt inne, blickte zu ihm hoch und begann, ihm schmatzend vom Knie über die Oberschenkel bis hoch zum Bauch das Schoko-Zucker-Gemisch abzulecken.

Sie merkte, wie ihr der Schweiß aus allen Poren floss. Die Hitze, die Erregung, all das machte sie immer heißer. Sie schob seine Beine zusammen, drückte sich hoch und drehte sich um. Breitbeinig stellte sie sich hin und streckte ihm auffordernd ihren Hintern entgegen. So konnte er ihre feucht glitzernde Möse genau sehen.

Mit einer geschmeidigen Bewegung war er auf den Knien und packte zu. Mit beiden Händen zog er ihre Pobacken auseinander, und seine Zunge fuhr tief in ihr Loch hinein. *Himmel, das war pure Lust.* Nele krallte sich an den Kacheln fest, während seine Zunge spielerisch um ihre Schamlippen kreiste, über ihre Rosette fuhr und wieder und wieder in ihr Loch stieß. Noch während er mit der Zunge immer tiefer in sie eindrang, schob sich ein Finger über ihre Klitoris. Sie zitterte vor Lust. Ihr ganzer Körper drängte ungeduldig danach, ihre aufgestaute Wollust zu entladen. Doch er bewegte seinen Finger gar nicht, was sie rasend machte. Ganz langsam rieb sie sich an ihm. Er zog seine Zunge aus ihrem Loch und leckte über ihren Po. Dann zog er auch noch seinen Finger weg, was sie mit einem mürrischen Laut quittierte.

Plötzlich hörte sie seine Stimme direkt neben ihrem Ohr. »Ich weiß, dass du gleich kommst, aber dann will ich in dir sein.« Sie spürte seinen Schwanz genau vor ihrem Loch. Er fasste sie bei den Schultern und zog sie mit sich nach hinten. Während er sich wieder setzte, stützte er ihren Körper und hielt ihren Po mit beiden Händen in der Luft. Die Spitze seines Schwanzes war genau unter ihrem Loch. Er stupste in sie hinein, glitt einen Zentimeter in ihr Loch, kam wieder hinaus. Nele wimmerte vor

Lust. Wieder stieß er zu, nur ein klein wenig, als wolle er ihr Appetit machen. Wieder bekam sie nur zwei Zentimeter seines Schwanzes zu spüren. Sie konnte es kaum noch ertragen, warten zu müssen. Endlich: Langsam, aber unerbittlich ließ er ihren Körper tiefer gleiten. Sie wurde von seiner harten Latte regelrecht aufgespießt. Beide stöhnten laut. Als Nele ganz auf ihm saß, schlang er seine Füße um ihre Knöchel und spreizte ihre Beine. Während seine Zunge die Schokoladenpaste von ihren Schultern leckte, glitten beide Hände über ihre Leisten ganz allmählich zu ihrer Spalte. Mit der einen Hand umfasste er ihre Brust, während er mit der anderen sofort den Weg zu ihrer Klitoris fand. Er streichelte sie ... ganz sanft ... unendlich langsam ... einfach ... in einem gleichbleibenden ... unerträglich ... langsamen ... Rhythmus. Es war phänomenal.

Nele hielt sich an den Kacheln an der Seite der Nische fest. Das war so geil. Der dicke Schwanz tief in ihr, die Wärme, das Öl, der Finger an ihrem Lustzentrum. *Geil, geil, geil!*

»Wie hast du es am liebsten?« Seine Stimme klang rau, abgehackt. Auch er war total scharf. Er hörte nicht auf, sie zu streicheln. Obwohl er seinen Schwanz gar nicht bewegte, spürte sie ihn überdeutlich in sich. »Komm schon, sag mir, wie du es gerne hast. Ist das richtig so?« Nele fühlte seinen Finger nur noch ganz sanft über ihre empfindlichste Stelle gleiten.

Sie schluchzte leise vor Lust.

»Oder lieber fester?« Jetzt drückte er gegen ihre Perle, bis sie unter seinem Finger zur Seite flutschte.

Zischend schnappte sie nach Luft.

»Oder lieber gar nicht.«

»Wag es nicht.« Nele hatte sofort ihre Stimme wiedergefunden, als er seinen Finger von ihrer Perle nahm. Jetzt nahm sie seine Hand und führte seinen Finger zurück. »Erst ganz langsam und zwischendurch wieder schneller.« Sie rieb seinen Finger über ihre Klitoris und stöhnte dabei unaufhörlich.

»Himmel, du kommst gleich, oder?« Er machte jetzt ohne ihre Führung weiter. »Sag mir, wenn du kommst. Komm, sag es mir.«

»Noch nicht ... Noch ... noch nicht ... o ja, so ... so weitermachen.« Sein Finger schnellte über ihre Perle und sie atmete immer heftiger. Sie drückte ihren Oberkörper gegen seinen, und er ließ sich nach hinten kippen. Immer schneller ging ihr Atem. Alle Muskeln in ihrem Körper waren bis zum Zerreißen gespannt. »Jetzt ... jetzt gleich ... Ich komm ... ich kommmeeeee ...«

Sie drückte ihren Rücken durch. Wie Sturmböen rasten die Wellen der Lust durch sie hindurch. Ihr Körper zuckte, aber er streichelte immer weiter. In Nele explodierte ein neurales Feuerwerk, doch er kannte keine Gnade. Er ließ nicht von ihr ab, bis ihr Körper endlich nach einem letzten Aufbäumen in sich zusammensank. Jetzt griffen beide Hände nach oben, und er nahm mit Zeigefinger und Daumen ihre Brustspitzen zwischen seine Finger. »Magst du das?« Er drückte sie zusammen.

Nele stöhnte.

»O ja, das magst du.« Er zwirbelte vorsichtig ihre Haut und Nele stöhnte wieder auf. Und plötzlich bewegte sich auch sein Unterkörper. Er stieß in sie hinein. Wie ein wildes Pferd bockte er unter ihr. Das war ihr zu ungemütlich, und ihm sicher auch.

Nele schaffte es irgendwie, sich auf ihre eigenen Beine zu stellen. Sie beugte sich vor, stützte sich auf dem gekachelten Rondell in der Mitte ab und streckte ihm den Hintern entgegen.

Der Typ stand auf, und sofort war sein Schwanz wieder in ihr drin. »So willst du es also. *Doggy style.*«

Nele lachte. So hatte sie es noch nie genannt, aber wenn er es so sah, warum nicht? »Wenn du willst, dann eben *doggy style.*«

»Nicht ganz. Was Hunde nämlich nicht können, ist das hier.« Er griff nach vorne und drängte auch seinen Finger in ihre Spalte.

Nele atmete heftig ein. »Noch nicht. Ich bin noch nicht wieder so weit«, stöhnte sie.

Aber das schien ihm egal zu sein. »Doch, du bist bestimmt schon wieder so weit. Ich merke doch, wie geil du wieder wirst. Ich höre es doch.« Er stieß immer heftiger zu und streichelte sie unablässig weiter. Seine Haut klatschte laut an ihre. Zusammen atmeten sie immer lauter und immer heftiger. Er stieß immer ungeduldiger, immer schneller, und Nele wusste, er würde jeden Moment kommen – und brachte sie trotzdem wieder um den Verstand. Doch irgendwie schaffte sie es, sich so lange zurückzuhalten, bis er mit einem lauten, durchdringenden Stöhnen kam. Auch sie seufzte laut und lang gezogen, dann sackten ihre beiden Körper gleichzeitig in sich zusammen. Sie spürte kaum seinen schweren Oberkörper auf ihrem Rücken.

Beide hechelten. Es war unglaublich heiß hier drin. Nele hatte das Gefühl, als müsse sie verbrennen, innerlich und äußerlich. Seinen Schwanz noch immer in ihrer Möse, sagte er plötzlich. »Ich heiße übrigens Vincent.«

»Nele.«

»Also Nele, es freut mich sehr, dich kennenzulernen.«

Sie lachte. »Allerdings, Vincent ... Vincent, ich muss an die frische Luft. Ich kann nicht mehr.«

Vincent stellte sich aufrecht hin, und sein Schwanz flutschte aus ihr heraus. Er lachte, fasste sie bei den Schultern und leckte über ihr Gesicht. »Nicht dass du glaubst, ich wäre schon fertig mit dir. Da ist ja überall noch Schokozucker.«

Plötzlich hörten sie ein Geräusch und sprangen auseinander. Die Glastür ging auf, und zwei ältere Damen kamen herein.

Vincent griff zu dem Kaltwasserschlauch, spritzte über die verschmierte Sitzfläche und etwas verdeckt auch über seinen Schwanz, während Nele schon nach draußen verschwand.

Noch immer heftig atmend, wartete sie vor der Tür auf ihn. Wenigstens war hier draußen auf dem Flur keine Menschenseele zu sehen. Als Vincent herauskam, nahm er sie bei der Hand und führte sie zu den Duschen. Mit einem schuldbewussten Seitenblick nach rechts und links zog er sie an sich und küsste sie. Dann lächelte er sie verschmitzt an. »Unglaublich. Das mit den Räucherstäbchen funktioniert tatsächlich.«

»Wie meinst du das?« Nele blickte irritiert zu ihm hoch.

»Als ich vorhin fast ertrunken bin und du da oben am Schwebepool gestanden und mich ausgelacht hast, hab ich sofort gewusst, dass ich dich will. Draußen hab ich dann ein Räucherstäbchen aufgestellt und mir gewünscht, dass ich Sex mit dir haben werde.«

»Tatsächlich?!« Nele dachte an die vier Räucherstäbchen und an ihre Wünsche. Dann machte sich ein Grinsen in ihrem Gesicht breit. »Na, wenn das so ist: Willkommen in meinem Leben!«

Multiple Persönlichkeiten

Wie ein rolliger Kater schlich Moritz sich an und setzte sich aufs Bett, auf dem Jule las. Von unten drängelte er seinen Kopf zwischen das Buch, und ihr Gesicht und fragte unschuldig. »Glaubst du mir, dass ich dich liebe?«

Mit gespielter Genervtheit ließ Jule ihr Buch sinken. »Du darfst das UEFA-Finale auf unserer Terrasse feiern. Neun Jungs werden stundenlang Hymnen singen, schreien, fluchen, saufen und dabei Unmengen an Grillfleisch vertilgen. Niemand anderes hat euch Asyl gewährt. Hier könnt ihr das Spiel ungestört von gegnerischen Fans, durchgeknallten Hooligans und teuren Bierbuden schauen. Je nachdem, wie das Spiel ausgeht, kann ich entweder die ganze Nacht vor lauter Jubelgegröle nicht schlafen, oder ich muss neun Jungs auf einmal trösten. Ich denke, dass du mir so dankbar bist, dass du nie wieder in deinem Leben eine andere Frau anschauen wirst.«

»Mit anderen Worten: Du glaubst mir, dass ich dich liebe!« Moritz blies sanft auf ihr Dekolleté. Er ließ seinen Kopf auf ihre Haut sinken, und seine Zunge leckte an ihren Rundungen. »Ich liebe dich nämlich wirklich, musst du wissen. So sehr, dass ich dir jeden Wunsch erfüllen möchte. Jeden. Selbst wenn es für mich ein schwieriger Wunsch ist. Das sollst du nur wissen.«

»Nanu? Hat da jemand ein schlechtes Gewissen? Willst du schon mal schön Wetter machen für nachher, wenn die Horde Barbaren einfällt?«

»Nein, ich will dir bloß meine Dankbarkeit zum Ausdruck bringen.« Moritz schaute an sich herab.

Jule lachte laut auf. »Ihr Männer, ihr seid wirklich unglaublich. Ihr glaubt tatsächlich, ein ordentlicher Ständer ist die Gabe der Götter an die Frauen.«

»Etwa nicht?«

»Wie wäre es mit einem romantischen Wochenendtrip, Juwelen oder wenigstens Blumen? Aber nein, ihr habt einfach eine Dauerlatte, das tut es schon.« Sie verzog ihr Gesicht zu einem spöttischen Grinsen.

»Dann hast du keine Lust?« Etwas ungläubig dreinblickend lauerte Moritz auf ihre Reaktion. Die kam prompt.

Sie ließ das Buch neben das Bett fallen und rangelte mit ihm, bis sie auf ihm saß. »Das glaubst du doch wohl selbst nicht, dass ich mir 'ne heiße Nummer entgehen lasse. Nach diesem Abend wirst du ohnehin tagelang nur noch Fußball im Kopf haben.« Sie drückte seine Handgelenke tief ins Kissen, aber Moritz grinste nur.

»Na dann.« Mit einem Ruck saß er wieder aufrecht, und sie rutschte runter auf seine Oberschenkel. »Alles, was ich jetzt tue, tue ich nur, weil ich dich vergöttere. Dich und deinen Körper.« Während Jule ihm fragend in die Augen schaute, stand er auf und zog sie mit sich.

»So langsam machst du mir Angst. Was meinst du damit?«

»*Schh, schh*. Nicht fragen, nur genießen.« Er zog etwas aus seiner Hosentasche, ohne es ihr zu zeigen. Stattdessen drehte er sie um. »Mach bitte die Augen zu.«

Gespannt schloss Jule die Augen. Sie spürte, wie er eine Binde über ihre Augen zog und über ihren langen blonden Haaren festband. Die Augenbinde war sehr groß und verdeckte ihre Sicht vollkommen. Von den Wangen bis zur Stirnmitte war alles bedeckt.

Moritz fasste sie an den Schultern und drehte sie langsam wieder zu sich herum. »Alles okay? Geht es so?«

»O ja.« Sie blieb reglos stehen, wusste nicht so recht, was sie mit ihren Armen machen sollte und ließ sie einfach hängen. Aber das war nicht mehr wichtig. Sie wusste, was Sache war. Nicht, was nun folgen würde, aber was Sache war.

Nach drei Jahren Beziehung war Gewohnheit in ihr Sexleben eingezogen. Nicht dass sie sich langweilten, nur die Aufregung des Unbekannten, das Prickeln, war verschwunden. Also hatten sie angefangen, einander mit der Erfüllung ihrer Fantasien zu überraschen. Sie erzählten sich ihre geheimsten Träume, die sie noch nie jemandem gebeichtet hatten. Allein das hatte ihre Lust schon wieder angefeuert, und dann hatte Moritz sie überrascht. Der sanfte Moritz, der Frauenversteher, der, der immer so politisch korrekt war, hatte sie auf dem Heimweg vom Kino in eine dunkle Ecke gedrängt, und Jule hatte zum ersten Mal Sex in der Öffentlichkeit gehabt. Das Gefühl, dabei erwischt werden zu können, hatte sie so elektrisiert, dass sie seitdem häufig Kinobesuche planten, egal, welcher Film gerade lief. Ein anderes Mal hatte er sie stundenlang mit einer Feder verwöhnt, bis sie jede einzelne Pore ihres Körpers spürte.

Jule hatte sich bei ihm dafür bedankt, indem sie ihn überraschend auf der Arbeit besuchte und ihm unter dem Schreibtisch kniend einen Blowjob verpasste, der ihm die Sinne raubte. Und das, während vor der geschlossenen Tür Leute auf und ab gingen und sich unterhielten. Sie war nun eine fest verankerte Erinnerung, wenn er auf seinen Schreibtisch blickte. Seitdem rief er sie bedeutend häufiger von der Arbeit aus an. Doch jetzt war sie wieder dran. Jule überlegte, welche Fantasie er ihr heute erfüllen würde? Die Orgie mit Schlagsahne? Nein, danach müsste man zu viel putzen, und sicher hatte er keine Lust darauf, so wenige Stunden vor dem Endspiel. Sex im Auto mitten in einem einsamen Waldstückchen fiel auch aus. Es war etwas, was im Haus passieren würde. Vielleicht würde er …

»Ich kann ja schon hören, was du denkst, so laut sind deine Gedanken.« Sie spürte, wie Moritz mit seinen Händen ihren Hals fasste und die Finger langsam an ihr herabglitten. »Du wirst nicht darauf kommen, also versuche es erst gar nicht. Es ist eine wirklich, wirklich große Überraschung.«

»Aber kannst du denn nicht wenigstens …«

Moritz unterbrach sie mit einem sanften Kuss. »Ab jetzt nicht mehr denken, nur fühlen. Und du musst mir versprechen, nicht zu blinzeln. Du darfst die Augenbinde nicht öffnen, zu keiner Zeit. Versprochen?«

Das Versprechen ging ihr leicht über die Lippen. »Ja, versprochen.«

»Du kannst mir ganz vertrauen, egal, was passiert.«

Jule bekam langsam ein mulmiges Gefühl. »Okaaay«, sagte sie lang gezogen. Trotzdem bemerkte sie ein Kribbeln in ihrem Magen. Das Geheimnis gefiel ihr. Die Neugierde zu wissen, dass sie gleich Sex haben würde, aber noch nicht wie, und was diesmal das Besondere daran sein würde, setzte sofort ihre Lüsternheit in Gang. Die Lust strömte in ihren Unterleib. Sie spürte dort ein bekanntes Ziehen.

Moritz küsste sie wieder, erst sanft, dann immer stürmischer und presste ihren Körper an sich. Jule trug nur eine Jeans und eine kurzärmelige Bluse. Endlich fing Moritz an, ihre Knöpfe zu öffnen. Sie ließ den Kopf in den Nacken sinken und genoss es.

Er zog ihr die Bluse aus und fasste ihre Brüste an. Für ihren zierlichen Körper waren sie recht groß geraten. Moritz liebte ihre Brüste, und jetzt versenkte er seinen Kopf zwischen ihren Wölbungen. Mit einem tiefen Atemzug sog er ihren Duft ein. Seine Finger glitten nach hinten, und geschickt löste er ihren BH. Seine Daumen spielten mit ihren harten Nippeln, die sich ihm entgegenstreckten.

Sex mit Moritz machte Jule immer Spaß, aber nicht zu wissen, was er als Nächstes tat, nicht sehen zu können, wo er sie gleich berühren würde, machte sie extrem an. In ihrem Slip wurde es feucht.

Moritz ließ von ihr ab und ging um sie herum. Jetzt drückte er sie mit ihrem Rücken an seinen Oberkörper. Durch seine Hose konnte sie seinen Schwanz fühlen. Anscheinend hatte er sein T-Shirt ausgezogen, denn jetzt spürte sie seine nackte Haut. Er knöpfte ihr ganz langsam die Jeans auf und schob seine Hand in ihre enge Hose. Sein Zeigefinger fuhr direkt in ihre Spalte, und sie stöhnte auf. Ihre Klitoris glitschte unter seinen Fingern.

»So hab ich dich am liebsten: nass vor Lust.«

Jule stöhnte weiter. Die Hose war eng, und Moritz hatte nicht viel Bewegungsspielraum.

»Und weißt du schon, welche deiner Fantasien ich dir heute erfüllen werde?«

Nur mit größter Konzentration gelang es ihr, einen Gedanken zu fassen. »Die mit meinem ersten Freund, als wir hinter der Schulmauer heftig geknutscht haben und ich genau das wollte: dass er seine Hand in meine Hose steckt und mir zwanzig Meter vom Lehrerzimmer entfernt einen runterholt?«

»Oh, die kannte ich noch gar nicht. Aber gut zu wissen.« Jule hörte sein leises Lachen. »Aber die ist es nicht.« Er rieb schneller über ihre Klitoris, bis Jule die Beine leicht wegsackten. »Komm mit.« Er zog sie mit sich zum Bett und setzte sich, während er ihr die Hose von den Hüften streifte. Ihren Slip ließ er an und zog sie zu sich aufs Bett. Doch dann ließ er plötzlich von ihr ab. »Ich sorg nur schnell für etwas Romantik.«

Jule rekelte sich auf dem Bett. Das war klasse. Ohne etwas sehen zu können, waren alle Berührungen überraschend. Sie musste sich auf ihre Ohren und ihre Nase verlassen, wenn sie wissen wollte, wo Moritz gerade war. Alles war anders, viel intensiver. Sie hörte, wie sich die Schlafzimmertür wieder schloss, und kurz darauf ertönte leise Musik. Dann merkte sie, wie jemand auf das Bett kam. Sofort spürte sie, wie Moritz' Hand ihre Beine hochglitt, über ihren Schoß streichelte und dann weiterwanderte zu ihrem Busen. Kniend zog er sie zu sich hoch, küsste sie und tastete sich langsam am Rand ihres Slips nach unten vor. Währenddessen strich Jule mit ihrer Hand fest über seinen harten Schwanz. Auch Moritz stöhnte leise.

Mit beiden Händen öffnete Jule den Knopf seiner Hose, zog vorsichtig den Reißverschluss auf und schob den Stoff über seine Taille. Sein Schwanz war hart, aber die Haut fühlte sich samtweich an. Sie merkte, wie Moritz kurz das Bett verließ, und hörte, wie seine Jeans zu Boden glitt.

Sofort spürte sie wieder seine Bewegung auf dem Bett. Er rückte seitlich an sie heran. Einen Arm legte er um ihre Schultern, während die andere sich jetzt langsam zu ihrem Dreieck vortastete. Zwei Finger glitten in ihre Spalte, und Jule gab einen lustvollen Stoßseufzer von sich. Doch hielt er in der Bewegung inne.

Jule verharrte gespannt, aber gerade, als sie seine bewegungslosen Finger auf ihrer Klitoris nicht mehr aushalten wollte und anfing, sich selbst zu bewegen, spürte sie etwas. Ein Luftzug aus der anderen Ecke, eine Bewegung. Sofort war sie ganz starr. Irgendjemand war noch mit aufs Bett geklettert.

Moritz ließ seine Hand in ihrem Slip ruhen, und sie sog scharf die Luft ein. Sie fühlte sich, als hätte ihr jemand einen Schlag versetzt. Das war es also! Diese Fantasie stand heute auf dem Speiseplan. Niemals hätte sie daran gedacht, dass Moritz so weit gehen würde, ihr diesen Wunsch zu erfüllen. Und jetzt gerade war sie sich unsicher, ob sie das überhaupt wollte: eine zweite Frau in ihrem Bett.

Sie spürte, wie sich eine Hand auf ihre Schulter legte und tiefer wanderte. Ein Prickeln zog durch ihren Unterkörper, und ihr Atem raste.

»Du wolltest doch immer schon mal einen Dreier machen.« So wie Moritz es sagte, klang es fragend. Noch konnte sie zurück, das wusste Jule. Wenn sie jetzt sagen würde, dass das eine von den Fantasien war, die nur in ihrem Kopf Gestalt annehmen sollten, dann wäre das vollkommen in Ordnung.

Die fremde Hand strich federleicht über ihre Brust, und Jule wusste genau, was die beiden gerade sahen: Ihre Brustwarze versteifte sich. Doch die Hand war schon weiter, und Jule spürte, wie sie quer über ihren Bauch, rüber zur anderen Seite bis zum Po glitt, zupackte und wieder losließ. Ein Finger fuhr unendlich langsam an ihrer Wirbelsäule herunter, bis er ihre Poritze erreichte. Dort ruhte er abwartend.

Jule war wie gefesselt. Die dritte Person war immer näher gekommen und kniete nun auch direkt neben ihr. Ein warmer Atemhauch strömte zu ihr hinüber. Vielleicht, schoss es ihr durch den Kopf, vielleicht erfüllte auch Moritz sich gleichzeitig eine seiner Fantasien. Sex mit zwei Frauen – ein weiterer Klassiker. Das war sogar ziemlich wahrscheinlich so. »Wer ist es?«

»Keine Namen, und du behältst die Augenbinde die ganze Zeit auf. Das sind die Regeln.«

Jule leckte sich über die Lippen. Also eine verdeckte Operation. Das machte das Ganze noch spannender. Als sie immer noch nichts sagte, fing Moritz' Hand wieder an, sich zu bewegen. Zu wissen, dass eine andere Person gerade beobachtete, wie Moritz sie zärtlich streichelte, verursachte auf ihrem ganzen Körper Gänsehaut. Jetzt streichelte auch die warme fremde Hand über ihren Po, so als wollte sie Jule überzeugen, bleiben zu dürfen. Eine vierte Hand legte sich auf ihren Busen, ganz sanft, und kreiste mit der Handfläche über ihre Spitze. Jule konnte nicht anders. Sie war gefangen vor Lust. Der Reiz, beobachtet zu werden, ohne selbst sehen zu können – nur fühlen zu können, und nicht zu wissen, wer da noch war – das betäubte ihren Verstand. Laut stieß sie ihren Atem aus, den sie unbewusst angehalten hatte.

Als wäre dieses Zugeständnis ihrer Lust die offizielle Erlaubnis, schob sich die fremde Hand von hinten in ihren Slip, drängte sich immer tiefer in ihre Poritze, bis der Finger von hinten über ihre feuchten Schamlippen glitt.

Das Blut brodelte in ihr. Jule musste sich entscheiden. Weitermachen oder Abbruch? Aber hatte sie sich das nicht immer erträumt? Vier Hände, zwei Münder, die ihren Körper verwöhnten. Aber wer war es? Kannte sie sie? Eine ihrer Freundinnen? Oder war es vielleicht sogar eine Professionelle?

Die Finger der fremden Hand suchten spielerisch die Lücke zwischen ihren Schamlippen, und Jule spürte eine tiefe Begierde. Ja, sie wollte es. Sie würde ihre Befangenheit und ihre Zurückhaltung beiseiteschieben und sich in ein waghalsiges Abenteuer stürzen. Sie kippte ihren Po leicht nach hinten und drückte ihren Unterleib gegen die fremde Hand. »Okay, ich halt mich an die Regeln«, kam es stoßweise von ihr.

Sie merkte, wie die beiden die Stellung wechselten, und Moritz kniete plötzlich hinter ihr, seine Unterschenkel dicht neben ihren. Er zog ihren Oberkörper nach hinten, sodass sie seinen Brustkorb an ihrem Rücken spüren konnte. Gleichzeitig fasste er mit seinen Armen über ihre Arme und zog diese nach hinten. Jule war wehrlos.

Jetzt bekam sie es doch mit der Angst zu tun. Was würde nun passieren? Für ein paar Sekunden geschah nichts, was sie aber ganz und gar nicht entspannen ließ. Dann fuhren zwei Hände an den Innenseiten ihrer Oberschenkel hoch. Ihre Haut war elektrisiert durch diese Berührungen, zumal das Ziel der Hände ganz klar war. Sie atmete schneller. Lust und Angst vermischten sich in ihrem Stöhnen, und unwillkürlich wollte sie sich bewegen, aber Moritz hielt sie fest.

Dann fuhren Finger unter ihren Slip in ihre Spalte. Jule hielt die Luft an. *O Gott, wie geil war das denn?* Sie war verzückt. Festgehalten von Moritz' Armen, eine fremde Person, die ihr Lust bereitete, sich nicht wehren zu können, ja nicht einmal zu wissen, wer da was mit ihr machte, und das alles mit der beruhigenden Gewissheit, dass Moritz nichts zulassen würde, was ihr schaden könnte, war atemberaubend.

Zwei fremde Hände zogen ihren Slip herunter auf die Oberschenkel und zerrissen den dünnen Stoff, der dabei zu sehr strapaziert wurde. Dann glitten die Finger der anderen Person wieder hoch in ihr Dreieck. Zwei Finger schoben sich nebeneinander in ihre Spalte – immer schneller, immer tiefer. Die andere Hand spielte mit ihrer linken Brustwarze. Jule stöhnte laut. Ihr Becken fing an zu kreisen, und sie hörte ein leises Lachen von Moritz.

»Gott sei Dank. Es gefällt dir. Ich hatte schon Angst, du würdest einen Rückzieher machen.«

Die fremden Finger verließen ihre Spalte, und gleich darauf roch Jule ihre eigene Lust. Sie öffnete den Mund und lutschte an den Fingern. Dann stutzte sie. Das waren aber keine zarten Frauenfinger. Sie wirkten eher kräftig. Andererseits war es auch keine schwielige Männerpranke. Doch als sie noch darüber nachdachte, ob die dritte Person nicht doch ein Mann sein könnte, spürte sie Moritz' Schwanz, der sich von hinten zwischen ihre Schamlippen schob. Wenn sie jetzt ihr Becken nach hinten kippen würde, wäre er mit einem Stoß in ihr. Doch auch auf der Vorderseite spürte sie jetzt einen Schwanz. Definitiv, die andere Person war ein Mann. Seine Eichel schob sich von vorne zwischen ihre Beine und rieb sich an ihr.

Jule erschrak. Diese Fantasie war also diesmal dran, aber wollte sie das wirklich? Niemals hätte sie gedacht, dass Moritz sich darauf einlassen würde. Aber jetzt gerade fühlte sie sich nicht mehr fähig, überhaupt noch zu denken. Sie war eingekeilt zwischen zwei Schwänzen, und sie fühlte nur noch die pure Lust, die ihr diese Berührungen verursachten. Jetzt kippte sie wirklich ihr Becken nach hinten, und Moritz stieß zu. Ganz langsam ließ er seinen Schwanz immer tiefer in sie hineingleiten, während der andere Mann sich ganz nah an sie herandrängelte und vorne gekonnt seinen Schwanz an ihrer Klitoris rieb. Er drückte sich fest zwischen ihre Schamlippen und rutschte wieder hinaus, während Moritz von hinten zustieß. Jule atmete schnell. Das war Sex pur. Besinnungsloser Sex.

Moritz ließ sich nach hinten auf den Rücken fallen und zog Jule mit sich. Sie streckte ihre Beine nach vorne aus, und sofort packte der Kerl zu. Er drückte ihre Beine auseinander. Jule wusste, was er jetzt gerade sah: eine pochende, vor Lust geschwollen Spalte, Moritz' Eier und seinen Schaft, der in ihrem Loch verschwand. Alleine die Vorstellung davon, dass da jemand vor ihr kniete und alles ganz genau sehen konnte, machte sie total geil.

Dann spürte sie, wie die Finger des Fremden an den Außenseiten ihrer Schamlippen entlangfuhren, als wollten sie die Konturen nachzeichnen. Mit zwei Fingern öffnete er ihre fleischige Spalte und verharrte.

Er schaut sich meine Klitoris ganz genau an. Ein unerträgliches Ziehen schoss durch ihren Unterleib. Selbst ohne eine direkte Berührung war das total abgefahren.

Sanft fuhr ein Finger hinunter zu ihrer Möse, die ausgefüllt war von Moritz' Schwanz. Der Finger fuhr um das Loch herum, als wolle er ihre Nässe verteilen, dann aber hielt er inne, und mit sanftem Druck drängte sich ein Finger zusätzlich in ihr Loch.

Jule schnappte nach Luft. Jetzt waren zwei Männer in ihr. Der Finger fuhr langsam tiefer, und nun hörte sie auch Moritz hinter sich stöhnen. Ihm gefiel es ebenfalls. Sie spürte, wie noch mehr Blut in seinen Schwanz schoss. Der fremde Finger fuhr zur Seite, dann wieder tiefer und zog sich fast ganz zurück, doch nur, um dann heftiger zuzustoßen. Dann verharrte er tief in ihr drin. Jetzt fing Moritz an, sich zu bewegen. Er atmete ebenso heftig wie Jule. Ein heiseres Stöhnen entwich seinem Mund.

Nur von dem Fremden hörte man nichts. Der zog jetzt den Finger heraus, und während Moritz weiter zustieß, spürte Jule plötzlich eine weiche Zunge an ihrer Klitoris. Sie würde wahnsinnig werden vor Lust. Gekonnt schnellte die Zunge hin und her, obwohl Jules Körper jetzt sehr in Bewegung geriet. Moritz zog seinen Schwanz immer weiter aus ihr heraus, um umso fester wieder zustoßen zu können. Doch der Fremde ließ sich dadurch nicht irritieren. Zwischen ihren Beinen kniend, schleckte er weiter an Jule. Es war die reinste Wonne. Seine Zunge fuhr hoch und runter, umkreiste geschickt ihre Perle und leckte den Saft von ihren Schamlippen.

Moritz war zu ungezügelt, und sein Schwanz flutschte aus ihr heraus. Jule merkte, wie die fremde Hand den Schwanz packte. Zuerst dachte sie, er würde Moritz nur behilflich sein, den Schwanz wieder ins Loch zurückzustecken, doch dann hörte sie Moritz hinter sich stöhnen. Anscheinend lutschte der Fremde am Schwanz ihres Freundes. Nichts machte Moritz so geil wie ein Blowjob.

Jule bemerkte, wie eine Nasenspitze an ihrer Haut hoch- und runterglitt. Sie spürte, wie die fremde Zunge zurück zu ihr kam, um ihre Klitoris glitt und sofort wieder verschwand. Er lutschte jetzt abwechselnd den Schwanz und ihre Klitoris. Zu gerne hätte sie jetzt die Augenbinde abgenommen und dabei zugeschaut, wie ein anderer Mann Moritz' Schwanz lutschte. Aber sie hatte ein Versprechen gegeben. Doch allein die Vorstellung war so geil, dass Jule fast vergaß, wie dringend sie selbst gerade geleckt werden wollte. Nach einer kleinen Unendlichkeit spürte sie Moritz' harte Eichel an ihrem Kitzler. Der Fremde rieb damit über ihre empfindlichste Stelle. Jule spürte, wie sie gleichzeitig mit Moritz nach Luft schnappte. Dann war da wieder diese Zunge, die mal über ihre Haut glitt, mal über Moritz' Schwanz und gleichzeitig ihre Klitoris mit seiner Eichel streichelte. Als der Unbekannte seinen Schwanz wieder ganz in den Mund nahm, stöhnte Moritz auf. Der Kopf des Fremden schnellte hoch und runter, und Moritz hielt sich erregt an ihr fest. Unter ihr spannte sich sein Körper. Sie wusste, er würde gleich kommen. Dann plötzlich verschwand der Kopf zwischen ihren Beinen, und Jule spürte, wie die zwei Hände Moritz' Schwanz in ihr Loch einführten. Der war jetzt kurz vor dem Explodieren, und sie war auch nicht mehr weit davon entfernt. Moritz fing sofort an zuzustoßen.

Unterdessen streichelte der Fremde wieder ihre Perle, erst langsam, dann immer schneller, aber so geschickt und so gekonnt, dass die erste Welle purer Lust durch sie hindurchraste, als Moritz lautstark unter ihr kam. Doch der Unbekannte ließ nicht von ihr ab. Immer weiter trieb sein Daumen ihre Lust an. Sie wand sich auf Moritz, der noch immer ihre Arme festhielt. Der andere hatte ihre Beine mit seinen eigenen Beinen festgekeilt. Sie konnte seinen Berührungen nicht entkommen, dabei war die Lust kaum noch zu ertragen. Heiße Flammen schossen durch ihren Körper, als würde jemand Lava durch sie hindurchpumpen, und der Daumen trieb ihre Lust unerbittlich vor sich her. So etwas hatte sie noch nie erlebt. Sie wand sich wie ein gefangenes Tier. Erst mit einem lauten Schrei, nachdem eine vierte Welle durch sie hindurchgerast war, bekam sie eine Hand frei und stieß die fremde Hand unsanft beiseite.

Es dauerte ein paar Minuten, bis Jule aus ihrer besinnungslosen Lust wieder zu sich kam. Moritz lag noch immer unter ihr und atmete auch schon wieder etwas normaler. Völlig verschwitzt rutschte Jule auf einem dünnen Film aus Schweiß über seinen Oberkörper. Sie glitt zur Seite in das weiche Bettzeug.

Irgendwo neben ihr atmete der Fremde. Sie tastete sich vor. Ein behaartes Knie, dicke, muskulöse Waden. *Oje, einer von Moritz' Fußballkumpels.* Was sie vorhin vor lauter Lust verdrängt hatte, schoss ihr jetzt glasklar ins Bewusstsein. Kannte sie den Mann, oder besser, kannte der Mann sie? Hatte sie hier hemmungslosen Sex mit einem Kerl, dem sie für den Rest ihres Lebens über den Weg laufen würde, ohne zu wissen, wer es war?

Schnell zog sie ihre Hand zurück, doch der Fremde spürte wohl ihre Angst. Sie hatte sich ihm ganz ausgeliefert, während er nichts von sich preisgegeben hatte. Er fasste ihre Hand und zog sie langsam zu sich. Dann drückte er sie auf seinen Schwanz. Dick und prall war der Schaft, und Jule packte zu. Als ihre Finger sich bis zur Eichel vorgearbeitet hatten, hörte sie endlich auch ein Stöhnen von ihm.

Sie kannte diese Stimme nicht, oder doch? Und würde Moritz sich wirklich von einem seiner Kumpels den Schwanz lecken lassen? Sie rieb seinen Schwanz immer schneller, und der zweite Mann stöhnte ununterbrochen. Neben ihr bewegte sich auch Moritz endlich wieder.

Jule drückte den Oberkörper des Fremden runter, sodass er jetzt ausgestreckt auf dem Bett lag, und beugte sich über ihn. Er roch gut, herb und männlich. Mit der Hand ertastete sie, wo der Schwanz war, und suchte mit der spitzen Zunge nach der Eichel. Als ihre feuchte Zunge über sein feines Häutchen glitt, stöhnte er wieder laut auf. Sie senkte ihren Kopf und stülpte ihren Mund tief über seinen Schwanz.

Dieser Anblick, wie seine Freundin einen anderen Schwanz leckte, ließ wohl auch Moritz wieder munter werden. Jule merkte, wie er neben sie kroch. Jetzt hielt Moritz ihr den Schwanz, und sie konnte sich endlich bequem mit beiden Armen auf dem Bett abstützen.

Ihr Kopf schnellte hoch und runter, und Moritz lachte leise. Als aber das Stöhnen des Fremden immer lauter wurde, hielt er den Schwanz mit beiden Händen fest. Jule konnte nur noch mit der Zunge um die Eichel kreisen.

»Na, na, na. Wir sind doch hier, um dir Freude zu bereiten. Und ich weiß auch schon, wie wir weitermachen können.« Moritz zog Jule mit sich.

»Komm, du setzt dich auf mich. Und während ich dich mit meiner Zunge verwöhne, wirst du von ihm gevögelt. Ist das okay für dich?«

Jule überlegte, während sie sich mit ihren beiden Knien neben Moritz' Kopf in Position setzte. »Ich weiß noch nicht. Gib mir noch Zeit.« Wollte sie wirklich von einem fremden Mann gevögelt werden?

»Nur wenn du willst.« Und schon versenkte Moritz seine Zunge in ihrer Spalte. Sofort schoss ein heftiges Ziehen durch Jules Körper. Moritz' Hände wanderten hoch, und seine Finger spielten mit ihren Brüsten, während er sie unten leckte.

Doch jetzt merkte Jule, wie sich zwei Hände auf ihren Po legten und die Backen auseinanderzogen. Zwei Finger wanderten langsam zu ihrer Möse. Jule war schon wieder geil, und plötzlich wusste sie: Sie wollte gevögelt werden, gleichzeitig, während sie geleckt wurde. Sie gab sich einen Ruck, drückte ihr Becken nach hinten und lehnte ihren Oberkörper nach vorne. Ihr Kopf hing auf der einen Seite über das Bett hinaus. Ihre dargebotene Möse war eine unverkennbare Aufforderung. Sie wollte gevögelt werden. Moritz begriff das sofort, denn ohne seine Zunge ruhen zu lassen, wanderten seine Hände herunter zu ihren Pobacken und spreizten sie für den anderen Mann. Es dauerte eine halbe Minute, bis die beiden Kerle ihre Körperteile so koordiniert hatten, dass sich alle in einer bequemen Position befanden, und dann spürte Jule die fremde Eichel vor ihrem Loch.

Der andere Mann drückte die Spitze seines Schwanzes nur wenige Zentimeter hinein, so als wollte er noch abwarten, ob Jule doch noch Nein sagen wollte.

Aber sie wollte jetzt nicht mehr warten. »Komm, fick mich.« *Dirty Talk* machte Moritz immer heiß, und sicher gefiel es auch dem anderen Mann. »Los, fick mich richtig durch.« Breitbeinig kniete sie über Moritz' Gesicht, ihren Po nach oben hochgereckt, sodass der Fremde das verlockende Angebot nicht ausschlagen konnte.

Er hatte es kapiert. Sie wollte gevögelt werden. Ihre Klitoris brachte sie wieder in Position vor Moritz' Zunge. Denn das war ja gerade der Kick. Vögeln und Lecken kannte sie beides gut, aber jetzt wurde sie kurz hintereinander zum zweiten Mal gevögelt, während sie geleckt wurde.

Moritz hielt mit beiden Händen ihre Hüften fest, so konnte sie nicht wegrutschen, wenn der andere zustieß. Ihr Freund hielt jetzt nur noch seine Zunge raus. Mit jedem Stoß drückte der Fremde ihre Klitoris fest auf Moritz' Zunge. Jule stöhnte bei jedem einzelnen Mal. Jetzt ließ der andere Mann sich Zeit, wollte mit ihr spielen, stieß zu, verharrte, drückte ihren Schoß tief auf Moritz, zog sich wieder zurück. Jule genoss es, sich völlig hinzugeben, völlig außer Kontrolle zu sein. Ihre Lust steigerte sich immer mehr. Sie hatte das Gefühl, sie würde zerbersten vor lauter Wollust. Sie wollte kommen, jetzt und sofort.

»Schneller! Stoßen! Schneller! Stoß zu!«, gab sie stakkatoartig von sich. Der Fremde packte nun über Moritz' Händen zu, die noch auf ihren Hüften lagen, und fing an, sie immer heftiger zu ficken. Moritz' Zunge rieb immer schneller über ihre empfindliche Haut. Das war ultimativ. Jule kam mit einem lauten, durchdringenden Schrei.

Doch auch der Fremde war so weit. Unmittelbar nach ihrem Aufstöhnen hörte Jule, wie er den Atem anhielt, und spürte seinen angespannten Körper. Ein Zittern lief durch sie beide hindurch, und der Mann stieß heftig den Atem aus. Zusammen ließen sie sich zur Seite niedersinken.

Das Erste, was sie wahrnahm, war das bekannte Streicheln an ihrem Rücken, das Moritz sich zur Angewohnheit gemacht hatte, wenn sie aus ihrem Orgasmuskoma wieder aufwachte. Jule sortierte sich ein wenig. Ihr Unterleib hing noch immer schief auf Moritz drauf. Halb über sich spürte sie aber auch noch die andere Person.

Jetzt beschlich Jule wieder das unbestimmte Gefühl. Wer war er? Bis auf ein paar Stöhner und ein leises Lachen hatte er keinen Ton von sich gegeben.

Als ob er ihre Gedanken lesen konnte, löste der Unbekannte sich nun aus dem Knäuel von Körperteilen und rutschte vom Bett. Die Zimmertür ging auf, schloss sich, und kurz darauf hörte sie die Dusche. Moritz robbte höher, bis er neben ihrem Kopf lag.

»Und? War das so, wie du es dir in deiner Fantasie vorgestellt hast?«

»Besser.« Jule leckte sich über die Lippen. »Aber du musst mir eins sagen: Kenne ich ihn?«

»Das darf ich dir nicht sagen.«

»Also ja!«

»Nein, nicht ja. Ich lasse es absichtlich im Ungewissen, um dich noch ein wenig zu quälen mit der Vorstellung, es könnte jeder sein, der dir begegnet. Du wirst noch monatelang darüber rätseln und dich bei jedem Mann, mit dem ich etwas zu tun habe, fragen, ob er es war.«

»Thomas. Es war Thomas.«

Moritz lachte. »Wie kommst du denn darauf?«

»Er kommt von der Größe ungefähr hin.«

»Na, wenn du dich da mal nicht irrst.«

»Außerdem spielt er auch Fußball. Das hab ich an seinen Waden gemerkt.«

»Sebastian spielt aber auch oft Fußball. Der hat auch stramme Waden.«

»Du hast mir Sebastian ins Bett geschleppt?« Empört setzte Jule sich auf. Sie wollte schon an der Binde ziehen, als Moritz ihre Hand festhielt.

»Noch nicht.« Gerade hörte sie die Badezimmertür gehen, und einige Sekunden später hörte sie die Haustür. »Jetzt darfst du die Binde abmachen. Und ich verspreche dir: Es war nicht Sebastian.«

»Dann einer von den anderen.« Jule riss sich die Binde von den Augen und blinzelte. Der Raum lag im Halbdunkel, trotzdem musste sie sich erst an die Helligkeit gewöhnen. Aber sofort begaben sich ihre Augen auf die Suche nach einem verräterischen Indiz, das der fremde Gast vergessen haben könnte.

Das Gespräch amüsierte Moritz. »Wieso bist du so festgelegt auf meine Fußballkumpels?«

»Wegen der strammen Waden.«

»Aber viele Männer spielen Fußball. Einige meiner Arbeitskollegen zum Beispiel.«

»Die würdest du so was nicht tun lassen. Niemanden von der Arbeit, das weiß ich.«

»Stimmt! Nicht wenn sie noch bei uns angestellt sind«, ergänzte Moritz vielsagend. Er rutschte zur Bettkante und stand auf. »Ich geh zuerst duschen. Ich muss noch den Grill vorbereiten. Die Jungs kommen ja schon in spätestens einer Stunde.«

Verdammter Mist, dachte Jule. So kam sie nicht weiter.

Als Jule eine halbe Stunde später frisch geduscht, umgezogen und einigermaßen emotional geordnet aus dem Schlafzimmer heraustrat und zur Terrasse ging, blieb sie starr stehen.

Sieben Augenpaare starrten zu ihr hinüber und begrüßten sie mit leicht anzüglichem Ton im Chor: »Hallo, Jule.«

Sie wurde rot und wusste nicht, wohin sie blicken sollte. *Wussten die etwa alle Bescheid?* Nein, so etwas würde Moritz nicht machen. Wahrscheinlich hatte er ihnen aufgetragen, sie so zu begrüßen, um sie zu veräppeln. Sie ging zum Kühlschrank und nahm sich ein Glas Weißwein. Aus sicherer Entfernung blickte sie raus auf die Terrasse.

Thomas war immer noch nicht aus dem Rennen. Sebastian schloss sie mal aus. Es blieben also noch fünf übrig. Thomas, Michael, Niklas, Paul und Steffen.

Steffen und Paul kamen herein. »Wo stehen denn die Grillsoßen?«

Jule zeigte in eine Ecke der Küche, und Steffen ging rüber. Er trug kurze Baggyshorts, und wie Jule sehen konnte, hatte auch er stramme Waden. Aber war er nicht viel zu klein?

Paul dagegen, der gerade das Brot schnitt, war groß genug und hatte auch die richtigen Waden, aber ihm fehlten die Haare. Jule war nämlich mehrmals von Haaren gekitzelt worden.

Gerade als Jule Paul kritisch beäugte, kam Moritz in die Küche und amüsierte sich über ihren analytischen Blick. »Perücke?«, sagte er vieldeutig, nahm das Fleisch aus dem Kühlschrank und ließ sie stehen. Er wusste genau, was gerade in ihr vorging.

Mist, das mit der Perücke konnte natürlich sein. Aber das glaubte sie nicht. Sie konnte sich nicht vorstellen, dass Paul das machen würde, was der Fremde vorhin mit Moritz' Schwanz gemacht hatte. Aber wer von den Jungs hatte es so faustdick hinter den Ohren, dass Jule ihm das zutrauen würde? Letztendlich keiner.

Es klingelte, und Jule ging zur Tür. Torben trug einen Sack Eiswürfel und drängelte sich unhöflich durch die Tür. So würde man sich nicht verhalten, nicht nach so einem Nachmittag. Christian kam herein. Vor sich trug er ein großes Tablett, auf dem vermutlich Kuchen war. Er begrüßte Jule nett mit einem flüchtigen Kuss auf die Wange und ging sofort weiter. Die Jungs aßen gern zwischendurch was Süßes, vor allem Christian, und das sah man ihm auch an. Die beiden schieden schon mal aus. Blieben also noch Thomas, Niklas und Michael.

Letzterer kam gerade von der Terrasse rein und ging lächelnd auf sie zu. Jule taxierte ihn. Waden, Größe und auch Haare. Alles passte perfekt, und im Gegensatz zu Thomas und Niklas war er Single. Etwas stürmisch umarmte er Jule, gab ihr einen dicken Schmatzer auf die Wange und sagte strahlend: »Ich wollte dir noch mal danken, dass du uns hier feiern lässt. Ganz lieben Dank.« Dann bekam sie noch einen dicken Schmatzer auf den Mund, und schon ließ Michael sie los und ging wieder raus.

Völlig perplex trank Jule einen großen Schluck Weißwein. *Michael, der musste es sein!* Sofort war sie davon überzeugt, dass nur er es sein konnte. Doch dann sah sie, wie Moritz sich draußen auf der Terrasse über sie lustig machte, und als Michael zu ihm trat, klopfte er ihm kumpelhaft auf die Schulter. Das war nur Auftragsarbeit gewesen. Moritz hatte Michael losgeschickt, um sie auf eine falsche Fährte zu führen. Sie seufzte. Wahrscheinlich würde sie nie erfahren, wer der zweite Mann im Bett gewesen war.

Es klingelte wieder, und Jule ging überrascht zur Tür. Eigentlich waren doch schon alle da. Ein gut aussehender Kerl stand mit einer Flasche Weißwein vor der Tür.

»Du musst Jule sein. Moritz hat mir von dir erzählt. Ich dachte, wenn du schon den ganzen Abend mit biertrinkenden Fußballrowdys verbringen musst, bring ich dir wenigstens einen guten Wein mit.«

Jule schaute den Kerl an. *Wer war das?*

Hinter sich hörte sie Moritz' Stimme, der zu ihnen trat. »Stimmt ja, ich hab dir noch gar nicht von Max erzählt. Max, Jule. Jule, Max. Max ist ein alter Bekannter von mir, den ich letztens erst wieder getroffen hab. Ich hab ihn auch eingeladen. Ist doch kein Problem, oder? Komm rein. Der Grill ist schon heiß.«

Max trat ein und reichte Jule die Flasche. Als er an ihr vorbeiging, meinte sie einen Geruch wiederzuerkennen. *War das nicht ihr Duschgel?* Sie blickte ihm hinterher. Haare, Größe, alles klar. Aber leider trug er eine lange Hose. Seine Waden waren nicht zu erkennen. Und der Geruch, na ja, es war ein Allerweltsduschgel, das man praktisch überall zu kaufen bekam. Jule nippte nachdenklich an ihrem Wein.

Max. Verdammt, sie hatte diesen Namen schon mal gehört! War er vielleicht der Junge, mit dem Moritz im süßen Alter von vierzehn mal rumgeknutscht hatte? Nein, halt! Moritz hatte doch mal so eine geheimnisvolle Geschichte angedeutet. Er zweiundzwanzig, ein Abend mit Freunden in der Disco, eine ältere Frau, die Moritz abschleppte und ihn in ihrer Wohnung dann mit einem weiteren Liebhaber überraschte. Und Moritz stand vor der Wahl, so oder gar nicht. Aber außer seiner Entscheidung hatte Moritz kein weiteres Wort über diese Nacht verloren.

Jule wollte sich gerade dafür in den Hintern beißen, dass sie nie nachgefragt hatte. Aber war es überhaupt Max gewesen, der sie vorhin beglückt hatte? Plötzlich merkte sie, wie sich in ihrem Höschen etwas regte. Sie wurde schon wieder feucht. Was mit dem Verstand nicht wahrzunehmen war, merkte der Körper trotzdem. Mutter Natur, die kannte sich aus. Sie und die Pheromone, die durch die Luft zogen.

Unwiderstehlich

Es würde leichter werden, als sie es sich vorgestellt hatte. Zoe sah sich den Typen genau an, der gerade mit sicherer Hand die Codekarte durch das Türschloss zog. Dunkelhaarig und mit strahlend blauen Augen sah er nicht schlecht aus, aber unter einem absolut grandiosen Liebhaber hatte sie sich etwas anderes vorgestellt. Der Kerl wirkte eher durchschnittlich, nett und gefällig, aber nicht umwerfend. Auf den ersten Blick war er gut gebaut, doch kaum größer als sie. Sie konnte ihm direkt in die Augen blicken. Aber natürlich trug sie heute auch ihre Stilettos. Trotzdem: Sie wusste, dass Sabrina eher auf südländische Typen stand, und unter einem Marcello hatte Zoe sich definitiv einen Womanizer vorgestellt, eine Art *Italian Stallion* mit schulterlangen schwarzen Haaren und trotzdem von schwedischer Körpergröße, kulturbeflissen, charmant, aber etwas zu geleckt. Innerlich atmete sie auf.

Ein grünes Licht leuchtete an der Türverriegelung auf, und er betrat das Hotelzimmer. Zoe blieb skeptisch an der Tür stehen. »Also, Marcello, Sabrina hat dir von unserer Wette erzählt?«

»Klar, wenn du willst, dass ich dich vögel oder dich anders befriedige, hast du verloren.« Er grinste, und zwei Grübchen erschienen auf seinem Gesicht. »Aber keine Angst, ich bin mir sicher, dir steht jede Farbe, sogar knalliges Rosa.« Dabei bedachte er sie mit einem prüfenden Blick.

Sie hatten bisher noch nicht viel miteinander gesprochen. Marcello hatte an der Bar auf sie gewartet und sofort seinen Drink bezahlt, als er sie kommen sah. Galant, aber schweigend hatte er sie zum Fahrstuhl geführt. Dass er jetzt so schnell und unverfänglich zur Sache kam, gefiel Zoe.

Ihre Freundin Sabrina hatte ihr erst jüngst die Sexepisoden mit Marcello gestanden. Allerdings würde sie in zwei Wochen heiraten, und erst jetzt, da sie sich ihre Spielereien mit Marcello nur noch in ihren Tagträumen vorstellen durfte, hatte Sabrina ihren Freundinnen ihr großes Geheimnis verraten. Und dann war es zu dieser unsäglichen Wette gekommen, die Zoe schon in der Sekunde, in der sie besiegelt wurde, bereute.

»Unwiderstehlich. Der einzige Mann, den ich jemals kennengelernt habe, der wirklich und wahrhaftig absolut unwiderstehlich ist. Selbst du mit deinen hohen Ansprüchen an Sexgespielen würdest ihm erliegen.« Sabrina drehte ihren Cocktail in der Hand.

Zoe glaubte, Abdrücke ihrer feuchten Hände auf dem Glas entdecken zu können. »Quatsch. Absolut unwiderstehlich gibt es nicht. Nicht mal *ich* bin unwiderstehlich, und das soll was heißen.« Zoe kicherte. Sie war leicht betrunken. Es war spät, und es war die dritte Bar, in der sie mit ihren Mädels eingekehrt war. Zoe wunderte sich. Marcello! Warum hatte sie nie von ihm gehört?

Da meldete sich Marie. »Ich hab auch schon von ihm gehört. Er muss göttlich sein. Wieso hast du ihn mir nie vorgestellt?« Marie machte einen Schmollmund, doch alle wussten, sie meinte es nicht wirklich ernst. In der wirklichen Welt, jenseits von Cocktails und Mädelsrunden, hatte sie Angst vor heißen Abenteuern. Tatsächlich war sie eine treue Anhängerin der Missionarsstellung.

Lilo suchte sich ihren Weg durch den Dschungel aus Ananasscheiben und Mangoschnitten und trank einen großen Schluck. »Ey, zwei Menschen, die absolut unwiderstehlich sind. Das ist doch mal was. Allein sich vorzustellen, wie da der Sex aussehen würde, macht mich schon ganz feucht.« Lilo war wie Zoe keine Kostverächterin. Doch wo Zoe wählerisch war und selten jemanden fand, der ihren hohen Erwartungen gerecht wurde, bediente sich Lilo eher aus der *Fast-Food*-Abteilung. Immer bereit für eine kleine Nascherei zwischendurch. Lilo drehte ihren Barhocker in Richtung Tanzfläche, um die rhythmisch zuckenden Leiber besser beobachten zu können. »Das müsste doch eigentlich so 'ne Art Urknall geben. Materie und Antimaterie. Zwei schwarze Löcher, die aufeinander zurasen und sich gegenseitig verschlingen. Ein Wunder, dass ihr euch noch nie begegnet seid. Immerhin lebt ihr doch in der gleichen Stadt.«

»Vielleicht ist er einfach nicht mein Typ«, gab Zoe zu bedenken.

»Papperlapapp, du könntest ihm nicht widerstehen. Auf keinen Fall.« Sabrina klang überzeugt, aber Zoe runzelte skeptisch die Stirn. »Ach komm, besser als Stefan?«

Sabrina setzte sich aufrecht hin und blickte ihr ernsthaft in die Augen. »Ich weiß, Stefan sieht einfach umwerfend aus, das stimmt. Aber beim Sex, da ist Marcello der Hammer. Wenn du fast besinnungslos bist vor Lust, und dann vögelt er dich, dann ist es wie ... wie ...«

Schon wieder dieser glasige Blick. Und diese unvollendeten Sätze. Marie schnippte vor Sabrinas Augen. »Hallo, jemand zu Hause? Du weißt schon, dass du so gut wie verheiratet bist, oder?«

Ein tiefer Seufzer. »Ja, leider. Und ich liebe Matthias auch ... echt ... wirklich. Doch zu wissen, dass ich nie wieder Sex haben werde wie mit Marcello ...«

»Okay, noch mal zurück zu meiner Antimaterie-Theorie. Ich würde sehr gerne erleben, was passiert, wenn Marcello und Zoe sich in einem Raum aufhalten. Ob es dann eine Implosion gibt, oder so was. Kommt er zu deiner Hochzeit?« Lilo hatte Feuer gefangen. Ganz gleich, wie überzeugt sie von ihrer Materie-Antimaterie-Theorie war: Wenn sie diesen Liebesgott vor Zoe traf, dann würde sie ihn sich zuerst schnappen.

»Gar nichts würde passieren!« Zoe tat empört. »Glaubst du ernsthaft, wir würden uns nicht wie zivilisierte Menschen benehmen können? Meinst du, wir würden auf Sabrinas Hochzeitsfeier im Flur zur Küche rammeln wie die Karnickel?«

»Selbst das würdest du wollen, wenn er dich erst mal in seinen Fängen hat.« Sabrina hatte selten so überzeugt geklungen wie jetzt.

»Quatsch. So ein Blödsinn. Es gibt absolut keinen Mann, dem ich nicht widerstehen könnte.«

»Ha, wie wär's mit 'ner Wette?« Lilo war ganz in ihrem Element.

»Nein!« Sabrina stellte sich plötzlich vor den dreien hin und gestikulierte wütend mit ihren Armen. »Marcello kommt auf keinen Fall zur Hochzeit! Ich bin doch noch nicht lebensmüde. Ihr seid mir schöne Freundinnen. Ihr würdet ernsthaft riskieren, meine Feier und meine Ehe zu versauen, nur damit eure Neugierde befriedigt wird. Schämt euch! Hätte ich nur nichts von ihm erzählt.«

Alle blickten schuldig zu Boden, bis Lilo plötzlich *die* Idee hatte. »Wir lassen sie unter verschärften Bedingungen aufeinander los. So wie zwei Kampfhähne in 'nem Käfig. In einem Hotel zum Beispiel. Und natürlich vor deiner Hochzeit, Sabrina.«

»Wieso sollte ich mich darauf einlassen?« Zoe versuchte, gänzlich unbeeindruckt zu wirken.

»Ich denke, du kannst jedem Typen widerstehen. Das musst du uns jetzt beweisen.« Lilo hatte Blut gerochen. Sie war wie eine Hyäne. Sie würde nicht mehr von ihrem Opfer ablassen.

»Und was genau hätte ich davon?«

»Ziemlich grandiosen Sex«, sagte Sabrina ohne Umschweife.

»Wo du doch immer deinen Schnabel so weit aufreißt, willst du jetzt etwa einen Rückzieher machen? Vielleicht erzählst du uns ja hier immer nur was, und in Wahrheit bist du gar nicht wählerisch, sondern nur verklemmt. Jetzt musst du es uns beweisen.« Lilo ließ nicht locker. »Komm, lass uns den Einsatz erhöhen. Wenn du es nicht schaffst, ihm zu widerstehen, musst du in dem hässlichsten, scheußlichsten, abartigsten Kleid, das die Welt je gesehen hat, zu Sabrinas Hochzeit kommen.«

»O ja, ganz in rosa Tüll, mit Rüschen und Fältchen und weißem Spitzenkragen und so.« Marie klatschte in die Hände, als sei sie sieben und hätte gerade beim Seilspringen gewonnen. Sie hatten wohl alle schon zu viel getankt.

Von Lilo hatte Zoe ja nichts anderes erwartet, aber wer hätte gedacht, dass Marie ihr so in den Rücken fallen würde? »Und wenn ich gewinne? Wenn ich widerstehen kann, was gewinne ich dann?«

»Dann kommen wir zwei in dem Fummel.« Lilo sagte es keck, aber Marie biss sich sofort auf die Lippen. Damit hatte sie nicht gerechnet.

»Und ich hatte mir schon Sorgen gemacht, dass ich nicht die schönste Frau auf der Hochzeit sein würde. Klingt für mich nach der perfekten Feier.« Sabrina grinste wie ein Honigkuchenpferd und bestellte die nächste Runde Cocktails.

»Dann steht die Wette?« Lilo hielt Zoe die Hand hin, damit sie einschlagen konnte.

»Ähm ... was genau ist denn die Wette? Das müssen wir vorher exakt klären, damit sie sich hinterher nicht rausreden kann.« Alle sahen Marie an, die soeben ihre Einwände geltend gemacht hatte. »Ich tauch doch da nicht in Quietschrosa auf, nur weil wir es vorher nicht konkret genug festgelegt haben!« Selbst unter Alkoholeinfluss kam bei ihr noch die Buchhalterin durch.

»Also gut«, überlegte Lilo. »Ihr trefft euch in einem Hotelzimmer. Und es geht um Sex. Wenn er dich vögeln darf oder dich mit Fingern oder Zunge befriedigt, dann hast du verloren.«

»Und was hätte dieser Marcello davon?«

Sabrina schaltete sich ein. »Ich bin mir vollkommen sicher, er wird die Herausforderung annehmen. Im schlimmsten Fall hätte er einen Abend keinen Sex. Aber so weit wird es nicht kommen. Also?«

Zoe fasste sich ein Herz und schlug in Lilos Hand ein – und zur Sicherheit auch in Maries, nicht dass die sich hinterher drücken würde, nur weil sie die Wette nicht persönlich besiegelt hatte. Im Grunde ihres Herzens war Marie nämlich ein Feigling und würde sofort kneifen, wenn man ihr einen Ausweg ließ.

Sabrina zückte ihr Handy und drückte mehrere Tasten. Alle blickten gespannt zu ihr, als sie plötzlich ihre Augenbrauen hob und ein freudiges »Marcello, Süßer!« ausstieß. Breit grinsend verließ sie die Bar, um auf der Straße in Ruhe zu telefonieren.

Nur vier Tage später betrat Zoe das Hotelzimmer, in dem ein riesiges Bett thronte. Die Möbel waren im Stil der Fünfzigerjahre gehalten, nur in einer postmodernen Rock-Hudson-Doris-Day-Variante. Fast kam sie sich vor wie in einer amerikanischen Komödie. Es gab eine bequem aussehende Sitzecke mit zwei Sesseln und einem kleinen Tisch, doch statt eines Frisiertisches stand ein großer Mahagonisekretär an der Wand, über dem ein Altarspiegel mit verstellbaren Seitenteilen hing. Dezente Farben und abgerundete Ecken bestimmten das Bild. Zoe war begeistert. Die Wahl des Hotelzimmers bewies Stil, vielleicht auch zu viel Erfahrung mit solchen Treffen, aber vor allem erstklassigen Stil. In einem Kühler mit Eis stand bereits eine Flasche Champagner bereit. Zoe strich mit einer Hand über die Sessellehne. »Hm, also, du versuchst mich rumzukriegen, aber du darfst mich dabei nicht berühren.«

»Ich darf dich an bestimmten Stellen nicht berühren, wenn ich es richtig verstanden habe. Und natürlich darf ich dich nicht vögeln. So war das doch, oder?«

Zoe nickte.

»Okay, aber vielleicht darf ich dir ja sagen, wie und wo du dich selbst berühren sollst.« Ohne dass sie es gemerkt hatte, stand Marcello plötzlich dicht hinter Zoe und flüsterte ihr ins Ohr. »Oh, und bevor ich's vergesse: Natürlich darfst du *mich* berühren.« Sein Atem streifte an ihrem Hals entlang und ein kleiner Schauer lief ihr über den Rücken. Geschickt nahm er ihr den Mantel ab und ließ ihn in einem Schrank verschwinden, in dem bereits seine

Lederjacke hing. Der Raum war angenehm warm temperiert, sodass Zoe auch in ihrem dünnen Kleid nicht fror. Enttäuscht stellte sie fest, dass er sich im Gegensatz zu ihr anscheinend nicht besonders hergerichtet hatte. Zwar betonte die Jeans seinen Hintern, der seiner Form nach zu schließen auf einen Hang zum Radsport hindeutete, aber darüber trug er bloß ein simples, blaues Hemd mit aufgekrempelten Ärmeln. Er sah ganz passabel aus, aber insgeheim hatte sich Zoe etwas anderes unter dem berüchtigten Marcello vorgestellt. Keinesfalls war er ein Typ zum Anschmachten. Was hatte Sabrina sich nur dabei gedacht? Auf der Straße würde sie an ihm vorbeilaufen und beim Einkaufen niemals absichtlich ihren Wagen so vor seinem parken, dass er gezwungen wäre, sie anzusprechen. Nein, der Kerl vor ihr erweckte eher den Anschein, ein netter Typ zum Quatschen zu sein. Ein klein wenig Enttäuschung machte sich bei Zoe breit. Na gut, nicht das, was sie erwartet hatte, aber was soll's. Es ging ja gerade darum, *keinen* Sex mit ihm zu haben.

»Champagner?« Er hielt die Flasche schon in der Hand.

Sie nickte. »Also, du versuchst, mich zu verführen. Erzählst du mir, wie das funktioniert? Mir ist noch nicht ganz klar, wie das ablaufen soll.«

Er füllte zwei Gläser und bot ihr eins an. »Funktionieren? Ablaufen? Ich hoffe, der Abend hält etwas anderes für uns bereit, als zu funktionieren und abzulaufen.« Er blickte ihr tief in die Augen, während er trank.

Zoe umklammerte ihr Glas. Da hatte er natürlich recht. Was immer hier auch lief, es war auf jeden Fall aufregend. Es entstand eine prickelnde Stille, als sie sich stumm anblickten. Seine Hand tauchte neben ihren Augen auf und griff nach einer Haarsträhne. Er wickelte sie wie eine Locke um seinen Finger. Dann streichelte er sie mit ihren eigenen Haaren am Hals. Endlich entlockte er ihr ein Lächeln.

»Du solltest mehr lächeln. Das macht dich noch schöner.« Er grinste, und seine Grübchen tauchten wieder auf. »Ich werde mir übrigens alle Mühe geben, dass du deine Wette verlierst. Auch wenn ich aus bekannten Gründen selbst nicht dort sein kann: Dich im rosa Tüll mit Rüschen auf Sabrinas Hochzeit zu sehen würde mir sehr gefallen.«

Zoe setzte sich in einen der Sessel und schlug aufreizend die Beine übereinander. »So, und du glaubst, du schaffst es, mich so weit zu treiben, dass ich die Kontrolle verliere?«

»Schauen wir mal.« Er ging vor ihr in die Hocke und ließ seinen Blick über ihren Körper wandern. »Du gefällst mir. Ich freu mich schon darauf, wenn du mir erlaubst, dich anzufassen.«

»Ich kann's mir echt nicht leisten, in einem rosa Albtraum auf dieser Hochzeit aufzukreuzen. Also werde ich dir das ganz sicher nicht erlauben!«

»Hm«, murmelte er, als sei er davon nicht besonders überzeugt. Er hielt sich mit der Hand an der Sessellehne fest. Zoe fiel die leicht gebräunte Haut unter den schwarzen Härchen auf dem Arm auf. Muskeln spielten auf dem kräftigen Unterarm, als er sich bewegte. Er beugte seinen Kopf zu ihrem Knie. Seine Nase war ein wenig zu groß, aber die Nasenflügel waren fein geschwungen und bebten, als er ihr nun unter den Saum ihres Kleides blies. Der Stoff des Kleides bewegte sich sanft. Sein warmer Atem streifte über ihre Beine, und der Rock schob sich ein Stück höher.

»So willst du mich rumkriegen?«

Er legte seinen Kopf schief und blickte Zoe ruhig an. »Hast du es eilig? Wir haben doch noch gar nicht angefangen.« Er stand auf, griff zur Champagnerflasche und schenkte ihr ein wenig nach. Auch sein Glas füllte er und trat an einen kleinen Hocker, der neben dem Schreibtisch in der Ecke stand. Darauf lag ein MP3-Player, an den kleine Boxen angeschlossen waren. Er tippte etwas ein, und sofort erklang leise Musik. Marcello trat nahe an den Sessel heran und stellte sein Glas ab.

»Gefällt dir die Musik?«, fragte er, während er sich nun breitbeinig vor sie stellte und ganz langsam anfing, die Knöpfe seines Hemds zu öffnen.

»Nora Jones – passend zum Ambiente.« Dabei schaute sie ihn an, wie er sich sanft im Takt der Musik hin und her bewegte. Die Knöpfe waren nun alle auf, und er zog ganz langsam den Stoff seines Hemds aus der Hose. Das war allerdings mal etwas Neues für Zoe. Einen Striptease hatte noch kein Mann für sie hingelegt. Langsam streifte er das Hemd über seine Schultern. Er hatte gute Haut. Zoe war erleichtert. Sie stand auf schöne Haut. Sein Oberkörper war muskulös, aber sicher verbrachte er seine Abende sinnvoller, als alle zwei Tage in einer Muckibude Gewichte zu pumpen. Sie mochte keine Typen, die wie Gladiatoren gebaut waren. Schließlich wollte sie nicht mit ihnen in den Krieg ziehen, sondern Sex haben. Marcello hatte mehr zu bieten als Testosteron in den Adern. Eine dunkle Linie feiner Härchen verschwand im Hosenbund, und sofort hatte Zoe das Verlangen nachzuschauen, wo diese Linie endete. Überrascht stellte sie fest, dass es zwischen ihren Beinen warm wurde. Na gut, sie hatte auch zu lange auf Sex verzichten müssen. Vier Monate waren eine lange Zeit, wenn man jung war und hungrig. Kein Wunder, dass sich bei ihr sofort etwas regte.

»Wenn ich dich berühren dürfte, was würdest du dir wünschen?« Jetzt kniete er vor ihr und schaute ihr direkt in die Augen. Zoe nahm einen tiefen Schluck. »Dann würde ich mir wünschen, dass du mich auf ungewöhnliche Art verführst.«

»Aha, es steckt also doch eine Genießerin in dir. Da bin ich aber froh.« Seine Hände wanderten wieder zu ihren Haaren. Ohne ihren Körper zu berühren, ließ er seine Handflächen an ihren Strähnen heruntergleiten, bis sie dicht über ihrem Busen schwebten. »Es gibt da doch diese alte Tradition der Galionsfiguren, vorne am Bug der Segelschiffe. Sie waren die einzigen Frauen, die an Bord geduldet wurden, und sollten vor Unheil und Seenot schützen. Selbst an normalen Handelsschiffen waren oft Meerjungfrauen mit nackten, hervorstechenden Brüsten angebracht ... Ich liebe alte Traditionen.« Sein Gesicht näherte sich ihrem, aber als sie gerade dachte, er wolle sie küssen, senkte er seinen Kopf, und ein warmer Atemhauch strömte über den dünnen Stoff ihres Ausschnitts. »Ich wette, es würde dir sehr gefallen, wenn meine Zunge mit deinen Nippeln spielen würde.« Sie ärgerte sich ein wenig, denn ihre Brustwarzen gaben die Antwort, die Zoe ihm eigentlich schuldig bleiben wollte. Sie konnten es anscheinend gar nicht abwarten.

»Ach, sehr entgegenkommend.« Marcello lachte und stand abrupt auf. Zoe atmete durch. Sie hatte gar nicht gemerkt, dass sie den Atem angehalten hatte. Sie musste versuchen, an etwas anderes zu denken, verflucht. Sonst würde sie in zehn Tagen wie ein riesiges Bonbon auf der Hochzeit auftauchen müssen. Doch Marcello ließ nicht locker. Selbstsicher streifte er sich langsam das Hemd vom Körper und ließ es auf den Boden fallen.

»Nun? Möchtest du dich nicht auch ausziehen?«

»Ist das ein Befehl?«

»Eine Bitte. Und du darfst dir aussuchen, was. Nur die Schuhe nicht.«

»Wieso? Bist du ein Schuhfetischist?«

Er lachte laut auf. »Nein, aber mit den Schuhen hast du genau die richtige Größe, wenn du mich nachher bittest, meinen Schwanz in deiner Möse zu versenken.«

Jetzt wurde ihr heiß. Schon die Art, wie er das sagte, ließ ihre Schamlippen pulsieren. Es klang wie ein Versprechen auf ein köstliches Mahl. Jetzt sah er auch noch, wie sie automatisch auf seine Hose blickte, weil er von seinem Schwanz sprach. »Möchtest du ihn sehen? Er ist schön. Hat Sabrina dir das nicht gesagt?«

Sabrina hatte ihr tatsächlich überhaupt nichts Konkretes erzählt. Ihre Erzählungen waren immer in sehr vagen Andeutungen stecken geblieben, und dann hatten ihre Augen diesen entrückten Blick bekommen. Marcello strich sich über die Hose, auf der sich bereits eine vielversprechende Wölbung abzeichnete. Langsam bekam sie richtig Lust. Ein Blind Date, das direkt in einem Hotelzimmer stattfand, hatte sie noch nie gehabt. Wenn er nur halb so gut war, wie Sabrinas verträumte Erinnerungen erwarten ließen, würde sie heute Abend wirklich etwas verpassen. Jetzt bedauerte sie zum ersten Mal, dass sie Sabrina nicht hatte glauben wollen, dass es da jemanden gab, der absolut unwiderstehlich war. Kaum etwas machte sie so an wie ein Mann, der eine sexuelle Lässigkeit ausstrahlte. Die meisten Kerle schreckten Zoe ab, weil ihnen anzusehen war, dass sie nur Sex haben wollten, um ihre eigene drängende Geilheit zu befriedigen. Was sollte eine Frau da schon erwarten können als zu schnelles, zu zielstrebiges Hinarbeiten auf den Samenerguss? Das langweilte sie. Marcello aber strotzte vor sexuellem Selbstbewusstsein. Er brauchte sie nicht, war nicht drängend. Er konnte es sich leisten zu spielen. Und er spielte gut. Sie seufzte. Hätte sie sich doch bloß nicht auf diese blöde Wette eingelassen. Na ja, sie würde sich heute Abend so viel von ihm nehmen, wie sie durfte, und ihre eigene Befriedigung musste dann eben im Handbetrieb laufen. Etwas Spaß würde sie schon noch haben. Und spielen konnte sie ebenfalls.

Mit anmutiger Geste stellte sie das Champagnerglas ab und setzte sich auf dem Sessel nach vorn. Sie spreizte ihre Beine, und der Saum des Kleides spannte sich. Marcello setzte sich ihr gegenüber auf das Bett und ließ ihre Hände nicht aus dem Blick. Zoe hatte gerade beschlossen, dass sie ihn heißmachen würde. Er sollte Lust bekommen. Lust darauf, diese Nacht mit ihr unter anderen Voraussetzungen zu wiederholen. Sie strich mit den Handflächen an ihrem Kleid hinab, bis sie den Saum erreicht hatte, und zog dann mit beiden Händen den Stoff höher, Zentimeter für Zentimeter. Dabei blickte sie Marcello fordernd in die Augen. *Hol es dir doch, wenn du kannst,* sagte ihr Blick. Als unter dem Kleid schließlich ihr Spitzenhöschen zum Vorschein kam, stand sie auf. Ganz langsam ging sie auf Marcello zu, das Kleid dabei immer noch höher ziehend. Als sie genau vor ihm stand, drehte sie sich um und präsentierte ihm ihren Po, der unter dem cremefarbenen Spitzendessous zu erahnen war. Das Kleid glitt an ihr hoch, und dann zog sie es sich mit einem letzten Ruck über den Kopf. Es landete auf seinem blauen Hemd. Sie streckte ihm den Hintern entgegen und wackelte damit ein wenig vor seiner Nase herum. Jetzt war sie sehr froh, dass sie sich für das Ensemble mit den passenden Strapsen und den BH ouvert entschieden hatte. Sie drehte sich um und stellte einen Fuß genau neben ihm auf der Bettkante ab. Auffordernd blickte sie zu ihm herab. »Und? Gefalle ich dir?« Sie lutschte einen Finger an und strich sich damit über eine Brustwarze, die neckisch aus dem Schlitz des BHs hervorlugte. Sie wünschte sich, *er* würde das machen, aber das war an diesem Abend leider nicht möglich. Also ließ sie den Finger über ihre roten Spitzen kreisen, während sie auf ihn herabschaute.

Er grinste zu ihr hoch, aber statt zu antworten, beugte er seinen Kopf zwischen ihre Beine. »Hm, dort ist es bestimmt schon ganz feucht, stimmt's? Willst du, dass meine Zunge mal nachschaut?«

»Und mich vor all meinen Freunden im rosa Ballettröckchen blamieren? Da träumst du von.«

»Ja, davon träume ich«, sagte er ernsthaft und rutschte vom Bettrand auf den Boden. Nun kniete er zwischen ihren Beinen, seine Nasenspitze war nur wenige Zentimeter von ihrem Spitzenhöschen entfernt. Intensiv sog er ihren Duft ein. Zoe wurde ganz schwach. O Mann, das konnte doch gar nicht wahr sein. Er machte sie wirklich kribbelig, ohne sie zu berühren. Ihre Beine wurden butterweich, und das Blut pulsierte in ihren Schamlippen.

»Okay, bitte leg deine Hände an deine Schenkel.« Er blickte zu ihr hoch, als wäre es das Selbstverständlichste der Welt, dass er sie dirigierte.

»Und wenn ich nicht will?«

»Du machst nur, was du willst. Das ist doch klar. Nur, was du willst, und nur, was dir Spaß macht.« Dabei kam er wieder ganz nah an ihr Höschen und nahm einen tiefen Atemzug. »Aber ich rieche ja schon deine Lust. Komm, tu mir und dir den Gefallen und leg deine Hände links und rechts auf deinen Schoß.«

Zoe schloss die Augen, stellte ihr zweites Bein auch auf den Boden und ließ ihre Hände hinunterwandern.

»Nein, nicht die Augen schließen. Ich möchte, dass du siehst, wie sehr du mir Lust bereitest. Schau mich an, und jetzt nimmst du deine Finger und schiebst den Stoff zur Seite.«

Zoes Finger schlüpften unter den Stoff. Langsam zog sie die dünne Seide zur Seite.

»Hm, du tropfst ja schon fast. Das gefällt mir. Wenn ich könnte, wie ich wollte, dann würde ich dich jetzt mit meiner Zunge in den Wahnsinn treiben.« Er ließ sein Versprechen kurz wirken, bevor er weiterredete. »Jetzt zieh deine Schamlippen auseinander. Ich möchte deine Kirsche sehen.« Er sah zu ihr hoch, und als sie seinem Blick begegnete, streckte er seine Zunge spitz heraus. Für einen Moment dachte Zoe, er würde sie nun lecken, aber er kam kaum näher, da nahm er schon wieder seinen Kopf zurück.

»Wenn du möchtest, dann kannst du zu meiner Zunge kommen. Ich verspreche dir, es wird ein großes Vergnügen für dich.«

In diesem Moment wünschte sich Zoe nichts lieber als das. Wie gerne würde sie mit ihrem Schoß jetzt nach vorne drängen. Aber sie durfte nicht. Vor ihren Augen zog ein Bild auf: sie selbst, ganz in rüschiges Rosa gekleidet. Lächerlich. Wettschulden sind Ehrenschulden. Sie durfte es nicht riskieren. Zoe schaute ihn an und begann, mit ihrem Zeigefinger an ihrer pochenden Klitoris zu spielen. Sie stöhnte auf.

Marcello lehnte sich zurück und ließ seinen Rücken gegen das Bett fallen. »Auch keine schlechte Idee. Obwohl ich es besser könnte.« Wieder ließ er seine Grübchen aufblitzen. Aber sofort war sein Blick wieder von ihrer Möse gefangen.

»Das glaub ich dir sofort.« Sie hatte zu lange keinen Sex mehr gehabt, und sie hätte gut darauf verzichten können, es sich hier vor diesem offensichtlichen Könner in Sachen Lust selbst besorgen zu müssen.

»Bitte hör auf und setz dich aufs Bett.« Widerwillig gehorchte Zoe, ließ ihren Finger aber auf ihrer Perle liegen. Sie war gerade in Fahrt gekommen, und immerhin machte es mehr Spaß, sich selbst zu befriedigen, wenn jemand dabei zuschaute, als es ganz alleine zu machen. Sie setzte sich aufs Bett, die eine Hand noch zwischen den Beinen, mit der anderen stützte sie sich nach hinten ab.

Er stellte sich genau vor sie hin. »Und jetzt mach meinen Reißverschluss auf, aber ganz langsam und vorsichtig.«

»Glaubst du, ich hab Angst vor deinem Springteufelchen?«

»Angst nicht, aber ich möchte auch nicht, dass du dich verletzt.«

Zoe lachte laut und setzte sich auf. Dann ließ sie ihre beiden Hände wandern. Sie umkreiste ganz langsam die deutliche Wölbung. Der Stoff spannte sich über seinen harten Schwanz. Er hatte auf jeden Fall recht, wenn er behauptete, dass da eine große Überraschung auf sie wartete. Sie ließ die Finger ihrer linken Hand in seinem Hosenbund verschwinden und fühlte nun zum ersten Mal seine warme Haut, darunter feste Muskeln. Er war so nah, dass sie seinen herben Duft einatmete. Er bekam ein eindeutiges Triple-A-Rating. Denn *das* war doch zweifellos das Schlimmste, was einem passieren konnte: Der geilste Typ überhaupt macht einen scharf, und dann riecht er falsch. Dann geht da mal gar nichts! Körpergeruch musste sie antörnen. Und Marcello roch nach den drei großen M's – maskulin, muskulös und mysteriös. Auf den zweiten Blick war er perfekt! Der Abend wurde immer besser, auch wenn ihr gerade das etwas Angst bereitete.

Als sie ihm in den Schritt griff und über seine Eier fuhr, stellte er sich automatisch breitbeiniger hin. Er stöhnte leise. Seine Knie sackten ein Stück tiefer. Zoe blickte blinzelnd hoch. Auch sie war nicht gerade eine Klosterschülerin. Eine Idee kam ihr in den Sinn: Sie könnte ja noch eine andere Wette eingehen. Wer weiß, wer hier wirklich der wahre Meister oder die wahre Meisterin der Verführung war. Doch sie sagte nichts. Sie hatte in ihrem Leben gelernt, dass man sich besser auf keine Wette einließ, wenn man nicht hundertprozentig sicher war zu gewinnen. Und gerade merkte sie, dass sie sich schon mit ihrer letzten Wette selbst ein Bein gestellt hatte.

Jetzt drückte sie beide Hände auf die Schwellung unter dem Hosenstoff, und ihre Finger legten sich fest um seine Latte. Zoe grinste, als Marcello sein Becken kreisen ließ. Sie rieb immer fester an der Wölbung, und er stöhnte tiefer. Als sie schon den Eindruck hatte, er würde gleich kommen, ließ sie ab. Er atmete tief durch und blickte sie an. Als wäre nichts gewesen, sagte er: »Du darfst ihn dir auch gern ansehen.«

Sie griff an den Zipper und zog ganz langsam den Reißverschluss auf. Er trug keine Unterhose. Sie verfolgte langsam die feine Linie schwarzer Haare, die nun immer breiter wurde. Plötzlich schnellte sein Schwanz aus der Hose und wippte vor ihrem Gesicht. Für einen Moment stockte ihr wirklich der Atem. Perfekte Maße – lang, aber nicht zu lang, verheißungsvoll angeschwollen, seidiges, ebenmäßiges Fleisch. Die empfindliche Haut über seiner dunkelroten Eichel spannte sich. Sie zog die Jeans weiter runter, sodass ihm die Hose nun fast in den Knien hing. Obwohl sie ihm keinen Vorteil gewähren wollte, brach es aus ihr heraus: »Du hattest recht. So einen schönen Schwanz hab ich noch nie gesehen.« Verlangen überkam sie. Sie wollte ihn lecken und das warme Fleisch in ihrem Mund spüren. Zoe griff nach dem Schaft, an dessen Ende wohlgestutzte schwarze Haarkringel die Haut bedeckten. Ihre linke Hand wanderte zu seinen zwei Bällen. Rund und fest, Kategorie Tigerklöten, stellte Zoe fest. Marcello stöhnte auf, doch als sie ihren Mund öffnete, zog er sich zurück.

»Nein, noch nicht.« Er löste sich aus ihrem Griff und zog sich geschickt Schuhe, Socken und Jeans aus. So stand er nun völlig nackt vor ihr. Sein Hintern war fest, seine breiten Schultern und die Arme gut proportioniert, alles an ihm wirkte athletisch. Muskeln, die einem Zweck dienten, und nicht nur der Ästhetik. Seine Brustbehaarung war gerade richtig, nicht zu viel und kein Wildwuchs an den falschen Stellen, die Haut überall gleichmäßig gebräunt. Zoe hätte sich auf ihn stürzen können, und nur der Gedanke an ein rüschiges, rosa Etwas hielt sie zurück. Sie fluchte innerlich. Sie musste ihn dazu verführen, dass er die Kontrolle verlor. Oder dass er ihr wenigstens versprach, Sabrina nicht die Wahrheit zu sagen.

»Hast du Lust auf mich? Willst du, dass ich dich mit diesem prächtigen Schwanz verwöhne?« Langsam wanderte seine Hand am Schaft hoch und runter.

Tatsächlich war Zoe eifersüchtig auf seine Hand. Sie wollte diese harte Rute zwischen ihren Fingern spüren, mit der Haut spielen, mit der Zunge die Eichel so lange umkreisen, bis er vor Lust vergehen würde. Und dann sollte dieser perfekte Schwanz tief in sie hineinstoßen. Zoe wollte sagen, dass sie nichts lieber wollte als genau das. Stattdessen atmete sie tief ein, bis sie die richtigen Worte fand. »Der Wetteinsatz ist zu hoch. Und so nötig hab ich es nicht.« Ihre Stimme klang brüchig. Sie leckte sich über ihre Lippen. Eine verräterische Geste.

»Nötig? Nötig ist ein Wort, das rein gar nichts mit Begehren zu tun hat. Es geht um Lust – Lust haben und Lust befriedigen, nicht darum, ob man es nötig hat. Ich hab dich nicht nötig, aber ich will dich. Das hab ich sofort gewusst, als du vorhin zur Bar gekommen bist.« Während er sprach, rieb er ganz langsam und sacht seinen Schwanz. Die reinste Provokation. Wieder leckte Zoe sich die Lippen, als sie auf sein schönes Stück blickte. Und er kannte die Wahrheit. »Du willst ihn, das sehe ich. Du musst es nur sagen.«

Zoe stand kurz davor nachzugeben. Aber das konnte sie nicht zulassen. Abrupt setzte sie sich auf und ging zu dem Bistrotisch. »Du bist gut, und du hast einen wahnsinnig schönen Schwanz, aber du bist nicht unwiderstehlich.« Ihre Hände zitterten, als sie ihr Glas nahm und es in einem Zug leer trank. Sie nahm die Flasche, wollte sich nachschenken, einfach nur, um irgendetwas zu tun, das sie ablenkte.

Aber er stand schon neben ihr und nahm ihr die Flasche aus der Hand. »Du möchtest noch etwas trinken? Komm her. Ich lass dich trinken. Und dann wollen wir mal sehen, ob du mir widerstehen kannst.« Er führte sie zur Seite. »Setz dich hier auf den Boden und lehn dich bequem zurück.«

Zoe lehnte sich an den Sessel und blickte nach oben. Marcello hielt ihr die Flasche dicht vor den Mund, doch bevor sie trinken konnte, zog er sie weg, und seine Lippen glitten sacht über ihr Gesicht, nur einen Zentimeter von den ihren entfernt. Dann stand er auf und ließ den Champagner über seinen Schwanz laufen. Die helle Flüssigkeit floss am Schaft herunter, den er mit einer Hand so hielt, dass er genau auf Zoes Mund zielte. Sie öffnete ihre Lippen und ließ die Flüssigkeit in ihren Mund perlen. Er setzte die Flasche ab. »Und? Mehr?«

Zoe setzte sich auf, ging auf die Knie und umfasste mit beiden Händen seine festen Arschbacken. »Mehr!«

Ihre Lippen berührten seine Eichel fast, während er den Champagner langsam in ihren Mund fließen ließ. Zoe schob ihre Zunge vor und leckte über sein Häutchen. Er stöhnte auf, aber seine Hand zitterte nicht. Der Champagner floss an ihren Mundwinkeln heraus, perlte über ihre Brüste und rannte über ihren Körper. Zoe blickte auf seinen schönen Schwanz. Verdammt schön. Vielversprechend. In der Wette ging es nur darum, dass Marcello sie nicht befriedigen durfte. Sie öffnete ihre Lippen und stülpte ihren Mund über seinen Ständer.

Marcello hielt inne, nahm die Flasche zur Seite und stöhnte auf, während sie ihren Kopf rhythmisch nach vorne und hinten bewegte. Er blickte ihr tief in die Augen, während er sie am Schopf packte und mit ihren Bewegungen mitging. Doch statt vor Lust zu vergehen, wie es noch alle Männer bei ihrem gekonnten Zungenspiel getan hatten, sagte er plötzlich: »Komm, du darfst dich auch berühren. Ich muss hier ja nicht der Einzige sein, der Spaß hat.«

Gute Idee. Zoe nahm ihre rechte Hand von seinem Hintern und schob sich zwei Finger zwischen ihre Beine. Sie war feucht. Nass. Sie triefte geradezu. Sie schob die Finger über ihre Klitoris, sodass sie dazwischen hervorrutschte. Den Schwanz noch im Mund, stöhnte sie laut auf. Ihre Lippen schlossen sich fester um das Fleisch, und im gleichen Rhythmus schnellten ihre Finger und ihr Kopf vor und zurück.

Doch dann entzog er sich plötzlich. Sein Schwanz wippte noch kurz vor ihrem Gesicht, dann bückte er sich, den Champagner noch immer in der Hand. »Ich glaube, wir sollten dich ein bisschen runterkühlen, bevor du zu schnell explodierst.« Und schon schob er ihr die Flasche zwischen die Beine.

Zoe stöhnte erschrocken auf. Die Flasche war eiskalt. Jetzt rieb er das Glas an ihr. Durch den Spitzenstoff hindurch wurde ihre Klitoris kalt. Trotzdem konnte Zoe nicht widerstehen. Sie krallte ihre Finger in seine Schulter und atmete heftig. »Ich weiß nicht, ob das nicht schon verboten ist.«

»Das hier?« Und mit diesen Worten übte er noch mehr Druck auf die Flasche aus, die zwischen ihren Beinen nach vorne und nach hinten glitschte. »Wohl kaum. Ich würde es sicher nicht als Befriedigung durch mich gelten lassen.« Er kam noch näher und hauchte ihr ins Ohr: »Aber wenn du das Gefühl hast, es macht dich schwach, dann musst du es nur sagen. Oder ist es zu schön? So schön kalt, und es macht dich total heiß.«

Zoe wusste nicht, was sie tun sollte. Sie konnte sich nicht erwehren. Auffordernd raunte er ihr ins Ohr: »Jetzt stell dir vor, es wären meine Finger. Wie viel besser das doch wäre?« Und dann hörte er plötzlich auf, die Flasche zu bewegen. Zoe machte die Augen auf. Er schaute sie an. Die Kälte zwischen ihren Beinen verschwand, und er leckte ihren Saft von der Flasche ab.

»Mmh, lecker, süß und fruchtig. Ich kann auch dich lecken, bis dir die Sinne vergehen. Du musst es nur sagen.«

Verflucht noch mal, wie konnte dieser Typ sich so beherrschen? Sie schaffte es ja selbst kaum noch. Was sie jetzt brauchte, war ein Orgasmus, ein schneller Orgasmus, mit dem sie erst einmal Dampf ablassen konnte. Sie musste wieder klar denken können. Schnell stand Zoe auf und legte sich auf das Bett, dicke Kissen im Rücken, und machte die Beine breit. Während sie ihn auffordernd anblickte, kreisten ihre Finger schon unter dem Spitzenhöschen, das sie noch immer trug.

Belustigt blickte er zu ihr hoch und trank einen Schluck Champagner aus der Flasche. »Da bekommt jemand Angst, was?« Er füllte sein Glas und stellte die Flasche beiseite. Ein Eisstück aus dem Sektkühler landete in seinem Glas. Unbefangen schlenderte er zu ihr hinüber und setzte sich so auf das Bett, dass er den besten Blick auf ihren gespreizten Schoß hatte. »Ich möchte dir wenigstens zuschauen können. Komm, tu mir bitte den Gefallen und zieh dein Höschen aus, damit ich deine Möse sehen kann.« Ruhig, als würde er ein gutes Buch lesen, ließ er seinen Blick über ihren Körper laufen, während er aus seinem Glas trank.

Widerwillig stoppte Zoe ihre kreisenden Finger. »Na gut, du sollst ja auch was davon haben.« Eilig streifte sie sich das Höschen über die Strapse. Jetzt war ihre Möse nackt vor ihm, nur noch umrahmt von der cremefarbenen Spitze der Strapse. Oben aus dem BH ragten zwei Brustwarzen spitz hervor. Die Lust war Zoe am Körper abzulesen. Sie konnte es gar nicht leugnen. Ihr Blick ging immer wieder zu seinem Ständer, der aufgerichtet der Schwerkraft trotzte. Marcello setzte sich auf, kniete sich vor sie hin und fasste sie bei den Knien. Dann schloss er ihre Beine.

Zoes rechte Hand, die bereits wieder unten an ihrer Klitoris spielte, wurde leicht eingequetscht. »Das ist jetzt aber unbequem.« Ihre Stimme klang schon ganz fiebrig. Sie war heiß. Sie war geil. Sie musste endlich kommen, sonst würde sie diesem Typen doch noch unterliegen. Das durfte sie nicht zulassen.

»Ich will ja nur, dass du es richtig machst. Ich fass dich nicht an, aber lass mich bitte der Dirigent deiner Finger sein. Du wirst es nicht bereuen.« Seine Hände ruhten auf ihren Knien. Eine Zone, die er sicherlich anfassen durfte, ohne dass sie in Verdacht geriet, sie habe ihm nicht widerstehen können.

»Na gut. Ich hab ja schon gemerkt, dass Sabrina recht hatte, als sie sagte, du seist sehr gut im Bett.«

»Aber nicht unwiderstehlich?« Er spreizte ihre Beine und ließ seine Hände links und rechts neben ihre pochende Vulva gleiten. »Wunderschön. Das Zentrum der Lust. Wenn ich dich dort nur berühren dürfte. Ich würde dich in den Himmel katapultieren.«

Endlich begriff Zoe, warum er ihr die ganze Zeit erzählte, was er alles machen würde. Er pflanzte ihr Ideen in den Kopf. Sie sollte sich diese Dinge vorstellen, damit sie heiß wurde. Und es klappte hervorragend. Sie fluchte im Stillen. Trotzdem, ihr Körper gierte nach Befriedigung. Sie wurde ungeduldig. Schon kreisten ihre Finger wieder über ihre Klitoris. Ihr Becken zuckte verräterisch.

Blitzschnell ergriff Marcello ihr Handgelenk. »Ah, ah. Nicht so schnell.« Er nahm sein Glas und gab ihr einen Schluck. Dann trank er selbst und fischte dabei das Eis heraus. Mit dem Eisstück zwischen seinen Zähnen beugte er sich über ihren Körper und ließ das Eis über ihre Brustwarzen kreisen. Geschmolzenes Wasser floss in einem kleinen Rinnsal auf ihren Bauch. Zoe wurde bewusst, dass in dieser Stellung sein Schwanz jetzt nur noch wenige Zentimeter von ihrem Loch entfernt war. Wenn er so weitermachte, würde sie ihre Möse einfach selbst über seinen Ständer schieben. Sie griff in seine Haare und drückte seinen Kopf weg. »Das darfst du nicht«, stöhnte sie.

»Da hast du recht, und ich werde es auch niemandem verraten, aber jetzt machst du es selbst. Hier, nimm es mit deiner linken Hand.«

Zoe griff nach dem Eis und ließ es um ihre Brustwarze kreisen. Schon wieder wanderte ihre andere Hand nach unten. Marcello fing sie ab.

»Noch nicht.« Mit spitzen Fingern zog er ihr die BH-Träger über die Schultern. Ohne sie zu berühren, streifte er ihr den Stoff über ihre Wölbungen. »Wusste ich es doch. Du hast wunderschöne Brüste. Gerade die richtige Größe für eine Galionsfigur.« Er führte ihre Hände unter ihren Busen, und sie wusste, was er wollte. Sie richtete sich auf und spielte an ihren Nippeln. »Das würdest du jetzt auch gerne machen, was?«

»O ja. Sehr gerne würde ich das jetzt machen.« Er nahm ihre rechte Hand und steckte sich ihren Zeige- und Mittelfinger in den Mund. Seine kräftige Zunge spielte mit ihnen, bevor er die Finger runter zu ihrem Schoß zog. Absichtlich streifte er dabei ihre Klitoris. Zoe stöhnte auf. Ihre Schamlippen waren stark geschwollen. So fleischig waren sie noch nie gewesen. Doch dann führte Marcello ihre Finger zu ihrer Möse. »Wenn ich schon nicht an dir lecken darf, dann musst du mich jetzt damit füttern.«

Diese Ankündigung ließ Zoe erschauern. Sie tauchte zwei Finger in ihre Möse und steckte sie Marcello dann in den Mund.

»Mehr.«

Wieder versenkte sie ihre Finger, und jetzt schnappte Marcello nach ihnen und lutschte sie genüsslich ab. Sein Kopf war jetzt nah an ihrer Möse. »Wenn du möchtest, darfst du dich auch dabei streicheln, aber du musst mich weiter füttern, und du darfst nicht kommen, nicht, bevor ich es sage.«

»Das kann ich nicht versprechen«, presste Zoe hervor. Ihre Finger waren sofort ans Werk gegangen. Sie stemmte ihre Beine in das Bett, und ihr Becken hob sich vor Anspannung. Sie wollte es kreisen lassen, doch Marcello nutzte die Gelegenheit und legte ihr ein Kissen unter. Sie streckte ihm ihre Möse entgegen, und er ließ sich noch immer mit ihrem Saft füttern. Zoe wusste, es würde jetzt nicht mehr lange dauern. Mit ihrem ersten Orgasmus wäre die schlimmste Versuchung überstanden. Ihre Finger kreisten immer schneller, und immer tiefer schob sie sich die anderen Finger in ihr Loch. Sie fickte sich selbst, wenn er es schon nicht durfte. Doch er schien gar nicht böse zu sein. Er blickte auf ihren Schoß, und das machte sie noch schärfer. Noch nie hatte ein Typ mit so viel Genuss zugeschaut, wie sie sich selbst einen runterholte. Sie stöhnte laut. Immer schneller ging ihr Atem. Nur noch wenige Sekunden.

Scheiße, was macht der Kerl? Marcello hielt ihre Hand fest. Ihre Handgelenke fest im Griff, zog er ihre Finger wenige Zentimeter von ihrer Klitoris weg.

»Nein!« Zoe schrie und versuchte sich zu wehren. »Nicht! Nicht jetzt!« Doch Marcello griff auch ihre zweite Hand, die sie blitzschnell zu Hilfe geholt hatte. Ihre Finger schwebten zwei Zentimeter über ihrer Klitoris. Mit seinen Beinen hielt er ihren Unterkörper fest, sodass sie sich nicht aufbäumen konnte.

»Komm, nur eine kleine Verzögerung. Mir zuliebe! Ich mach es auch wieder gut.« Er grinste sie unverschämt an.

»O Gott, ich war so kurz davor zu kommen.« Ihr Atem keuchte.

»Ich weiß. Aber ich möchte dich noch länger genießen. Du bist eine wahre Künstlerin, weißt du das? Und deswegen schaffst du es jetzt auch, noch eine kleine Weile länger auszuhalten.«

Zoe fand es merkwürdig, sich mit einem Mann zu unterhalten, dem sie ihre nackte offene Scham entgegenreckte. Es war, also würde er mit ihrer Möse sprechen. Sie atmete tief ein. Als sie sich etwas beruhigt hatte, fragte sie. »Und jetzt?«

»Jetzt machst du einfach da weiter, wo du aufgehört hast.«

Sofort fanden ihre Finger die richtige Stelle. Und die anderen Finger versenkte sie tief in ihrer Spalte. O Gott, es machte noch mehr Lust als vorher. Er wusste echt, was er tat. Langsam kreisend fing sie an, doch schon wurden ihre Finger immer schneller.

»Du weißt ja. Ein Wort von dir, und ich mach mit dir alles, was du willst.« Marcello trank einen Schluck Champagner und senkte seinen Kopf über ihre schnellen Finger. Wieder schnappte er sich die Hand und hob sie ein Stück ab. Zoe wehrte sich, bis sie merkte, wie er den kühlen Champagner aus seinem Mund genau über ihren Venushügel laufen ließ. Es prickelte, und sie verging fast vor Lust. Jetzt! Sie musste jetzt weitermachen. Doch er hielt ihre Hand fest. Er führte ihre Fingerkuppe, sodass sie sich selbst ganz sacht auf ihre Klitoris tippte. Nur ein kleiner Stupser.

Zoe stöhnte laut. »Noch mal, bitte noch mal«, flehte sie, während sie sich unter ihm wand. Er gewährte ihr noch einen Stupser. Zoe atmete heftig. Ein heftiges Ziehen lief durch ihr Becken bis zu den Schamlippen. Sie war so kurz vor der Explosion! Um Gottes willen, jetzt sofort. »Bitte noch mal, noch mal!« Wieder entließ sein Mund einen kleinen Schluck Champagner auf ihre heiße Haut.

»O Gott«, schrie sie. »Mach weiter. Mach weiter!«

Wieder ein Stupser mit ihren eigenen Fingern, aber er hielt ihre Hand fest im Griff. Sie hatte keine Chance zu entkommen. Zoe keuchte laut. »Weiter, bitte weiter.«

Er leerte nun seinen Mund, und seine Lippen schwebten dicht über ihrer Klitoris. Er hauchte sie an. Der warme Luftstrom kitzelte ihre Haut. Sie würde verrückt werden, wenn nicht sofort etwas passierte.

»Soll ich dich lecken? Möchtest du, dass ich dich lecke?«

Zoe biss sich auf die Lippen. Ja, ja, sie wollte, dass er seine Zunge um ihre Klitoris kreisen ließ. Sie wollte, dass er sie zum Höhepunkt leckte. Sie wollte ihre Sinne verlieren. Aber sie durfte nicht. Andererseits brachte sie kein *Nein* hervor.

»Komm, sag es: Leck mich. Ich würde dich gerne lecken.« Wieder stupste er ihren Finger gegen die Klitoris. Wie ein elektrischer Schlag zog es durch Zoes Körper. »Sag: Leck mich.«

Zoes Verstand gab auf. »Leck mich. Leck mich. Leck mich!«

Marcello versenkte seine Zunge in ihrer Spalte. Er presste sie fest an ihre Klitoris, rieb sich an ihr, kreiselte mit der Spitze über ihren kleinen roten Knubbel. Zoe geriet in Verzückung. Ihre Hüfte kreiste wie wild, aber er eroberte sich die Kontrolle zurück. Mit beiden Händen drückte er sie in die Kissen und spielte kunstvoll mit seiner Zunge, bis sie wieder kurz vor dem Explodieren war. Dann hielt er ihr Becken mit beiden Händen fest. Er tupfte die Spitze seiner Zunge an ihre Klitoris, um sie dann in ihre Spalte zu stoßen. Zoe war völlig von Sinnen. Noch ein paarmal wiederholte er dieses Ritual, um immer wieder eine Pause einzulegen. Er schaffte es, sie beständig so kurz vor dem Orgasmus zu halten, ohne ihn zuzulassen.

Dann zog er sie plötzlich vom Bett hoch. Zoe konnte kaum stehen. Er führte sie vor den Spiegel, der über dem Sekretär hing. Heftig atmend ließ sie sich gegen Marcellos Oberkörper fallen, und ihre Finger suchten sofort ihre

Spalte. Alle Selbstbeherrschung war verloren. Sie konnte nicht länger warten. Sie musste jetzt kommen. Sie hielt es keine Sekunde länger aus.

Doch schon hatte er ihre Hände ergriffen und zwängte sie an ihre Schenkel. »Du darfst mir nur die Türe aufhalten. Komm, spreiz deine Schamlippen. Ich will sie im Spiegel sehen. Und du auch, du darfst die Augen nicht schließen. Nicht jetzt.«

Unwillig gehorchte sie. Ihre Finger zogen beidseitig an der glitschigen Haut und legten ihre geschwollene Vulva frei. Zoe konnte fast sehen, wie ihre Perle vor Lust pochte. Und endlich, endlich schoben sich seine Finger in die Spalte. Er ließ sie kreisen, immer schnell und dann wieder langsamer, als würde er den perfekten Takt kennen, um ihre Lust zu steigern. Zoe stöhnte und keuchte. Mit ihrem ganzen Gewicht lehnte sie sich gegen seinen Oberkörper und presste ihr Becken nach vorne. So etwas hatte sie noch nie erlebt. Plötzlich hielt er inne.

Sie keuchte, wunderte sich, was jetzt noch kommen könnte. Sein standhafter Schwanz hatte die ganze Zeit, nach oben gedrückt, an ihrer Poritze verharrt, doch mit einer kleinen Bewegung schob er ihn jetzt zwischen ihre Beine. Sie drückte ihr Becken nach hinten. Statt seiner Finger rieb er nun mit seinem Schwanz an ihrer Klitoris. Auch schon heftig atmend, stöhnte er ihr ins Ohr. »Wenn du willst, dann fick ich dich. Du musst es nur sagen. Sag es einfach: Fick mich.« Mit einer Hand presste er seine Eichel fest an ihre Klitoris und rieb sich in unerträglicher Langsamkeit. »Deine Möse ist wie geschaffen für meinen Schwanz. Das weiß ich. Komm, sag es: Fick mich!«

Zoe bemühte sich, doch sie brachte keinen artikulierten Ton mehr hervor. Er missverstand es als Weigerung und zog seine Eichel zurück. Sein Schwanz rutschte zwischen den geschlossenen Beinen in ihrem Saft hin und her. Sie presste die Beine fest zusammen und streckte ihm ihren Hintern entgegen, doch jetzt bewegte er sich gar nicht mehr.

Zoe keuchte. Das gab es doch nicht. Das war die reinste Folter. Dann endlich brach es aus ihr heraus: »Fick mich, bitte fick mich! O mein Gott. Schnell. Fick mich!«

Sofort lagen Marcellos Finger wieder am richtigen Platz und kreisten weiter. Mit der anderen Hand hielt er ihren angespannten Oberkörper. Im Spiegel konnte Zoe sehen, wie sehr es ihm Spaß bereitete. Seine Augen wurden größer, und sein Atem kam stoßweise, als er endlich zustieß. Er fickte sie – endlich. Sein Schwanz war fantastisch. Immer heftiger stieß er zu. Ihre Brüste wippten heftig, und mit zwei Fingern schnappte er sich eine Brustwarze und kniff sie sanft. Seine andere Hand rieb weiter ihre Klitoris. Er trieb Zoe zum Wahnsinn. Ihre Füße berührten kaum noch den Boden. Die unerträgliche Anspannung zerriss, und endlich entlud sich die aufgestaute Lust explosionsartig. Auch Marcello keuchte laut. Er kam in ihr. Für einen Moment hatte sie das Gefühl, sie würden fliegen.

Als Zoe die Augen wieder öffnete, hing sie in seinen Armen. Er hielt sie sanft, ihr Rücken an seinen Bauch gelehnt. Sie war erschöpft. Ihre Beine knickten weg, und heftig atmend stützte sie sich mit beiden Armen auf dem Sekretär ab. Verschwitzt lächelte sie in den Spiegel.

Marcello hielt noch immer die flache Hand an ihre Scham. Es hätte Zoe nicht gewundert, wenn er sofort weitergemacht hätte. Ein unglaublicher Kerl. Jetzt ließ er seine beiden Hände an ihren Hüften hinuntergleiten und packte ihre Pobacken. Er spreizte die halbrunden Kugeln auseinander und versenkte seinen Schwanz noch mal ganz tief. Zweimal, dreimal. Dann war auch er erschlafft und beugte sich über ihren Körper. Ihre Augen fanden sich im Spiegel.

»Das war der absolut beste Sex, den ich je erlebt habe.« Zoe keuchte noch immer.

»Und weißt du was: Es ist erst der Anfang. Das machen wir jetzt noch die ganze Nacht.« Er grinste, und wieder erschienen seine Grübchen. »Aber warte mal. Ich hab vorher noch eine Überraschung für dich.« Er reichte ihr das Glas, schüttete Champagner nach und ging zum Schrank.

»Willst du mir was zeigen?« Hatte er etwa Sexspielzeug mitgebracht? Sie konnte sich kaum vorstellen, dass irgendetwas ihr mehr Lust bereiten würde als seine Finger, seine Zunge und sein Schwanz. Erschöpft, aber glücklich trank sie einen Schluck Champagner. Jetzt konnte sie verstehen, wieso Sabrina Marcello bisher vor ihr geheim gehalten hatte. So einen Lustgott teilte man mit niemandem, nicht mal mit seiner besten Freundin.

Marcello lachte leise und holte etwas aus seiner Lederjacke, das er sofort hinter seinem Rücken versteckte. »Schließ bitte die Augen. Und erst aufmachen, wenn ich es dir sage.« Zoe hatte schnell gelernt, dass es sich lohnte, auf seine Bitten einzugehen. Sie schloss die Augen. Welche Art Überraschung hatte er wohl für sie vorbereitet? Erstaunt bemerkte sie, wie schon wieder das Blut in ihre Möse strömte.

Eine Sekunde später hörte sie leise Tastengeräusche. »Du darfst jetzt gucken.« Marcello hielt ihr sein Handy hin. »Sabrina. Du verstehst schon. Ich bin ihr wirklich etwas schuldig.«

Sie presste ihre Lippen zusammen. *Ertappt! Auf frischer Tat ertappt.* Mit einem zerknirschten Gesichtsausdruck legte sie den kleinen Apparat ans Ohr und räusperte sich. »Ja?«

»Zoe, meine Liebste. Ich hatte Marcellos Anruf bereits erwartet.« Sabrinas Stimme klang spöttisch.

Im Hintergrund hörte sie, wie Lilo und Marie laut kicherten. »Nun, meine liebste Sabrina«, sagte Zoe, »im Moment möchte ich dir nur dafür danken, dass du mir dein phänomenales Geheimnis überhaupt verraten hast.« Nur mit größter Konzentration schaffte sie es, ganze Sätze zu bilden.

»Tja, in diesem Moment vielleicht noch, aber warte mal ab.« Sabrina machte eine wirkungsvolle Pause, bevor sie weitersprach: »Sag Marcello einfach, es ist so weit.«

Zoe ließ den Hörer sinken und schaute Marcello fragend an. »Ich soll dir sagen, es ist so weit. Du weißt Bescheid?«

»Ich weiß Bescheid.« Er ging an ihr vorbei, öffnete eine weitere Schranktür und zog etwas hervor.

Zoe entglitten die Gesichtszüge. Ein abgrundtief hässliches Kleid in Knallrosa baumelte an einem Kleiderbügel. Überall standen Falten und Litzen vom Stoff ab, die Ärmel waren gebauscht, die Taille gerüscht, als entspränge dieser Abschlussballalbtraum einem alten Südstaatenfilm. Alles war zu kitschig, zu aufgebauscht, zu billig. Das Blut wich aus Zoes Gesicht. Aus ihrem Gesicht sprach pures Entsetzen. Sie wusste – das war ihr Untergang.

The lucky guy

Die düstere Schönheit war Rafael sofort aufgefallen, als er hinter seinem Freund Karl den Saal betrat. Der Raum wurde geflutet von dumpfen Rhythmen, und das Aussehen der Leute passte zur Stimmung. Überall sah er schwarze Klamotten, breite Lederhalsbänder über lasziven Korsagen, lange Umhänge, wilde Frisuren, noch wildere Make-ups. Rafael hatte sich die Szene eigentlich etwas stylischer vorgestellt, aber okay. Er war ja hier, um das alles mal kennenzulernen.

Auch die Frau, auf die Rafael ein Auge geworfen hatte, trug eine Korsage, die ihm Appetit auf mehr machte. Ihr hochgeschnürter Busen drückte ihre fleischigen Rundungen ins Gesichtsfeld des Betrachters, wäre da nicht ein langer Umhang gewesen, der das meiste verdeckte. Zwar trug sie ziemlich wildes Make-up, schwarz in schwarz, aber in dem Gesicht unter der Schminke lag etwas, das ihm direkt in den Körper fuhr, wie ein Faustschlag in die Magengrube.

So ein Mist, dachte Rafael, *dass ich sie ausgerechnet hier treffe.* Dann fiel ihm ein, dass sie ja vielleicht genau wie er nur die Begleitung für einen Freund oder eine Freundin war, die sich nicht allein in die Höhle des Löwen trauten. So ganz wohl war ihm selbst auch nicht. Schon dreimal war er angesprochen worden. Zwei Männer und eine Frau, die aber ganz und gar nicht seinem Typ entsprachen, hatten ihn bereits angequatscht. Der erste Kerl wollte etwas von ihm, das er, wenn er es richtig verstanden hatte, *Pony-style* nannte.

Scheißblödes T-Shirt, das Karl ihm da geschenkt hatte.

ICH TU NIX.
ICH WILL NUR SPIELEN.

Das war echt nicht der passende Slogan für den Besuch einer Bondage-Party.

Dieser Typ stand nicht etwa auf harmlose Hoppe-Hoppe-Reiter-Spielchen. Er hatte Rafael direkt den Mundknebel gezeigt und stolz mit hüpfenden Augenbrauen verraten, dass da, wo der Gummiball herkam, noch viel mehr Spielzeug sei. Großzügig bot er ihm den Gebrauch seines Zaumzeuges an und ließ durchblicken, wie gerne er Rafael dressieren würde.

Höflich hatte Rafael das ganz und gar nicht verlockende Angebot abgelehnt und sah zu, wie der Typ sein Glück beim nächstbesten Kerl in schwarzen Klamotten versuchte. Immerhin hatte der wenigstens einen langen schwarzen Pferdeschwanz. Aber nachdem der Schwarzhaarige sich kurz mit dem Pferdefreund unterhalten hatte, bog er sich vor Lachen. Dann drehte er den Ponymann in Richtung Tür und erklärte ihm etwas, woraufhin der eilig das Weite suchte. Ja, ja, das Gras auf der anderen Seite des Zauns ist immer grüner.

Eine dünne Frau mit lila gefärbten Haaren und traurigen Augen hatte ihn nur sehr banal angequatscht, in der Art, wie voll es hier doch sei und ob er sich auch gleich die Vorführung anschauen werde. Rafael wusste gar nicht, dass es auch eine Vorführung geben sollte. Das war ja mal spannend. Bisher hatte Karl ihm immer nur etwas von den japanischen Fesselkünsten erzählt und von dem Kick, den er verspürte, wenn er sich nicht mehr bewegen konnte. Aber tatsächlich blieb diese Spielart des Sex für Rafael blanke Theorie. Nur zu gerne würde er mal dabei zuschauen, wenn sich jemand fesseln ließ, aber da er die magersüchtige Frau nicht ermutigen wollte, entgegnete er nur, er müsse leider gleich schon wieder weg.

Rafael holte sich einen Wein und stellte sich in die Blickrichtung der dunklen Schönheit. Ob die Farben der Korsagen wohl etwas über bestimmte sexuelle Vorlieben aussagten, so wie die farbigen Taschentücher der Schwulen deren Neigungen verrieten? Seine Versuche, Blickkontakt aufzunehmen, scheiterten kläglich. Irgendeine Kapuze oder hochtoupierte Frisur schob sich ständig zwischen ihn und die Frau. Rafael trank einen Schluck, während er im Geiste überschlug, dass hier ungefähr zweihundert schwarze Korsagen rumliefen, die übrigens nicht nur von Frauen getragen wurden, wie er schon beim Reinkommen festgestellt hatte. In dieser Menge konnten schwarze Korsagen ja wohl nur ganz allgemein für eine Fesselvorliebe stehen, oder? Plötzlich stand ein Typ vor ihm und stach ihm mit einem mit Strasssteinen besetzten umgekehrten Kreuz beinah die Augen aus.

»Bekenne dich zum Teufel, zum Satan, zum Unbesiegbaren!« Eine Mischung aus Alice Cooper und Marilyn Manson in Mönchskutte.

Rafael zuckte erschrocken zurück und verschüttete vor Schreck den ganzen Wein auf ihn.

»Eh Mann, meine Kutte! Die ist ganz neu.« Wütend schubste der Cooper-Manson-Mönch ihn weg und drängelte sich an ihm vorbei in Richtung Herrentoilette. Immerhin hatte er endlich die Aufmerksamkeit der Schönheit erregt. Doch sie sah nur kurz zu ihm rüber, las den

Aufdruck auf seinem T-Shirt, das ausgerechnet jetzt durch niemanden verdeckt wurde, und wandte sich desinteressiert wieder ab.

Langsam wurde ihm die Sache hier doch zu bunt. Statt einer knisternd erotisch aufgeladenen Atmosphäre traf er hier nur leicht gestörte Leute an. So hatte er sich seinen Schnupperausflug in die Welt der Fesselspiele nicht vorgestellt. Karl hatte erzählt, dass es gar kein Problem sei, einfach nur mitzukommen. Rafael könne sich alles mal ganz in Ruhe anschauen, ohne jede Verpflichtung. Erstaunlicherweise hatte Karl schon beim Reinkommen jemanden getroffen, den er kannte, und sich direkt mit ihm verzogen. Jetzt stand Rafael schon seit einer halben Stunde alleine in der Gegend rum.

Abgesehen von den unangenehmen Bekanntschaften alle paar Minuten, vertrieb er sich seine Zeit damit, diese Ausgeburt eines engelhaften Vamps zu beobachten. Ihr schwarzes Haar hing vorne spitz auf die Schultern herab, wurde aber nach hinten hin immer kürzer. Der Nacken war fast rasiert, was ihren langen Schwanenhals zur Geltung brachte. Sie besaß die Ausstrahlung einer ägyptischen Priesterin. Jetzt, da ihr Getränk zur Neige ging, setzte er an. Mit zwei Gläsern Rotwein stand er vor ihr und hielt ihr eins hin. »Darf ich dir einen ausgeben? Oder lässt du dich nicht von fremden Männern einladen?«

Ihre martialisch geschminkten Mandelaugen blickten wieder auf sein T-Shirt, auf dem der blödsinnige Slogan in großen weißen Buchstaben eine Reaktion einforderte. Rafael hätte das T-Shirt am liebsten auf der Stelle ausgezogen, war sich aber bewusst, dass er in dieser Umgebung damit Signale aussenden würde, die er wirklich nicht beabsichtigte. Also blieb ihm nichts anderes übrig, als sich belächeln zu lassen.

Ihr blutrot geschminkter Schmollmund grinste süffisant, als sie das Glas annahm. »Wenn hier jemand Angst haben sollte, dann ja wohl du.«

Rafael quittierte ihre Bemerkung mit einem entschuldigenden Grinsen. »Darf ich fragen, was du bist?«

Die Frau schmiss ihren langen Umhang nach hinten. »Ein Vampir.«

»Ähm ... ist die korrekte weibliche Form für einen Vampir nicht *Vampirette?*«

Sie schaute ihn entrüstet an. »Das ist doch ein Staubsauger!« Ihre einseitig hochgezogene Augenbraue strafte ihn ab.

Der Scherz war offensichtlich danebengegangen. »Nein, was ich gerade meinte: Bist du *Bottom* oder *Top?*« Jetzt lag in ihrem Blick eindeutig Irritation. Na egal, solange sie nicht mehr böse auf ihn war. Die Musik war natürlich auch ziemlich laut, also sagte er es noch mal. »Ich wollte wissen, ob du der devote oder der dominante Part bist.«

Sie fixierte ihn, grinste plötzlich sehr breit, als sei ihr gerade etwas klar geworden, und sagte in einem vorwitzigen Ton: »Das kommt darauf an, was du willst. Für dich mach ich beides. Was möchtest du denn?«

Er lächelte unbeholfen. »Na ja, keine Ahnung. Was kannst du denn besonders gut?«

»Fast alles. Was möchtest du denn, das ich mit dir tue?«

»Wow, ich darf mir was aussuchen?« Rafael grinste. Das war ja doch viel besser, als er gedacht hatte. *Danke, Karl!*

Plötzlich stand eine große rothaarige Frau neben dem zierlichen Vamp. Rothaarig war allerdings untertrieben. Ihre hochtoupierten Haare reichten von einem sprühenden Orange über Pink bis zu einem dunklen Rotton am Haaransatz, als stünde sie in Flammen. Eine tiefrote Lederhose lag eng an ihren langen Beinen an, und zu ihrer violetten Korsage trug sie lilafarbene Handschuhe, die ihr bis über die Ellenbogen gingen. Ihre Augen waren in großen Zacken bunt umrandet. Fleischfressende Pflanzen benutzten solche Farbsignale, um ihre Opfer in die klebrige, feuchte Falle zu locken. Aber noch viel mehr beeindruckte Rafael ihre Körpergröße. Selbst in den flachen Stiefeln konnte sie ihm direkt in die Augen blicken, und er war nicht gerade klein geraten. »Hallo«, sagte sie in einem etwas strengen Tonfall.

Die dunkle Schönheit beugte sich zu ihr hinüber und flüsterte ihr etwas zu. Die angemalten Lippen der Rothaarigen verzogen sich zu einem breiten Grinsen, bis sie ein hocherfreutes »Wirklich?« ausstieß. Die beiden Frauen legten ihre Köpfe für einen Moment schief und sahen ihn an. Dann schrie die Rothaarige über die Musik hinweg. »Cloe sagte, du möchtest eine besondere Behandlung?«

»Ähm ... also. Ich dachte eigentlich, dass das hier nicht gleich jeder erfahren muss.«

»Ach was. Wenn man auf eine Bondage-Party geht, dann weiß man doch, worum es geht.« Ihre Augen blitzten. »Ich heiße übrigens Isabell.« Sie reichte ihm ihre behandschuhte Hand.

Rafael ergriff und schüttelte sie, als könne er die unangenehme Begleiterin so abschütteln. Er konzentrierte sich voll und ganz auf Isabells Freundin. »Dann heißt du also Cloe, ja?«

Sie nickte. »Und du?«

»Rafael.«

»Rafael! Ein Jüngling, wie von Michelangelo selbst entworfen. Dreh dich mal. Nun dreh dich doch schon.« Genüsslich nippte Cloe an ihrem Rotwein.

»Du hast recht. Hier, sieh nur: die Proportionen und die Symmetrie.« Er spürte Isabells Hände an seinen Schultern, an der Taille, am Arsch. »Dann wollen wir mal hoffen, dass er unten mehr hängen hat als der berühmte David. Sonst wird das eine ziemlich lausige Vorführung.« Isabell lachte laut über ihren kleinen Scherz, während Cloe nur schmunzelte.

»Also, Rafael. Welche geheimen Wünsche hegst du denn nun?«, fragte Cloe.

Er schluckte. Sie mussten ja ohnehin schon fast schreien, um sich zu unterhalten, so laut war hier die Musik. Aber dass sie so laut rief, das tat sie doch mit Absicht. »Was auch immer es ist: Lieber würde ich es dir an einem verschwiegenen Ort mitteilen. Du weißt schon, nur du und ich.«

»Und du hast gar keine Angst vor mir?«

»Sollte ich denn? Legst du mich dann übers Knie?«

»Nur, wenn du das willst.«

»Rafael? ... Rafael!« Karl drängelte sich hektisch durch die Menschenmasse. Endlich entdeckte er seinen Freund, winkte nervös, stieß dabei einem Mann an den Kopf, entschuldigte sich knapp und drückte sich weiter zu Rafael durch. Er wedelte hektisch mit den Armen und bedeutete Rafael, nicht mit den Frauen zu sprechen. Schon von Weitem rief er: »Nein, nicht!«

Rafael grinste ihm zu. Als Karl endlich bei ihnen war, blickten alle auf sein T-Shirt. Schnell verschränkte Karl die Arme vor der Brust, als er sah, dass die beiden Frauen interessiert die Aufschrift lasen:

ICH BIN EIN SEHR UNARTIGER JUNGE!

Jetzt packte Karl Rafael am Arm und wollte ihn wegziehen, aber Rafael rührte sich nicht vom Fleck. »Was ist denn? Nun sag doch erst einmal Hallo.«

Karl nickte den beiden kurz zu. »Ich muss dir dringend was sagen. Hast du schon mit den beiden gesprochen?«

Rafael nickte.

»Oje.«

»Was ist denn?«

Karl sah den belustigten Ausdruck in den Gesichtern der beiden Frauen und presste die Lippen zusammen. Trotzdem zog er Rafael etwas von den beiden weg.

»Ich hab's gerade erst erfahren. Es tut mir so leid. Ich hoffe, du hast mit den beiden noch nicht über irgendwas ... ähm ... Sexuelles gesprochen.«

»Nun sag schon, was los ist!«

»Die Bondage-Session ist um die Ecke. Wir sind hier auf der *Gothic-and-Grove*-Party.« Bedeutungsschwanger riss Karl seine Augen weit auf.

»Du meinst ...«

Karl nickte.

»Dann hab ich ...«

Karl nickte wieder. Jetzt schlug Rafael sich vor die Stirn, während er beobachtete, wie die beiden Frauen sich vor Lachen krümmten. Mit einem mehr als zerknirschten Gesichtsausdruck sagte er: »Danke für die Warnung. Sie kommt leider drei Minuten zu spät.«

Isabell kam näher. »Es tut mir leid. Ihr seid echt nicht die Ersten, die sich verfranzt haben.« Sie prustete wieder los. Cloe wischte sich eine Träne aus dem Augenwinkel. Sie bekam kaum noch Luft vor Lachen.

»Mann, eh. Ich dachte ... hier sind ja auch alle in Schwarz, Lack und Leder, und so wild angezogen. Ich hab gar nicht ... Ich wäre doch nicht ... Mann, ist das peinlich.«

Isabell hielt sich an Cloe fest, so sehr musste sie lachen.

»Du stehst also auf Bondage?« Cloe war etwas gnädiger.

»Nein! Ich bin eigentlich nur mit Karl da. Der wollte unbedingt hierhin, hat sich aber alleine nicht getraut.«

»Ja klar.« Isabells Worte strotzten nur so vor Ironie.

Er hätte sie erwürgen können.

»Also, soll das jetzt heißen, du stehst zwar nicht auf Fesselspielchen, aber auf mich schon?« Cloe blickte ihn mit ihren wilden Augen sanftmütig an.

»Wenn du mich so offen fragst: Ja!«

»Na, dann ist doch alles klar. Wir gehen gerne auf diese Partys, weil man hier so leicht Männer abschleppen kann. Die sind zwar auch alle ein bisschen verrückt. Aber wenn man auf die gleiche Art verrückt ist wie wir, dann ist das gut.«

»Dann stehst du also auch nicht auf Fesselspielchen? Du bist einfach nur ... eine normale Frau ... als Vamp verkleidet?«

Sie legte ihm beide Arme über die Schultern. »Ob ich normal bin, kommt darauf an, was man unter normal versteht. Aber ich steh auf alles, was Spaß macht.« Obwohl sie locker einen Kopf kleiner war als er, hatte Rafael das unbestimmte Gefühl, dass sie ihn gerade voll im Griff hatte.

Er sagte nichts mehr. Die Situation schien insgesamt ein wenig außer Kontrolle geraten zu sein. Sie waren also nicht auf einer Bondage-Party, trotzdem versuchte diese rattenscharfe Frau gerade, ihn abzuschleppen, während ihre Furcht einflößende Freundin anscheinend nicht die Hand von seiner Hose lassen konnte. Schon wieder grapschte sie an seinem symmetrischen Hintern herum. Die Party war für morbide Freaks und Vampir-Clowns gedacht, und während er sich noch fragte, welche Art Vorführung dann eigentlich gleich stattfinden würde, sagte Karl mit leicht beleidigtem Unterton: »Mann, du hast aber auch immer Glück«, und ließ ihn alleine stehen.

Cloe schaute ihm in die Augen. »Möchtest du jetzt lieber mit deinem Freund auf die Session um die Ecke, oder willst du lieber eine Privatparty?«, flüsterte sie verführerisch. »Du musst auch keinen Eintritt zahlen.«

Karl war schon weg, und nach der Geschichte mit dem Ponyliebhaber würden ihn sicher keine zehn Pferde rüber zur anderen Party bringen. »Ich komm gerne mit zu dir.« Er betonte das *dir* so, dass Cloe klar sein musste, dass er Isabell damit ausschloss.

Cloe grinste, löste sich aus der Umarmung und flüsterte ihrer Freundin etwas zu. Isabell formte mit ihren Lippen tonlos ein *Schade* in seine Richtung, blieb aber stehen, als Cloe und er zum Ausgang gingen und die Party verließen. Rafael konnte sein Glück kaum fassen. Keine Stunde, und er verließ die Party mit der heißesten Frau des Ladens. Er winkte ein Taxi heran und ließ Cloe einsteigen. Sie rutschte durch, und er setzte sich neben sie. Doch als das Taxi gerade anfuhr, riss jemand die Tür auf. Isabell drängelte sich mit auf den Rücksitz.

»Keine Angst, ich hab nur den gleichen Weg. Allein hab ich doch keinen Bock mehr auf die Party. Du hast doch keine Angst, zwischen zwei Vampiren zu sitzen, oder?« Sie legte ihm eine Hand auf den Oberschenkel. Zu weit oben, wenn man ihn fragte, doch die Hoffnung, dass Isabell seine Befindlichkeiten interessierte, hegte Rafael nicht.

Eingeklemmt zwischen den beiden Frauen sagte er mit leicht hohl klingender Stimme. »Nein, wieso? Sollte ich?«

»Wieso sollte er?«, fragte Isabell, während sie sich zu Cloe hinüberbeugte.

Cloe erwiderte: »Ich weiß nicht. Sollte er?« Auch sie legte nun ihre Hand so weit oben auf seinen Oberschenkel, dass sie fast seinen Hosenstall berührte.

Isabell schaute ihm tief in die Augen. »Er sollte!«

Rafael drehte sich zu Cloe um. »Kommt sie mit?«

Doch die Schöne bedachte ihn bloß mit einem schelmischen Blick und seufzte entzückt. Rafael schluckte. »Sie kommt mit.« Er drehte sich zu Isabell um. »Du kommst mit, stimmt's?«

Die grinste. »Hast du jetzt Angst?«

»Ein wenig schon.«

»Solltest du auch.« Isabell schmunzelte und schob ihre Hand ein wenig höher.

»Ähm ... und wenn ich nicht will?«

»Tse, tse, tse.« Cloe wackelte mit ihrem Finger vor seinem Gesicht hin und her. Isabell drückte sich noch stärker an ihn heran. »Tu mir den Gefallen, und versuch zu flüchten. Bitte!« Sie öffnete ihren Mund zu einem breiten Lächeln, und jetzt entdeckte Rafael spitze Eckzähne. Wie ein Kaninchen vor der Schlange saß er im Taxi und starrte gebannt auf diese enormen Hauer.

»Ach, schau ihn dir an. Jetzt hast du ihn verschreckt. Du musst wirklich keine Angst haben. Es wird alles gut.« Cloes Hand glitt höher. Sie drückte ihre Handballen gegen seinen Schwanz. »Siehst du, er regt sich schon. Ich wusste, dass in dem Kerl genug Blut für uns beide steckt.«

»Hast du Lust, mit uns zu spielen?« Isabells Eckzähne waren jetzt bedrohlich nah. »Ach, was frag ich? Es steht ja schließlich auf deinem T-Shirt!« Sie knabberte an seinem Ohr, glitt mit der Zunge tiefer, und während Cloes Hand weiter über die immer dicker werdende Beule in seiner Hose rieb, setzte ihre Freundin die Zähne an seinen Hals.

»Isabell, nicht im Wagen. Du weißt, was das beim letzten Mal für eine Sauerei gegeben hat.« Cloe zog vorsichtig den Reißverschluss auf. »Hilf mir lieber.« Isabell ging ihr zur Hand und mit einem geschickten Griff befreite Cloe seinen Schwanz. »Schau mal, Isabell. Kein David. Ein echter Minotaurus.«

Rafael stöhnte. Aus dem Augenwinkel sah er, wie der Taxifahrer fast eine Fußgängerin rammte. Gerade, als er sich aus dieser etwas unangenehmen Situation befreien wollte, ließ sein Handy die ersten Töne der Carmina Burana ertönen. Bisher hatte Rafael die Melodie witzig gefunden, aber gerade jetzt hatte sie etwas Bedrohliches. Isabell war schneller als er und zog das Handy aus seiner hinteren Hosentasche. Sie drückte einen Knopf, las die SMS, die jetzt auftauchte, und lachte diabolisch. »Ich glaube, das ist von deinem Freund. *Viel Spaß mit deinem Vamp. Ich hoffe, sie nimmt dich richtig gut ran.* Damit meint er mich!«, sagte Isabell lachend und steckte das Handy zurück, während Cloe bereits mit zwei Fingern über seinen Schwanz streichelte. Der ragte unübersehbar in die Höhe. Die Köpfe der beiden Frauen neigten sich etwas.

»Hmm, so viel Blut auf einmal.« Isabell leckte sich die Lippen. Das Taxi touchierte eine Bordsteinkante.

Rafael schluckte, aber Cloe legte ihm beruhigend die Hand auf den Arm. »Weißt du, wir sind nämlich echte Vampire. Ich bin ihre Herrin, und Isabell ist meine Vorkosterin.«

»Jaaa ... wir holen uns das Frischfleisch hier auf den Partys. Du musst uns mal beim Karneval sehen. Das ist für uns wie ein *All-you-can-eat*-Buffet.« Ganz langsam senkte Isabell ihren Kopf über seinen Schwanz. Sie hauchte die Eichel an, als wollte sie sie wärmen.

Plötzlich hielt das Taxi mit einem Ruck. »Zweiundzwanzig, neunzig.« Der Fahrer wischte sich den Schweiß von der Stirn, als er mit großen Augen nach hinten schaute und verkrampft versuchte, nicht auf Rafaels entblößtes Körperteil zu starren.

Cloe reichte zwei Scheine nach vorne und sagte: »Stimmt so«, während Isabell Rafael dabei zusah, wie er den Schwanz zurück hinter den Reißverschluss drängte. Cloe öffnete ihre Tür, und Isabell nötigte Rafael durchzurutschen. Sie stiegen alle auf der gleichen Seite aus. Eigentlich war Rafael geneigt, gleich wieder ins Taxi einzusteigen und zurückzufahren, aber dann überlegte er es sich. Vielleicht ging Isabell ja jetzt. Dann verpasste er bestimmt mörderisch guten Sex mit Cloe.

Draußen sagte Isabell plötzlich im völlig normalen Tonfall einer völlig normalen Frau: »Du hattest doch nicht wirklich Angst, oder?« Sie lachte. »Wenn du dich jetzt sehen könntest. Du hast tatsächlich Angst!« Sie küsste Cloe, während der Fahrer des Taxis den Wagen absaufen ließ. Alle blickten hin, aber schnell sprang der Wagen wieder an und fuhr mit quietschenden Reifen davon. »Viel Spaß dann noch.« Isabell verschwand in einem Hauseingang.

»Was ist? Ist dir jetzt die Lust vergangen?« Cloe lachte. »Weißt du, Isabell ist wirklich sehr leidenschaftlich beim Sex. Ich weiß das, ich hab schon mal einen Dreier mit ihr gemacht.«

Bei der Vorstellung, es mit zwei Frauen zu treiben, fühlte Rafael wieder, wie seine Jeans den Schwanz einklemmte. Es musste ja nicht Isabell sein, aber einen Dreier würde er sich auch nicht entgehen lassen. Er stellte sich nah an Cloe ran und schob seine Hände unter ihren Umhang. Seine Finger glitten unter das Leder ihrer Korsage. Er fühlte ihre warme, verschwitzte Haut. »Sollen wir?« Verräterisch leckte er sich über die Lippen.

»Okay.« Cloe fasste ihn am Arm und wandte sich zu dem Hauseingang, in dem Isabell gerade verschwunden war. Rafael stockte.

»Isabell wohnt eine Etage über mir«, erklärte Cloe sanft. Er atmete aus. »Aber wenn du willst, können wir sie gerne runterrufen.« Sie schaute ihn einen Moment an, dann zog sie an seinem Arm. »Komm jetzt. Ich hab Lust auf geilen Sex.«

Im zweiten Stock betraten sie einen riesigen Raum, ein Wohnatelier. Cloe knipste einige Lampen an und zog die Vorhänge zu, während Rafael durch den Raum schlenderte. In einer Ecke stand eine unfertige Skulptur aus Holz, einige Meißel lagen auf dem Boden daneben. Ein paar Meter weiter gab es eine Sitzecke mit drei großen Sesseln. Während Cloe ihnen in der offenen Küche Wein einschenkte, spazierte Rafael zur anderen Ecke, in der ein riesiges Bett stand.

Rafael schaute auf einen Schwanz mit lebensecht nachgebildeten Eiern, der auf dem Nachttisch lag. »Ein Gummischwanz?«

»Ein teurer Latexdildo! Ich hab ja nicht jeden Abend das Glück, jemanden mit nach Hause zu nehmen.« Sie stellte sich vor ihn hin, reichte ihm ein Glas rüber und löste die Schnalle ihres Umhangs. Der Stoff glitt von ihren Schultern.

Sofort stachen ihm ihre hervorspringenden Brüste ins Auge. Er hatte schon wieder einen mordsmäßigen Ständer. Aber sein Blick wurde abgelenkt. Ein merkwürdiges schwarzes Gehänge mit mehreren Seilen und verschiedenen Schlaufen hing an der Decke. »Was ist das? Ein Klettergeschirr?«

»Eine Liebesschaukel.«

»Eine Liebesschaukel?«

»Der Mann setzt sich unten rein, und ich häng mich hier oben drüber in die Schlaufen. Schau mal.« Sie demonstrierte ihm kurz, wie man sich breitbeinig in die obere Schaukel setzte. Sie blickte ihn an. »Du kommst auf die untere Schaukel. Die breiten Bänder ermöglichen dir eine bequeme Sitzposition, aber überall ist genug Platz, um an alles ranzukommen, an das man ranwill.« Sie schmunzelte bedeutungsvoll. »Dann, wenn dein Schwanz in mir drin ist, können wir stundenlang hin- und her-schaukeln. Und jedes Mal geht der Schwanz vor und zu-rück.« Sie legte ihren Kopf in den Nacken, als seien sie be-reits am Vögeln. »Und vor und zurück.« Sie raffte ihren langen Rock hoch, ganz hoch. Er sah auf ein Höschen, das in der Mitte offen war. Ihre Schamlippen waren rot und fleischig.

Sie war bestimmt schon feucht. So feucht, wie er schon hart war. Cloe spreizte ihre Beine noch weiter. »Und vor und zurück. Möchtest du es mal versuchen?« Sie sprang runter von der Schaukel und stellte sich auf. »Es ist wirk-lich herrlich. Komm, setz dich.«

»Sollte ich mich nicht vorher ausziehen?«

»Nur mal probieren!«

Er setzte sich vorsichtig in die tiefer hängenden Schlau-fen und schaukelte vor und zurück. »Und das hält?«, fragte er mit einem Blick auf die Haken, die oben an der Decke verankert waren.

»Mach dir darüber keine Gedanken. Das hält.« Cloe stellte sich jetzt breitbeinig hin. »Hier oben sind noch Halteschlaufen – hier siehst du, wie in einem Bus. Daran kann man sich festhalten.« Sie führte eine seiner Hände nach oben und steckte sie durch eine Schlaufe. Die an-dere steckte er selbst durch die zweite Schlaufe.

Breitbeinig stand sie vor ihm. »Und jetzt? Wolltest du nicht Fesselspielchen spielen?« Sie bedachte ihn mit einem merkwürdigen Blick, als wollte sie etwas erraten.

Dann drehte sie sich zu ihrem Nachttisch. Sie holte etwas aus der Schublade heraus, versteckte es aber sofort hinter ihrem Rücken. »Lust auf Abenteuer?«

»Immer.«

Einhändig raffte sie wieder ihren Rock hoch. Mit einem Mal saß sie mit gespreizten Beinen auf seinen Oberschenkeln und hielt ihre Hände hinter seinem Rücken verborgen. »Also Fesselspielchen, ja? Was fasziniert dich so daran?«

»Ich weiß es nicht. Ich hab es ja noch nie wirklich versucht.«

»Dann vielleicht die Wehrlosigkeit?«

»Wahrscheinlich.« Sein Schwanz tat weh. Die Hose presste ihn in eine krumme Position, in der er es nicht lange aushalten würde, zumindest nicht, wenn weiterhin immer mehr Blut hineingepumpt wurde.

»Und was noch?«

»Sich auszuliefern. Volles Vertrauen zu haben.«

»Dann würdest du von mir erwarten, dass ich dir voll vertraue, wenn du mich fesselst?«

»Ich mach schon nichts Unartiges. Wenigstens nichts, was du nicht auch willst.«

»Ich wäre dir vollkommen ausgeliefert.«

»Aber du wärst trotzdem noch die Herrin.«

Sie rutschte jetzt genau über seinen Schwanz und drückte sich tiefer. Mit einem Stoß ihres Beckens unterstrich sie jedes ihrer Worte. »Also dürfte ich dir sagen, was ich will und wie ich es will.«

Rafael schnappte nach Luft. »Ja, es würde sicher interessant werden.« Er fasste mit seinen Händen nach ihren Arschbacken. Sie lüftete ihren Po etwas, sodass er tiefer zupacken konnte. Schon waren seine Finger an ihrer Spalte. Er spürte das Höschen, das ihm alles offenbarte und bloßlegte, und fuhr mit seinem Fingern an ihren Schamlippen entlang.

Sie sog laut die Luft ein. Seine Finger spielten im Verborgenen mit ihr. »Aber würdest du mich nicht auf die Folter spannen?«

Er streichelte sie weiter, bis er endlich antwortete: »Wenn du es willst, natürlich.«

Cloe stöhnte zwischen den einzelnen Satzfetzen. »Aber liegt der Reiz nicht gerade darin, nicht zu wissen, was passieren wird? Sich vollkommen dem anderen auszuliefern?«

»Ich nehme es an. Wir können es ja gerne ausprobieren.«

Mit einem Ruck stellte Cloe sich hin und griff nach seiner Hand. In ihrer eigenen baumelten mehrere Lederstreifen. Sie leckte seine Finger ab, dann führte sie eine Hand zu einer Schlaufe.

»Aber ich dachte, ich fessele dich.«

Sie schaute ihm tief in die Augen, als sie das erste Band an seinem Handgelenk verzurrte. »Aber du hast mich doch schon längst gefesselt. Sonst wärst du doch gar nicht hier.« Sie hob seine zweite Hand und verknotete jetzt diese ebenfalls. »Und? Fühl mal. Hält das?«

Er versuchte, seine Hände zu bewegen. Es ging nicht.

»Ist es auch nicht zu fest? Schneidet es ein?«

Er schüttelte den Kopf.

Sie legte beide Hände auf seinen Schwanz, der vergeblich versuchte, mehr Platz in der Hose zu bekommen. »Also, vollkommen ausgeliefert, vollkommen wehrlos – du vertraust mir?«

»Ich bin schon sehr gespannt.«

Cloe stand auf und nickte ihm lächelnd zu. »Aber bist du auch vorbereitet auf das Unerwartete?«

»Ich kann es kaum erwarten, was du für mich an Überraschungen planst.« Er grinste verschwörerisch.

Auch Cloe lächelte, und es entstand eine prickelnde Pause. Dann hob sie den Blick.

»Wie schön. Dann seid ihr endlich so weit.«

Erschrocken drehte Rafael sich um. Diese Stimme kannte er. Es war Isabell. Sie stand am Ende einer schmalen Wendeltreppe, die er bisher noch gar nicht bemerkt hatte. Doch jetzt sah Isabell ganz anders aus als vorhin. Ihr langes Haar hing nun offen herunter, und sie hatte ihr martialisches Outfit abgelegt. Die roten Haare flossen über einen Umhang aus schwarzem Samt. Jetzt sah sie überhaupt nicht mehr aus wie eine angemalte Männertöterin, sondern wie eine schöne Frau, eine Herrscherin.

»Genau! Eine Königin der Unterwelt. Nicht wahr, das hast du doch gerade gedacht? Und es stimmt.« Mit bedächtigen Schritten trat sie direkt vor ihn und lüftete ein wenig den Umhang. Rafael sah Haut, viel Haut und ein wenig Schwarz, aber da war der Umhang schon wieder zu. Dabei grinste sie diabolisch. Immerhin konnte Rafael nun erkennen, dass sie die spitzen Eckzähne abgezogen hatte.

Cloe stellte sich neben ihre Freundin und ließ ihre Hand unter den schwarzen Samt gleiten. Durch einen kleinen Spalt im Umhang sah Rafael, wie Cloes Finger in Isabells Dreieck verschwand. Die zuckte genüsslich zusammen. Gleichzeitig konnte Rafael sehen, wie ihre Pupillen weiter wurden. Isabell stellte ihre Beine ein wenig auseinander und schnaubte leise.

Ohne ihre geschickten Finger auch nur einen Augenblick ruhen zu lassen, fragte Cloe: »Und was machen wir jetzt mit ihm?«

»Wie immer: Ich beiße zuerst, und du saugst ihn dann ganz aus.«

»Das wird ein Spaß!« Cloe leckte ihre Finger ab und nestelte hinten am Verschluss ihres langen Rocks. Der Stoff glitt über ihre Hüfte und fiel zu Boden. Nur noch mit Schnürstiefeln, der Korsage, die ihre Brüste hochdrückte, und dem Ouverthöschen bekleidet, stand Cloe vor ihm. Breitbeinig setzte sie sich auf Rafael. Ganz leicht schaukelte sie vor und zurück. Seine Hose drohte zu platzen. Auf der Beule erschienen feuchte Flecken, die immer größer wurden mit jedem Mal, wenn ihre Möse an seine Hose stieß. Doch dann stand sie plötzlich wieder auf, griff nach dem Weinglas und ging zum Bett. Mit weit gespreizten Beinen legte sie sich bequem hin. Rafael konnte seinen Blick nicht von der verheißungsvollen Lücke im Schritt ihres Höschens abwenden.

Isabell, die bisher nur beobachtend dabeigestanden hatte, löste bedächtig den Knoten des Bandes, das ihren Umhang zusammenhielt. Langsam, wirklich ganz langsam ließ sie den Umhang von ihren Schultern herabgleiten. Auch sie trug eine Korsage, aber ihre drückte die Brüste nicht nur hoch. Sie lagen auf geformten Halbschalen wie auf einem Präsentierteller. Ihre Brustwarzen stachen spitz nach vorn. Vier Lederbänder kreuzten sich über ihrem Dekolleté.

Ihre Korsage ging bis kurz über die Taille. Darunter fing etwas an, das ein Lederhöschen zu sein schien. Als der Samt tiefer glitt, entdeckte Rafael auch das Geheimnis dieses Kleidungsstücks. Es gab praktisch nur zwei Seitenstücke. In der Mitte gab es kein Höschen. Die Haut lag frei und offen. Ein breiter Streifen Haare über dem Schlitz war bei der Rasur stehen geblieben. Die Stiefel von vorhin hatte sie gegen elegante Pumps eingetauscht. Jetzt war sie noch größer als er. »Und, gefalle ich dir jetzt besser?« fragte Isabell, als sie sich vor ihm drehte.

Rafael nickte zustimmend. »Sehr viel besser, allerdings.«

»Na, dann wollen wir mal schauen, wie viel besser.« Sie kniete sich vor ihm hin, und Cloe setzte sich im Bett auf. »Du kennst das vom Bondage. Wenn du nicht mehr willst, dann sagst du das Codewort, okay?«

»Aber ich kenne kein Codewort.«

»Sag einfach *Mayday*, wenn du nicht mehr willst.« Isabell griff an seinen Reißverschluss und zog ihn vorsichtig auf. Sie war sehr geschickt, und im Nu kam Rafaels Schwanz wie ein Springteufel hervor. »Na, da freut sich aber einer mächtig.«

Sie stand auf und zog Rafael auf die Beine. Während seine Hände oben in den Schlaufen hingen, löste sie den Knopf seiner Jeans und schob langsam die Hose runter. Rafaels Schwanz wippte steil vor ihm auf und ab.

Isabell begutachtete das Prachtstück. »Sieh an, ein voll ausgestattetes Menschenkind.«

Mit einem Mal war auch Cloe auf den Beinen und ging vor ihm auf und ab. Sie trank einen großen Schluck Wein, bevor sie sprach: »Und, kommst du dir jetzt vorgeführt vor?«

Rafael schluckte. »Etwas.«

»Vorhin auf der Party hast du noch gedacht, es würde andersherum laufen, oder? Du dachtest, ich würde dir zu Willen sein. Falsch!« Sie blieb stehen. »Damit mal eins klar ist: Das läuft hier ganz anders.«

Die beiden schauten auf den Schwanz, der immer noch steil und steif von seinem Körper abstand. Isabell griff jetzt zu dem Dildo, der noch immer auf dem Nachttisch lag, und strich ihm mit der Spitze über den Körper. Sie lief um ihn herum und drückte den Dildo gegen seine Arschbacken. Rafael verspannte sie sichtlich.

»Nein, ich glaub, das gefällt ihm nicht«, spottete Cloe. »Obwohl, darauf kommt es hier ja nicht an. Ob es ihm gefällt.« Sie blickte ihn wieder an und sagte dann: »Isabell, würdest du mir bitte die Schere reichen.«

Isabell ging in die Küche und brachte eine metallisch blitzende Schere mit. Sie stellte sich neben Cloe. »Darf ich das machen?« Beide blickten runter auf die Stelle, wo sein T-Shirt leicht über dem Schaft seines Schwanzes hing. Der Spruch auf dem Stoff kam Rafael gerade mehr als verhängnisvoll vor.

»Aber mit viel Gefühl, du weißt schon.«

»Sicher, meine Gebieterin.«

Jetzt versuchte Rafael tatsächlich, sich aus dem Geschirr frei zu machen. »Das ist nicht mehr witzig!« Sein Ständer verlor plötzlich an Haltung.

Doch Cloe kicherte laut. Isabell packte ihn direkt am Schwanz. »Na, na. Ruhig, Brauner! Ich tu dir schon nix. Ich will nur spielen.« Und mit diesen Worten griff sie zum T-Shirt und schnitt es vorne komplett durch.

»Oh, ich glaube, du musst dich noch mal um sein Prachtstück kümmern. So geht da gar nix.« Cloe schaute auf den etwas eingeschüchterten Schwanz.

Isabell drückte Rafael zurück in die Hängeschaukel, schob seine Oberschenkel auseinander und ihren Kopf langsam nach vorne. Das allein brachte schon die gewünschte Wirkung. Sofort schoss das Blut zurück in den Schwanz.

Isabell stülpte ihre Lippen über die Eichel und drückte ihre Zunge gegen sein Häutchen an der Unterseite. Rafael stöhnte laut auf. Immer tiefer fuhr ihr Mund nun über den Schwanz, und jetzt bemerkte Rafael endlich, wie praktisch diese Hängeschlaufen waren. Er ließ seinen Oberkörper ganz nach hinten fallen. Über seinem Schoß wippte Isabells Kopf auf und ab. Er stöhnte laut. Cloe beugte sich interessiert zu den beiden hinüber.

»Darf ich nun endlich zubeißen? Es ist schon genug Blut hier drin.« Isabell schaute kurz auf, während sie den Schwanz festhielt. Rafael blickte nur kurz auf und grinste.

»Nein, noch nicht. Ich will mich erst selbst davon überzeugen, wie hart er ist.« Cloe drehte sich mit dem Rücken zu Rafael und griff sich zwei Schlaufen. Sie beugte sich nach vorne, wodurch sich ihr Rücken automatisch durchdrückte und ihr Po sich in die Höhe reckte. Als handelte es sich dabei um ein Signal, zog Isabell Rafael auf die Beine. Sie packte seinen Schwanz und führte ihn bis vor Cloes Möse. Isabells Hand glitt über die Poritze tiefer nach unten in das Loch hinein. »Hmm, schön saftig ... feucht ... heiß.« Sie verteilte Cloes Saft über seine Eichel. »Du kannst es kaum erwarten, oder?«

Rafael nickte nur noch. Sein Sprachzentrum war momentan schlecht durchblutet.

»Na dann.« Mit festem Griff nahm sie seinen Schwanz und zog die Vorhaut ganz nach hinten. Ihr Griff wirkte wie ein Cockring. Ganz langsam führte Isabell Rafaels Schwanz in das Loch ihrer Freundin ein. Cloe stöhnte.

»Gut so?«

»Tiefer«, befahl Cloe.

Isabell stellte sich hinter Rafael und drückte ihn nach vorn. Cloe stöhnte laut auf.

»Tiefer!«

Isabell packte Rafael an der Taille, zog ihn nach hinten, und dann stieß sie ihn wieder nach vorne.

Cloes Stöhnen wurde lauter.

»Ich nehme mal an, du kannst das auch alleine, oder?«, hauchte Isabell ihm ins Ohr und verschwand hinter ihm.

Statt einer Antwort stieß Rafael zu. Er hielt sich an den Schlaufen fest, die seine Hände gefesselt hielten, und bewegte sein Becken vor und zurück.

Cloe stöhnte bei jedem Stoß auf. Isabell spreizte die Pobacken von Cloe. Die stöhnte, während Rafael jetzt genau sehen konnte, wie sein Schwanz in ihr Loch eintauchte. Isabell war fasziniert davon, wie dieser Anblick seine Geilheit noch steigerte.

Doch als sein Hecheln immer lauter wurde, hielt Cloe inne. Ganz vorsichtig drückte sie ihr Becken nach vorne, bis der Schwanz draußen war. »Setz dich«, sagte sie in einem Befehlston, und Rafael gehorchte sofort.

Cloe drehte sich um und setzte sich jetzt ebenfalls in die Liebesschaukel, legte ihre Oberschenkel über seine und rückte immer näher an seinen Schwanz heran. Rafael wollte gerade wieder zustoßen, da hielt Isabell ihn zurück.

»Nicht! Du tust nur, was wir dir sagen. Sonst verknote ich dich doch noch wie ein Weihnachtspaket.«

Cloes Beine lagen gespreizt auf seinen Oberschenkeln, und sein Schwanz war höchstens zwei Zentimeter von ihrem Loch entfernt. Ihre Unterschenkel hingen in zwei breiten Schlaufen.

Jetzt grinste sie ihn an. Sie wusste, er war geil. Er war heiß. Er wollte zustoßen. Doch stattdessen lehnte sie ihren Oberkörper nach hinten.

Isabell legte zwei Finger auf Cloes Schamlippen, fuhr damit in die Spalte und schob die beiden Häutchen zur Seite. Cloes Klitoris schimmerte wie eine Perle in der Muschel. »Und, was würdest du nun machen, wenn deine Hände frei wären?«

Rafael schluckte. Er wollte gerade ziemlich viel machen, aber für ungefähr alles wäre es praktischer gewesen, wenn er sich hätte bewegen können. »Ich würde sie streicheln.«

»Nun komm schon. Etwas ausführlicher geht es doch wohl noch. Wie würdest du sie streicheln? ... Hart, fest, womit?«

Er leckte sich über die Lippen. »Ich würde mit meinem Daumen über ihre Perle fahren, zuerst ganz sanft.«

Isabell tat nun das, was er sagte. Cloe verdrehte die Augen und stöhnte auf.

»Nach rechts und zurück. Und wieder drüber ... und schneller ... Dann würde ich tiefer fahren mit den Fingern, immer tiefer, und jetzt ... würde ich mit meinen Fingern zustoßen.«

Cloe bewegte ihr Becken vor und zurück. Ihre Schamlippen berührten schon den Schwanz.

»Zurück zu ihrer Perle ... und sie weiterstreicheln ... ganz sanft ... ganz zärtlich ... fast zu langsam.«

Isabell tat genau, was Rafael sagte. Cloe wimmerte vor Lust. Ihre Beine zuckten auf Rafaels Oberschenkeln.

»Noch langsamer.« Cloe wand sich ungeduldig wie eine Schlange in den Schlaufen. »Dann würde ich mit meinem Schwanz ...«

Cloe hielt sich an den Bändern fest, und mit einem Ruck stülpte sie sich über ihn. Rafael stieß laut Luft aus. Sie fingen an zu schaukeln, vor und zurück, vor und zurück. Ganz genau so, wie Cloe es vorhin prophezeit hatte. Ein langes, lautes Gurgeln kam aus seinem Mund. »OH ... MEIN ... GOTT ... ist das geil!«

Mit jedem Schaukelschwung stieß er in sie hinein und rutschte ganz automatisch zurück. Isabell stellte sich hinter Cloe und schubste sie an. Sein Schwanz stieß immer tiefer vor. Isabell hielt die Schaukel jetzt genau im richtigen Schwung.

Wieder hatte Rafael das Gefühl, er müsste gleich kommen. Er atmete schneller, immer lauter, und auch Cloe wurde lauter. In diesem Moment ließ Isabell sie einfach ausschwingen. Cloe hatte ihren Oberkörper nach hinten gelegt. Sie genoss, was da passierte. Und er konnte es nur zu gut verstehen.

Als die Schaukel sich kaum mehr bewegte, legte Cloe ihren Kopf noch tiefer. Fast wie auf Kommando stellte Isabell sich breitbeinig über sie und fasste mit beiden Händen an ihre eigenen Schamlippen. Ganz langsam zog sie sie auseinander. Dabei ließ sie Rafael keinen Moment aus den Augen. Sie weidete sich an seiner Geilheit.

Cloe streckte die Zunge vor, und ganz behutsam leckte sie über Isabells Klitoris. Rafael schluckte. *Mehr, als er sich je erträumt hatte: zwei Frauen, die mit sich spielten, und er durfte zuschauen. Zu dumm nur, dass seine Hände gefesselt waren.*

Und es sah aus wie ein eingespieltes Team. Sicher hatten Cloe und Isabell mehr als einen Dreier hinter sich. Cloe leckte Isabell äußerst geschickt.

Die drängelte ihre Arme nun in Schlaufen, die ganz oben an den Seilen angebracht waren. Mit einem seligen Seufzer machte sie die Beine noch breiter und schob ihr Becken nach vorne. Cloes Zunge drang tief in Isabell ein. Die hechelte und Rafael beobachtete, wie sie ihren Kopf mit einem verzückten Gesichtsausdruck hin- und herwarf. Isabells Körper zuckte, als würde ihr jemand Stromstöße verabreichen. Sie hing fast nur noch in den Seilen. Eine Welle der Lust nach der anderen rollte durch ihren Körper. Ihre Augenlider flatterten. Sie warf ihren Kopf nach hinten, und ein lautes Wimmern folgte, das von gelegentlichen Ausrufen unterbrochen war. Völlig übermannt von ihrer Begierde ließ sie Cloe lecken und zustoßen. Cloe war eine wahre Künstlerin. Sie verwöhnte ihre Freundin meisterhaft, während Rafael zuschauen und genießen konnte.

Aber in seinem Schwanz pochte das Blut. Wenn das überhaupt noch irgendwie möglich war, dann wuchs Rafaels Schwanz weiter, und er war immer noch in Cloe. Mit ganz leichten Bewegungen brachte er die Schaukel sanft in Schwung, aber nicht zu sehr, denn er wollte Isabells Höhepunkt nicht unterbrechen.

Mit einem letzten lauten Schrei fiel Isabell fast in sich zusammen. Cloe fuhr mit ihrer breiten Zunge ein letztes Mal durch die ganze Spalte und setzte sich geschickt auf. Rafael zuckte zusammen, als sein Schwanz aus ihr herausflutschte. Sie zog sich an den Seilen hoch und setzte sich auf Rafaels Oberschenkel. Und dann küsste sie ihn. Er schmeckte Isabells Saft, Isabells Lust.

Wieder legte Cloe sich zurück in die Schaukel, den Oberkörper nach hinten, und spreizte ihre Beine noch weiter auseinander. Sie nickte Isabell zu, die gerade wieder zu Atem kam.

Isabell holte etwas aus den geheimnisvollen Tiefen ihres Nachtschränkchens. Es waren zwei Plastikstäbe, anatomisch geformt, an einem Ende abgerundet, am anderen ein Haltegriff, und dazwischen wurde es dicker. Der eine hatte in etwa die Dicke seines Schwanzes. Der andere sah ganz ähnlich aus, war vorne aber noch krumm.

Cloes Po lag nun auf Rafaels Oberschenkeln, als sie ihre Beine nach hinten über ihren eigenen Kopf schwang, und Isabell hielt die Beine in Position. Die Möse lag gespreizt vor Rafael. Es gab keine Geheimnisse. Ihre Klitoris schimmerte zwischen den Schamlippen hindurch, und unter ihrem verheißungsvollen Loch wartete eine rosafarbene Rosette. Am liebsten hätte er jetzt selbst Hand angelegt.

»Wenn du versprichst, dass du ganz brav bist, dann mache ich dir eine Hand frei. Dann kannst du Cloe hiermit verwöhnen, aber danach fessele ich dich wieder. Okay?«

»Okay.«

Isabell griff zu seinen Fesseln und befreite seine rechte Hand.

»Nimm das.« Sie drückte ihm das gerade Stück in die Hand. »Weißt du, was man damit macht?«

Er reagierte wohl nicht schnell genug, denn Isabell sagte: »Du wirst es schon finden. Geh mal auf die Suche.«

Rafael fuhr mit dem weich geschwungenen Plastikstab über Cloes Bauch, immer tiefer.

Cloe seufzte wohlig, sie schien sich darauf zu freuen, was jetzt kommen würde. Er umrundete ihre Klitoris und strich ganz leicht mit dem Stab darüber. Cloe zuckte verzückt.

Aber er fuhr weiter runter. Wie bei einer Spirale fuhr er von außen immer engere Kreise um ihre Möse und wollte gerade rein, als Cloe ihre Beine zusammendrückte. »Das ist nicht das richtige Loch.«

Rafael zog die Brauen hoch. Jetzt war ihm alles klar. Als er endlich an ihrer Rosette angekommen war, hatte Isabell von irgendwoher eine Tube Gleitmittel geholt und ließ einen großen Tropfen auf die dunkle Haut gleiten.

Rafael verteilte das Gel, dann setzte er die abgerundete Spitze direkt vor das Loch.

»Schön vorsichtig. Wir wollen Cloe doch verwöhnen.«

Rafael leckte sich die Lippen, während er vorsichtig über das enge Loch streichelte. Dann drückte er zu. Erst ganz leicht. Cloe stöhnte. Isabell hielt ihr jetzt wieder die Beine fest, während Cloe ihren Kopf an Isabells Beinen abstützte.

»Gut so?« Rafael war ganz vorsichtig. Er drückte den Analplug tiefer, zog ihn wieder raus, glitt wieder hinein. Stoß für Stoß ging es tiefer, und die Rosette weitete sich. Er wünschte, es wäre sein Schwanz und er könnte sich ganz langsam in Cloe versenken. Aber selbst so machte es ihn total an.

Cloe wurde von Mal zu Mal weiter und entspannte sich. Jetzt konnte er den Stab tief in sie hineinschieben.

Isabell hielt ihr noch immer die Beine breit. »Gut so, lass ihn jetzt einfach stecken.« Nun half sie Cloe, ihre Beine ganz langsam zurück auf Rafaels Oberschenkel zu legen. Der Analplug blieb in ihr.

Cloe schob sich näher an ihn heran. Der Schweiß stand ihr auf der Stirn, aber sie grinste zufrieden. »Und jetzt fick mich.«

Das ließ er sich nicht zweimal sagen. Mit der noch immer freien Hand fasste er seinen Schwanz und brachte ihn in die richtige Position. Er stieß zu. Etwas ungewohnt Hartes rieb an seinem Schwanz. *Das war ja abgefahren.* Es war eng, richtig eng, und der Analplug drückte sich fest gegen seinen Schwanz.

Isabell schaute ihn mit merkwürdigen Augen an. »Die Hand.«

Rafael schob seine Hand zurück in die Schlaufe, und während Isabell ihn fesselte, fickte er Cloe weiter. Er wollte jetzt auf keinen Fall aufhören, doch wieder stoppte ihn Isabell: »Warte.« Sie kniete sich hin und gab sich etwas Gleitmittel auf die Hand. Dann fuhr sie mit der anderen Hand über seinen Hintern. »Das hat dir gefallen, es Cloe reinzuschieben, nicht wahr?« Er spürte ihre Finger an seiner Ritze. »Und mir macht so was auch Spaß.« Schon drückte sich ihr Finger mit dem Gel in seine Rosette.

Für einen kurzen Moment zuckte er zusammen. Er überlegte. Im Moment war er so geil, dass es ihm fast egal war, was passieren würde, solange die beiden Frauen ihre Spielchen mit ihm weitertrieben.

Isabell wartete auch nicht wirklich eine Antwort ab, denn schon fühlte er etwas Kaltes und Nasses an seiner Rosette. Auch er öffnete jetzt leicht die Beine. Sie schob den anderen, leicht gekrümmten Stab vorsichtig in sein Arschloch. Rafael zuckte wieder kurz.

»Entspann dich einfach.« Behutsam schob Isabell den Stab weiter. Er zuckte noch ein paarmal, aber immer hielt sie sofort inne. Sie reagierte perfekt auf seinen Körper. Als der Stab endlich seine Prostata erreicht hatte, stöhnte er laut auf. Und er hörte auch gar nicht mehr damit auf. Und während Isabell den Stab langsam in ihm bewegte, fing Cloe an, ganz leicht zu schwingen.

Das war besser als alles, was er jemals zuvor erlebt hatte. Rafaels Stöhnen ging beinahe unter in den lauten Geräuschen, die Cloe von sich gab. Es war der helle Wahnsinn. Wie von Zeit und Raum gelöst, schaukelten sie sich in ihrer Lust hoch. Ein anhaltender Schrei kündigte an, was gleich passieren würde. Rafael wurde immer lauter, was Cloe nur dazu veranlasste, noch heftiger zu schaukeln. In ihm explodierte ein Feuerwerk, während Cloe selbst ihre Lust herausschrie. Sein ganzer Körper krampfte sich zusammen, bis endlich alle Anspannung von ihm abfiel. Erschlafft ließ er sich in den Schlaufen hängen und zuckte noch ein letztes Mal zusammen, als Isabell den Plug aus ihm herauszog.

Das Pendeln der Schaukel hörte auf, mit einem Mal war alles ganz still. Eine Brust war aus Cloes Korsage rausgerutscht, und ihr Körper war mit einem feinen Schweißfilm überzogen. Auch bei ihr zog Isabell vorsichtig den Plug heraus. Ermattet richtete Cloe sich auf.

Für einen langen Moment passierte gar nichts. Cloe und Rafael waren beide nicht in der Lage zu sprechen, und Isabell verschwand kurz im Badezimmer. Als sie zurückkam, brachte sie die Flasche Wein und ein drittes Glas aus der Küchenecke mit.

»Mein Mund ist ganz trocken.« Auf etwas unsicheren Beinen stellte Cloe sich vor Rafael und band ihm die

Hände frei. Dann griff sie zu den beiden Gläsern Wein, die noch immer auf dem Boden standen. Sie reichte ihm sein Glas. Der Wein gluckerte laut in die Stille hinein, als Isabell allen einschenkte.

Dann machte sie es sich auf dem Bett bequem. Sie schob sich mehrere Kissen hinter den Oberkörper und trank Wein, ohne die beiden aus den Augen zu lassen.

Cloe trank einen großen Schluck, bevor sie Rafael fragte: »Meinst du nicht, Isabell hätte sich eine Belohnung verdient?«

Etwas erschöpft, aber dennoch bereit für die nächste Runde, blickte Rafael zu ihr hinüber. »Was wünscht sie sich denn?«

Isabell spreizte erwartungsfroh die Beine. »Am liebsten werde ich geleckt – von zweien gleichzeitig.«

Als Rafael am nächsten Morgen erwachte, taten ihm die Eier weh. Es war dann doch nicht nur beim Lecken geblieben, und sie hatten ihn wirklich ganz schön rangenommen. Sein linker Arm lag über Cloes Seite und hielt ihre Brust. Er spürte, dass er schon wieder einen Ständer hatte. Doch sein Schwanz war nicht nur hart, er wurde auch von jemandem gehalten. Isabell hatte ihn bereits fest im Griff.

Er drehte sich leicht nach hinten. »Du kannst wohl nie genug kriegen, was?«

Isabell grinste. »Du weißt doch, wir Geschöpfe der Lust sind unersättlich.«

Toystory

»*Scht!* Pass doch auf. Wenn die das jetzt gehört haben!«

»Mensch, Arne, woher soll ich wissen, dass da ein winziger Tisch steht. Ich hab das doch nicht extra gemacht.«

»Könnt ihr mal alle die Klappe halten! Die erwischen uns noch, bevor es überhaupt losgeht.« Rüdiger wollte unbedingt wissen, was seine Frau Stefanie hinter seinem Rücken trieb. Für ihn war es die größte Überraschung gewesen, als Arne davon erzählte, was hier bei dem scheinbar harmlosen Mädelsabend eigentlich passieren sollte.

»Dass deine Pia so was macht. Das hätte ich ihr gar nicht zugetraut.«

»Na, na. Gleich werden wir ja sehen, was wir *deiner* Frau alles zutrauen können. Ich hab mir ja schon immer gedacht, dass Nadine es faustdick hinter den Ohren hat.«

»Dann sollte sie das mal im Bett zeigen«, maulte Olaf leise, als Arne gerade wieder seinen Finger drohend an die Lippen legte.

»Ab jetzt absolute Ruhe. Sobald wir auf der Galerie sind, können wir hören, was die reden. Und die hören genauso jedes Wort von uns. Verstanden?« Arne blickte fragend in die Runde. »Jeder sucht sich seinen Platz, und ich will keinen Streit. Ich sitze natürlich ganz vorn. Und wehe, einer versucht, über die Brüstung zu gucken! Nur lauschen. Alles klar?« Seine Hand lag schon auf der Türklinke.

»Also, ich will auch ganz nach vorn. Ich finde, Dominik sollte als Letzter seinen Platz suchen. Wir müssen immerhin prüfen, ob unsere Freundinnen und Ehefrauen nicht aus dem Ruder laufen. Aber er, er ist ja nur so dabei.«

Rüdiger war immer so kleinkariert. Aber Dominik winkte ab. »Schon verstanden. Ihr seid alle nur hier, weil ihr euch Sorgen macht, während ich der Einzige bin, der aus reiner Lüsternheit dabei ist.« Sein Ton war spöttisch. Aber als Arne ihm von der abendlichen Veranstaltung seiner Frau erzählt hatte, war er so neugierig geworden, dass er selbst in Kauf nahm, Rüdiger zwei Stunden zu ertragen.

Arne signalisierte ein letztes Mal absolute Ruhe und öffnete die Tür. Die Stimmen der Frauen waren leise zu hören.

»Du meine Güte, der stinkt aber. Nee, den lass ich nicht in mich rein.« Angewidert ließ Pia den Schwanz los. Sie griff zu einem Glas Prosecco und trank einen Schluck.

»Gib mal her.« Brigitta griff nach dem Gummidildo und schnupperte. »Stimmt. Bah. Und so was willst du uns verkaufen?« Sie ließ den flexiblen Gummischwanz in Monstergröße über ihrem Kopf durch die Luft kreiseln.

Sophia seufzte gespielt auf. »Nein, den hab ich doch nur mitgebracht als Negativbeispiel dafür, was Frauen sich heute oft noch unter Sexspielzeug vorstellen. Dabei gibt es mittlerweile so schöne Sachen.« Sie war noch nicht einmal zum Auspacken gekommen, da waren ihr schon die ersten Schachteln aus den Händen gerissen worden. So neugierige Mädels hatte sie schon lange nicht mehr erlebt, und dabei machte sie die *Women-only-*Partys jetzt schon über drei Jahre. Sie griff in den Trolley mit den Vorführmodellen. In ihrem anderen Trolley hatte sie die Verkaufsobjekte, denn niemand wollte ein Sexspielzeug kaufen, das schon jemand anderes in den Fingern gehabt hatte. »Und sie sind auch nicht teurer als die alten Gummidinger von vor zwanzig Jahren. Der hier zum Beispiel. Vorne mit dem Kitzlerfinger.«

»Aber der vibriert nicht. Ich will einen, der nicht stinkt und vibriert.« Brigitta beugte sich neugierig über den Trolley.

»Nun lasst mich doch erst mal aufstellen. Kommt, trinkt mal einen Schluck. Ich packe so lange ein paar Sachen aus und erklär euch dann alles in Ruhe.« Sophia holte mehrere Schachteln aus dem Koffer. Eine davon gab sie Brigitta. »Schau dir den mal an. Der Schaft ist schön dick und angenehm weich. Und vorne sind die Gumminoppen für die Klitoris mit vibrierenden Flügelchen. Hier siehst du, da. Das, was so aussieht wie ein Schmetterling.«

»Ach, der hier sieht ja auch super aus. Und der läuft mit Batterien?« Nadine hatte sich ebenfalls eine Schachtel geschnappt und war ganz hingerissen. Aber Rosa war ja auch definitiv ihre Farbe.

»Ja, mit Batterien. Und er hat drei verschiedene Vibrationsstärken. Eins meiner beliebtesten Modelle.« Sophia öffnete schnell einige Schachteln und stellte verschiedene Teile auf den Tisch. Wie immer hatte sie alles eingepackt, was es derzeit an interessanten Dingen gab. Aber gerade hatte sie das Gefühl, in einem Raubtierkäfig zu hocken, und sie musste den Löwinnen ganz schnell Futter vorwerfen. Vier junge Frauen saßen vor ihr. Pia war die Gastgeberin. Ihr hatte sie es zu verdanken, dass sie hier ihre Sextoys präsentieren durfte. Nadine, Brigitta und Stefanie waren Pias Freundinnen, und eine Frau fehlte noch. Christiane würde noch kommen. Zwei andere Frauen hatten kurzfristig abgesagt, was sehr bedauerlich war, denn mit so wenigen Teilnehmerinnen sprang meist nicht genug Umsatz bei der ganzen Sache heraus.

»Und man kriegt auch garantiert keinen gewischt, ich mein so wegen Strom und Feuchtigkeit?« Stefanie war hauptberuflich Bedenkenträgerin. »Ich meine, nichts wäre so abtörnend wie ein Stromschlag, kurz bevor du kommst.«

»Du meinst außer Rüdiger, wenn er mit seiner Babysprache anfängt?«

Brigitta und Pia gackerten. Nadine hob ihr Glas und prostete ihnen zu. Und Stefanie blieb nichts anderes übrig, als zustimmend zu nicken.

»Habt ihr das gehört?« Plötzlich horchte Nadine in den Raum hinein.

»Nein, was denn?« Stefanie richtete sich nervös in ihrem Sessel auf.

»Ich dachte, ich hätte was gehört. Arne ist weg, oder?«

»Ja, ich hab seinen Kalender extra gecheckt. Keine Angst. Wir haben auf jeden Fall bis halb elf Zeit. Arne ist heute Abend wieder bei Dominik. Die büffeln fürs Fernstudium.«

»Ah, Dominik, der mit dem Knackarsch und dem markanten Kinn.« Nadine verdrehte anzüglich die Augen.

»Ja, Dominik ist echt der Knaller«, seufzte Brigitta.

»Pfoten weg. Nur gucken, nicht anfassen. Heute gibt es nur Sexspielzeug, keine echten Männer.« Pia zog ihre beiden Freundinnen gerne wegen ihrer Schwärmerei für Dominik auf.

»Schade. Einen echten Mann hätte ich wirklich mal wieder gut gebrauchen können«, gab Brigitta bedauernd von sich.

Ich auch, dachte Sophia. Wie leid sie es war, einmal die Woche fremden Frauen von den vielen möglichen Freuden des Sexlebens erzählen zu müssen, und dabei saß sie selbst schon so lange auf dem Trockenen.

»Sophia, das wär doch mal 'ne Geschäftsidee. Du bringst beim nächsten Mal neben dem Spielzeug auch echte Männer mit.«

Sophia lachte laut auf. »Wenn ich endlich mal einen finden würde, der genug Ahnung von der Lust der Frauen hat, dann würde ich den sicher nicht mitbringen. Und dass man zwei von denen gleichzeitig findet, na ja, das wär ja, wie zweimal 'nen Sechser im Lotto zu haben.« Sie trank schnell einen Schluck Prosecco, während die anderen Frauen wissend lachten. »Aber um auf deine Frage zurückzukommen, Stefanie: Nein, du kriegst garantiert keinen elektrischen Schlag. Das ganze Sortiment ist geprüft und aus hautverträglichen Materialien. Da brauchst du dir keine Sorgen machen.«

»Ja, aber es darf auch nicht zu teuer sein.«

Sophia schüttelte unmerklich den Kopf. *Nur nicht aufregen. Ein Geizkragen war in jeder Runde dabei.* »Wenn es etwas preiswerter sein soll, dann nimmst du am besten den manuellen Klitorisstimulator. Hier, den stülpst du dir über den Finger, ein bisschen Gleitmittel dazu, und los geht's. Gleitmittel hab ich natürlich auch dabei. Normal, mit Geschmack oder in Ökoqualität.«

»Das sieht ja aus wie ein verlängertes Fingerhütchen aus Plastik. Aber das ist dann wirklich nur für den guten, alten Handbetrieb, oder?«

»Die gibt es auch elektrisch. Sind dann natürlich doppelt so teuer.« Sophia legte sofort eine kleine Auswahl von Vibratoren auf den Tisch.

»Och, guckt mal, wie niedlich! Mit Häschenohren.«

Nadine war wohl eher von der Rosa-süß-und-plüschig-Fraktion. Aber Brigitta stürzte sich direkt auf das interessanteste Teil. »Nee, der hier. Der gefällt mir. Und der leckt richtig?«

»Ja, mach mal an. Das ist der Spezialvibrator *French Kiss*. Kommt vom Gefühl her nahe an eine echte Zunge ran. Und leckt besser als die meisten Männer.«

Zwischen roten Plastiklippen setzte sich eine weiche Zungenspitze in Bewegung. Alle lachten. Entspannt lehnte sich Sophia zurück in den Sessel. Nach einem hektischen Anfang kam endlich die Atmosphäre auf, die sie sich wünschte. Genau das brauchte sie, wenn sie erfolgreich verkaufen wollte.

»Den kannst du mir gleich mal reservieren. Und den Vibrator auch.« Brigitta hatte das erste Glas schon leer.

Ach, dem Himmel sei Dank. Brigitta schien ein Langzeitsingle zu sein. Das waren immer ihre besten Abnehmerinnen. »Klar, hab ich alles originalverpackt dabei. Außerdem hab ich natürlich jede erdenkliche Art von Kleinzeug dabei. Schau mal, Nadine, das gefällt dir bestimmt.« Sophia öffnete eine Schachtel und holte eine Gummiente hervor.

»Eine Badeente?«

»Eine nicht ganz gewöhnliche Badeente! Sie vibriert und bewegt ihr kleines Schwänzchen, je nachdem, mit welchem Teil man sich verwöhnen lassen will. Natürlich absolut wasserdicht. Super für ein paar schöne Momente in der Badewanne.«

Nadine legte einen winzigen Hebel um und prustete los, als sie das kleine Schwänzchen sah, das sich neckisch hin- und her bewegte.

Stefanie riss ihr das Teil fast aus der Hand. »Die will ich. Rüdiger würde es nicht mal merken, was da auf dem Rand der Badewanne steht. Perfekt. Die ist gekauft.«

»Hier haben wir noch so ein nettes kleines Spielzeug. Einen Slipvibrator. Du steckst ihn dir in dein Höschen und er vibriert, während du die Hände für etwas anderes frei hast. Kochen, Lesen, im Internet Surfen.«

»Geil, den kann ich im Büro anziehen.« Nadine griff sofort zu.

»Nur wenn du willst, dass deine Kollegen es sehen. Der ist zu dick dafür. Besser wäre da der Slip *Good Vibrations*. An der richtigen Stelle verbirgt sich ein Minivibrator. Der bringt dich richtig auf Touren. Oder du nimmst ein paar Liebeskugeln. Hochwertigstes Silikon. Die zeichnen sich garantiert nicht ab.« Schnell zog Sophia mehrere Schachteln aus dem Koffer und reichte den Inhalt herum. »Ich hab auch noch vibrierende Modelle, wenn dir das lieber ist, aber da hast du natürlich wieder das Problem mit der Stromversorgung. Außerdem ist es natürlich keine Klitorisstimulation, aber ich weiß ohnehin nicht, ob das fürs Büro so eine gute Idee ist.«

Brigitta räusperte sich. »Also, ich will was, was mich rundum befriedigt. Hand anlegen muss ich selbst schon viel zu lange. Ich will mal was anderes.«

»Liebe Brigitta, da hab ich was für dich.« Sophia griff wieder in den Trolley. »Der hier ist wirklich der Knaller. Ein toller Vibrator. Schau hier, der wohlgeformte Schwanz mit einer sehr realistischen Spitze, und er hat einen der besten Klitorisstimulatoren, die ich kenne. Den hab ich selbst in meinem Nachttisch. Damit kann man sich herrlich selbst verwöhnen. Extrem geil, das Teil.«

»Hast du denn auch was dabei, mit dem man zu zweit Spaß haben kann? Also was, das ich mit Arne zusammen machen kann?«

Alle stutzten, als ein Geräusch erklang, das sich wie ein gedämpfter Jubelschrei anhörte. Stefanie schoss nervös in die Höhe. Alle schauten auf Pia. Die schüttelte mit dem

Kopf. »Nein, ernsthaft. Da kann keiner sein!« Trotzdem stand sie auf und blickte sich um.

Wieder hörten sie etwas. »Hallo?« Dann klopfte jemand ·an die Scheibe. Christiane stand am Fenster und winkte. Alle atmeten erleichtert aus.

»Ach, Gott sei Dank. Es ist nur Christiane. Ich hatte schon Befürchtungen. Ich mach auf.« Stefanie lief schon raus.

Eine Minute später rauschte eine große, schlanke Frau in den Raum. »Hallo, Mädels. Sorry, bin so spät aus der Agentur weggekommen. Also, hab ich was verpasst?« Sie drehte sich zu Sophia und reichte ihr die Hand. »Christiane. Eine willige Käuferin. Ich hab schon mal so eine ähnliche Party mitgemacht.«

Prima, die bringt hier richtig Schwung rein. Sophia begrüßte die Neuangekommene freundlich.

Christiane setzte sich und nahm das Glas Prosecco, das Pia ihr reichte. »Ich könnte mal wieder einen neuen Vibrator gebrauchen. Mein alter ist jetzt schon drei Jahre alt, und, na ja. Irgendwann sehen die nicht mehr so appetitlich aus. Schließlich wollen wir uns ja verwöhnen.«

Sophia hätte sie knutschen können. »Hast du einen Partner?«

Christiane grinste breit, während sie den Prosecco auf ex trank. »'tschuldigung. Ich muss ja aufholen. Einen Partner? Ja, ungefähr alle zwei Wochen für sechsunddreißig Stunden.«

»Gewöhnlich von Freitagabend bis Sonntag zum späten Frühstück. Nicht wahr, meine Süße?« Pia füllte das Glas ihrer Freundin sofort nach.

Christiane nickte zustimmend. »Genau. Seid ihr schon bei den Cockrings? Ich hätte gerne mal einen, der dabei summt. Wenn ihr versteht, was ich meine.«

Sophia lächelte glücklich. »Nein, dazu wollte ich gerade kommen. All die schönen Dinge, die man zu zweit nutzen kann.« Sie räumte einige der Vibratoren beiseite und legte eine Auswahl an Cockrings auf den Tisch. Und weil es gerade passte, auch ein paar Handschellen und eine kleine Peitsche.

Während Christiane fachmännisch die Ringe aus Silikon begutachtete, nahm Sophia ein paar Handschellen in die eine und die Peitsche in die andere Hand. »Wenn ihr eure Männer mal schocken wollt, dann macht ihr Folgendes: Ihr fesselt ihn, und dann erst holt ihr die Peitsche raus. Nur so tun, als ob ihr daran Spaß hättet.«

Nadine griff zu und ließ das Leder durch ihre Hand gleiten. »Olaf, wenn du noch einmal unseren Jahrestag vergisst, dann ...« Feixend ließ sie die Peitsche durch die Luft sausen.

Jetzt griff auch Stefanie zu und nahm ihr das Teil aus der Hand. »Nein, pass auf. So geht das: Und wenn du glaubst, ich würde dir einen blasen, während du meine Klitoris nicht mal mit der Lupe findest, dann hast du dich geschnitten.« Rhythmisch klatschte das Peitschenende auf einen kleinen Schemel.

»Und wenn Rüdiger jetzt genau auf so was steht?« Alle prusteten vor Lachen. Rüdiger war nicht gerade für seine lockere Art bekannt.

»Hast du damit schon Erfahrung?« Christiane hielt Sophia einen voluminösen Penisring mit auffälligen Noppen hin.

»Ähm«, räusperte sich Pia. »Wie funktionieren die eigentlich?«

»Die sorgen dafür, dass das Blut im Schwanz bleibt. Wisst ihr, manchmal, wenn zu viel Blut aus dem männlichen Gehirn abgezogen wurde, schaltet der Körper auf Notversorgung um, so unwahrscheinlich es auch klingt. Ich demonstrier euch das mal ...«

Sophia war froh. Jetzt konnte sie getrost schnell mal auf Toilette verschwinden. Die sicherlich sehr plastische Demonstration, zu der Christiane jetzt anhob, beschäftigte die Frauenrunde bestimmt einige Minuten. Und bei manchen Erklärungen war es ohnehin besser, wenn sie als Fremde nicht dabei war. Sophia signalisierte Pia, dass sie mal kurz für kleine Mädchen musste, und schloss die Tür hinter sich.

Das Gästeklo war direkt neben der Eingangstür. Sophia war schnell fertig, wusch sich die Hände und schaute dabei in den Spiegel. *So viel vergebene Mühe.* Was ein guter Mann vollbringen konnte, konnte man mit keinem Gummischwanz der Welt ersetzen. Wenn überhaupt, würde sie dieses ganze Zeug höchstens als Heißmacher einsetzen. Aber lieber waren ihr echte Finger, echte Zungen und echte Schwänze.

Sie öffnete die Tür und sah noch, wie ihr jemand hastig auswich. Ein großer Mann war zur Seite gesprungen. Er hatte sich wohl gerade rausschleichen wollen, denn er machte ein Gesicht, als habe Sophia ihn mit der Hand in der Keksdose erwischt. Stumm starrte er sie an. In seinem Blick lag etwas. Etwas, das unmittelbar ein Prickeln in Sophias Magengegend auslöste. Und auch er schien gefangen von ihrem Anblick zu sein.

Beide erschraken, als sie hörten, wie sich die Tür zum Wohnzimmer öffnete. Sophia zog den Kerl ins Gästeklo und hielt sich die Finger auf die Lippen. Sie warteten unbeweglich in dem kleinen Raum, während sie darauf lauschten, wie Pia sich draußen um Prosecco-Nachschub kümmerte. Endlich wurde es wieder ruhig. Trotzdem flüsterte Sophia. »Arne?«

»Nein, Dominik.«

Ah, DER Dominik. Mit dem Knackarsch. »Was machst du hier? Ist Arne auch da?«

Dominik nickte.

»Ihr bringt mir die ganze Verkaufsveranstaltung zum Platzen, wenn die das rauskriegen. Ich mach das hier doch nicht zum Vergnügen. Ich verdien damit meine Brötchen!« Frauen gaben nur dann großzügig Geld für Sexspielzeug aus, wenn ihre Männer nicht dabei waren. Das hatte Sophia schon im ersten halben Jahr gelernt.

»Sorry, aber alle wollten wissen, welche Art Sex ihre Frauen wirklich wollen. Das ist doch kein Verbrechen.«

»Alle? Wer ist denn noch da?«

»Olaf und Rüdiger.«

Sophia fasste sich an die Stirn. »Und ihr sitzt da oben irgendwo und könnt alles hören?«

Dominik nickte.

»Und was machst du hier? Gehörst du zu Britta oder Christiane?«

Er schüttelte seinen Kopf. »Weder noch. Ich wollte mich weiterbilden.«

»Ach ja, weiterbilden, hm?« Sophia blickte skeptisch.

»Du erklärst das wirklich alles sehr gut ... und du hast eine sexy Stimme.«

»Hab ich das?«

»Trotzdem, ich wollte gerade gehen. Ihr redet nämlich nur Schrott.« In Dominiks Augen blitzte es rebellisch auf.

»Ach ja. Ich möchte wissen, mit wie vielen Männern du schon im Bett warst, wenn du glaubst, das beurteilen zu können«, sagte Sophia herausfordernd.

»Ich weiß, wie *ich* im Bett bin.«

Sophia musste sich den Mund zuhalten, damit sie nicht laut auflachte. »Ja, klar. Das ist schon mal das Grundübel, dass sich alle Männer für einen tollen Hecht halten. Keinerlei Selbstreflexion.«

»Das tut mir wirklich sehr leid, dass du bisher nur so schlechte Erfahrungen gemacht hast. Aber ich muss widersprechen. Du redest echt Müll.«

»Zum Beispiel?«

»Dass Männer nicht gut lecken können.«

»Können sie auch nicht.«

»Ich lecke hervorragend.«

»Frauen beschweren sich nicht laut. Sie treffen sich einfach nicht mehr mit dem Typen.«

»Es tut mir leid, aber ich muss darauf bestehen: Ich lecke hervorragend! Ich kann es dir gerne beweisen.«

»Und ich muss leider darauf bestehen, dass ich ...« Plötzlich stutzte Sophia. War das etwa gerade ein ernstgemeintes Angebot gewesen? Sie hatte schon länger keinen Sex mehr gehabt, noch viel länger keinen wirklich guten Sex mehr, und sie wusste gar nicht, wann sie das letzte Mal richtig gut geleckt worden war. Ein warmes Gefühl machte sich in ihrem Höschen breit. »Wirklich?«

»Ich beweise es dir, hier und jetzt. Zu unserer Ehrenrettung.«

»Klingt wie: für Ehre und Vaterland. Das ist ja nicht gerade ein Kompliment für mich.«

»Ach, ihr eitlen Frauen. Ich hätte dir das Angebot wohl kaum gemacht, wenn ich dich nicht geil finden würde. Also, was ist? Soll ich dich lecken ... richtig gut lecken? Soll ich dich um deinen Verstand lecken?«

Dominik kam mit jedem Wort näher. Heiße Wellen schossen durch Sophias Körper. Ihre Zellen schrien förmlich danach. *Ja bitte, Sophia, lass ihn lecken. Wenn er so gut ist, wie er glaubt, dann lass ihn bitte, bitte lecken.* Das war doch mal eine Ansage. Ohne Dominik aus den Augen zu lassen, knöpfte sie ihre Jeans auf und streifte sich die Hose über die Hüften.

Als sie ihren Slip runterziehen wollte, hielt Dominik ihre Hände fest. »Lass nur. Ich mach das schon.«

Er setzte sich auf den Klodeckel und fasste Sophia an den Oberschenkeln. Sanft dirigierte er sie in Position und ließ dann einen Daumen unter dem Saum ihres Spitzenhöschens verschwinden. Ganz langsam wanderte die Fingerkuppe tiefer. Langsam genug, um Sophia allmählich tropfnass werden zu lassen. Sie kippte ihr Becken nach vorne und lehnte ihren Rücken gegen die Wand. Das war ja geil. Sich mal nur bedienen zu lassen. Perfekt.

Dominiks Finger wanderten tiefer, und seine Fingerspitzen strichen außen an ihren Schamlippen entlang. »Komm, mach die Augen auf.«

Sophia blickte zu ihm herunter. Etwas umständlich ließ er sich in dem engen Raum auf die Knie nieder. Jetzt streckte er seine Zunge weit heraus und fuhr über den Slip. Erst federleicht. Beinahe berührte er sie nicht. Dann spielte seine Zungenspitze mit der Seide und schob sich schließlich unter den Stoff. Ganz allmählich tastete sie sich vor, bis sie unerträglich langsam in ihre Spalte glitt. Sophia atmete heftig ein. *Bis hierher war er schon mal gut. Nicht zu hektisch, nicht zu gierig.*

Jetzt leckte er über ihre Perle, ganz langsam. Sophia hörte auf zu atmen. *Ja, das war es. Genau so.* Seine Finger glitten langsam wieder nach vorne und schoben die Schamlippen auseinander. Nur der dünne Stoff hing jetzt noch über der Klitoris. Mit seinem Mund rieb er den Stoff über ihre Klitoris, ohne dass seine Lippen oder die Zunge selbst die empfindliche Haut berührten. Sophia schnappte nach Luft. Ein gurgelndes Geräusch entwich ihrer Kehle. Ihre Knie fingen an zu zittern. Ja, das war genau so, wie sie es sich immer erträumt hatte. *Mach weiter so,* flehte sie innerlich. *Bitte mach genau so weiter!*

Jetzt war der Stoff wieder frei, und seine Zunge drängte hinter die Seide. Er leckte sie. Er leckte wirklich gut. Nein, er leckte fantastisch. Er würde sie in den Wahnsinn lecken. Sophia stützte sich mit ihren Händen an der Wand ab. Ihre Knie gaben weiter nach. Seine Zungenspitze kitzelte ihre Perle, dann wieder rieb er mit der flachen Zunge über ihren Kitzler. Als er seine weichen Lippen um den kleinen Knubbel schloss und an ihr saugte, verging sie vor Lust. *Himmel, war das geil.*

Ganz langsam zog er ihr Höschen runter. Sie kletterte aus ihrem Slip heraus, und seine Hände sorgten dafür, dass sie breitbeinig stehen blieb.

Die Zunge wieder fest an der Klitoris, fasste er mit einer Hand nach hinten und drückte ihr Becken nach vorne, während er zwei Finger in ihr Loch stieß. Sie keuchte laut auf. Sie war schon kurz davor zu kommen, als seine Zunge verschwand.

Erschrocken schaute sie runter. Dominik lächelte genüsslich und glitt mit seinen Fingern tiefer in sie hinein. »Und, glaubst du mir jetzt?« Die Finger glitten unermüdlich rein und raus.

»Los, mach weiter«, stieß sie hechelnd aus. »Mach weiter.«

»Kann ich gut lecken?«

Dieser Mistkerl spielte mit ihr. »Leck mich!« Ihre Stimme klang anklagend.

»Ich nehm das jetzt mal als ein Ja.« Sofort setzte Dominik seine Zunge wieder an. Er umkreiste die Klitoris, wartete auf ihre kleinen Zuckungen, leckte saugend weiter.

Sophia keuchte leise. Es war jeden Augenblick so weit. Plötzlich hörten sie, wie jemand die Wohnzimmertür öffnete. Sie hielt die Luft an.

Pias Stimme rief nach ihr. »Sophia? ... Sophia!« Sie hörten ein Klopfen an der Tür. »Sophia. Ist alles gut?«

Sophia nahm allen Atem zusammen, der ihr noch geblieben war. »Alles in Ordnung. Ich ... komm ... gleich.«

»Okay, ich hab mir nur Sorgen gemacht. Ich geh wieder rein.«

Sobald sie hörten, wie die Wohnzimmertür ins Schloss fiel, setzte Dominik wieder an. Dieses Mal zögerte er ihre Lust nicht mehr heraus. Er leckte und kreiselte, leckte und kreiselte. Seine zwei Finger stießen rhythmisch in ihre Möse. Sophia schaffte es nur noch mit letzter Kraft, sich, an den Kacheln abgestützt, aufrecht zu halten. Ihr Atem kam stoßweise. Die Fingerknöchel traten weiß hervor.

Ihr Körper zuckte mit jeder Lustwelle, die durch sie hindurchraste. Sie stand schon auf den Zehenspitzen, und ihr Rücken bog sich immer weiter durch. Doch Dominik ließ nicht von ihr ab. Unerbittlich kreiste seine Zunge weiter und verursachte eine Lustwelle nach der anderen. Ihr Körper zuckte elektrisiert. Ohne es zu wollen, hielt sie den Atem an, bis ihr schwarz vor Augen wurde. Dann glitt Dominiks Zunge ein letztes Mal durch ihre Spalte, und er stand schnell auf. Gerade rechtzeitig, um sie abzufangen. Sie sackte ihm entkräftet in die Arme.

Sophia öffnete ihre Augen und lächelte ihn an. Dominik wischte sich den Mund ab und küsste sie zärtlich. »Ich bleib noch kurz hier drin. Ich hab noch was zu erledigen.« Er führte ihre Hand zu seiner Hose. Sein dicker Schwanz beulte die Jeans aus. »Aber ich will dir später unbedingt noch beweisen, dass ich auch gut vögeln kann. Besser als das Teil in deinem Nachttisch.«

Matt antwortete sie: »Ja, das sollten wir wirklich unbedingt checken.« Sie holte tief Luft. »Ich muss das hier noch zu Ende bringen. Also gehst du am besten wieder nach oben und schaust, dass die anderen Kerle nicht durchknallen. In spätestens zwei Stunden bin ich fertig. Warte an der Ecke auf mich. Ich bin mit dem Auto da.«

Dominik nickte. Sie prüfte ihr Aussehen im Spiegel. Dann drehte sie sich um. »Ich glaub, ich nehme den *French-Kiss*-Vibrator aus dem Programm. Keine Frau sollte sich mit so etwas begnügen, wenn es Zungen wie deine gibt.« Sie küsste ihn und schloss ganz leise die Tür hinter sich. Mal sehen, was die anderen Mädels so trieben.

Hart, härter, Stella

»Hallo, Stella.«

»Wie geht's dir, Stella?«

»Stella, sag mal, hat das eigentlich wehgetan, als du vom Himmel gefallen bist?«

»Ist das hier heiß drin, oder bist du das?«

»Glaubst du an Liebe auf den ersten Blick, oder muss ich noch einmal an dir vorbei gehen?«

»Kannst du mir deine Telefonnummer geben? Ich hab meine verloren.«

»Hey, Stella! Eigentlich bin ich ja kein Mann für eine Nacht, aber für dich würde ich 'ne Ausnahme machen.«

Stella kannte alle Sprüche, alle. Es gab nichts, was sie nicht schon mindestens ein Dutzend Mal gehört hatte in den vier Jahren, seit sie ihre Runden durch das Fitnesscenter drehte. Als sie diesen Job angefangen hatte, fühlte sie sich noch geschmeichelt, aber das hat sich mittlerweile gegeben. Heute lechzte sie nach einer originellen Anmache. Sie hatte schon Unmengen an Zetteln mit Telefonnummern zugesteckt bekommen und Visitenkarten in den Taschen ihrer Sweater gefunden. Pro Woche bekam sie sicher eine Einladung zu irgendeiner Party, einem Konzert oder, sofern sich jemand traute, direkt zu werden, auch mal zu einem Abendessen. Und sie wusste immer genau, von wem diese Einladungen kamen.

Da waren die Pumper – Glatze und Tattoo und Muskeln ohne Ende. Aber lass sie einen Dauerlauf machen, und sie fallen tot um. Die Poser – gestählter Körper, schickes Outfit – ließen ihre Muskeln im Spiegel tanzen. Hatte sie nicht gerade irgendwo gelesen, dass Narzissmus und ein hoher Cortisolwert Hand in Hand gingen? Auch ungesund. Dann gab es da die Anti-Sportler, die Midlife-Typen, die nur auf Drängen ihres Arztes kamen, und schnell wieder aufgaben. Oder die Nerds, lichtscheue Geschöpfe, die plötzlich einen Fitnessflash verspürten und in einer Woche alles nachholen wollten, was sie jahrelang versäumt hatten. Beides Herzinfarktkandidaten. Ganz anders die Fitnessmaniacs: Sport war ihr Leben. Besessen, süchtig, abhängig von den hormonellen Ausschüttungen des Leistungssportes. An ihrer Seite war für niemanden Platz. Blieben noch die Sportstudenten, die alles besser wussten als sie. Aber am liebsten waren Stella die Surfertypen: schulterlange, vom Salzwasser gebleichte Haare und gebräunter Teint. Aber die kamen nur selten und höchstens im Winter. Das waren Freiluftfreaks. Die traf man eher an Orten mit hohem Wellengang.

Also hatte Stella sich schon früh in ihrer Tätigkeit als Trainerin abgewöhnt, den diversen Angeboten nachzugehen. Nur letztes Jahr hatte sie mal eine Ausnahme gemacht, als sie eine Flasche Champagner in ihrem Spind gefunden hatte. Daran festgebunden war eine kleine Karte:

Die Austern zum Champagner gibt es morgen
Abend, wenn Du freihast. Ich würde mich freuen,
wenn Du mich auf meiner Dachterrasse besuchst.
Julian

PS: Ich bin der Kerl, den du letzten Freitag zum
Schwitzen gebracht hast. Dafür würde ich mich nur
allzu gern bei Dir revanchieren.

Und Julian hatte auch eine Adresse dazugeschrieben. Sie hatte keine Ahnung, wie er es fertiggebracht hatte, die Flasche in ihren Spind zu schmuggeln, denn ihr Fach war immer abgeschlossen. Aber dieser Einfall hatte sie wirklich neugierig gemacht. Tatsächlich hatte es Austern und noch andere Naschereien auf seiner Dachterrasse gegeben. Und darüber hinaus war es Julian dann auch tatsächlich gelungen, sie ins Schwitzen zu bringen. Die romantische Dachterrasse suchten sie in den kommenden Wochen noch häufiger auf.

Doch dann kam der Herbst, und mit dem letzten Sommertag verschwand auch Julian. Vor fünf Monaten war er weggezogen, nicht nur in eine andere Stadt, nein, es musste gleich ein anderes Land sein. Sie hatten noch ein paarmal telefoniert und gemailt, aber beiden war klar: Zwar verband sie mehr als pure sexuelle Leidenschaft, aber wie sollten sie ihre junge Beziehung per Mailkontakt über Tausende von Kilometern aufrechterhalten?

Seit ihr das klar geworden war, wartete Stella darauf, dass ihr noch einmal jemand wie Julian begegnete: intelligent und witzig, einfühlsam, attraktiv, verwegen, aber vor allem – erkundungsfreudig, was ihren Körper anging, und immer offen für Neues.

Stella seufzte. Hier im Studio gab es Männer im Überfluss, nur war definitiv kein Kerl dabei, der über all diese Attribute auf einmal verfügte. Der eine war witzig, ein anderer intelligent, ein Dritter attraktiv, aber manchmal ergibt die Summe aller Teile kein Ganzes. Es blieben hoffnungslose Fragmente einer schönen Vorstellung. Dabei war die fragwürdige Auswahl schwindelerregend groß. Es war wie ein Freifahrschein für die Achterbahn, und Stella wusste genau, dass ihr davon schwindelig wurde.

Die Sache mit Julian war wirklich zu schade. Sie hatte sogar schon überlegt, ob sie genug Geld für einen Flug nach San Francisco zusammenbekommen würde, doch solange sie noch studierte, musste sie mit dem auskommen, was sie hier nebenbei als Trainerin verdiente. Und das war zu mager, um mal eben für einen guten Fick in die USA zu fliegen. Also machte sie ihren Job so gut wie möglich, immer in der Hoffnung, noch mal einem Mann wie Julian zu begegnen, den es nicht auf einen anderen Kontinent zog.

Sie seufzte und sprang die Treppenstufen hinunter. Mit ein paar aufmunternden Bemerkungen nach links und rechts durchquerte sie den Raum mit den Ausdauergeräten. Im hinteren Bereich lag die »Muckibude«, wie Matthias, ihr Chef, es nannte. Stella nannte diesen Ort »das Spiegelkabinett«. Hier standen die Jungs, die sich gerne dabei zusahen, wie ihre Muskeln anschwollen, wenn sie die Langhantel stemmten. Dass Männer ihren Bizeps küssen, war leider keine Filmplatitüde. Diese aufgeblasenen Anabolikatypen schaufelten sich ihre illegalen Mittelchen rein, als wäre das Zeug Manna, das vom Himmel herabfällt. Im Leben würde sie sich niemals mit einem dieser Typen verabreden. Aber sie wusste, sie kam nicht durch die zehn Meter Fluchtlinie zu den dahinterliegenden Kursräumen, ohne angesprochen zu werden.

Und da war er auch schon, der Star des Tages. Der eine, der es heute bei ihr versuchen würde. Groß, muskelbepackt, aber mit Unterschenkeln wie ein Zwölfjähriger. Stella lächelte zurück, als sie ihn ansah. Es war ihr Job, nett zu den Kerlen zu sein. Nicht zu nett, nur nett.

»Hey Stella, hast du eigentlich am Samstag schon was vor?« Er blieb stehen und kratzte sich. Bemüht unabsichtlich schob er dabei sein T-Shirt hoch, damit sie auf jeden Fall sein Tattoo sehen konnte.

Dirk übte seit Monaten die Arnold-Presse. Seine Trizeps- und Deltamuskeln waren überentwickelt, aber seinem Gehirn würde es nicht schaden, mal an eine elektrische Muskelstimulation angeschlossen zu werden. »Hallo Dirk, ist das etwa ein neues Tattoo?«

»Nein, das hab ich doch schon seit zwei Jahren.« Glücklich darüber, dass sie ihm so viel Aufmerksamkeit schenkte, grinste er sie an. »Ähm ... was meinst du? Hättest du Lust, am Samstag mit mir auf ein Konzert zu gehen? Ein Freund von mir spielt in einer Band. Die sind echt ganz gut.«

»Kommenden Samstag, sagst du? Ach, zu schade. Da muss ich lernen. Nächste Woche sind Prüfungen, weißt du.«

»Dann vielleicht ein anderes Mal.«

»Ja, mal sehen.« Sie drehte sich weg, konnte aber noch genau sehen, wie er ihr sehnsüchtig nachschaute.

Immerhin war Dirk nett. Es gab da auch ganz andere Kaliber. Die Typen, die sauer wurden, wenn sie nicht das bekamen, was sie wollten. Als würde die Frauenwelt nur auf sie warten. Stella ging durch die Gasse mit den schwitzenden Kerlen. Heute war wenigstens keiner von den Hardlinern da. Eine Zeit lang hatte ihr jemand nachgestellt. Damals hatte sie öfter ungeplant ihre Schicht gewechselt, bis der Typ endlich aufgab. Aber auch jetzt konnten einige dieser Exemplare echt nervig sein. Oje, da war ja doch einer von ihnen.

»Stella ... Stella!«

Es half nichts, da musste sie hin. Das gehörte zum Job. »Na, Manfred. Was macht dein Rücken? Wieder besser?«

»Mein Rücken? Aber ich hab doch nix mit dem Rücken.«

»Ach, dann hab ich dich verwechselt.« Stella grinste innerlich. Direkt mal klarstellen, dass er nicht Mister Wichtig war. »Was gibt es denn?«

Leicht angesäuert blickte Manfred von seinem Gerät hoch. Er saß in der Beinklemme, und Stella wusste genau, was er wollte. Manfred würde vorgeben, dass er wieder vergessen hatte, welche Muskelgruppen diese Übung beanspruchte, und er spekulierte darauf, dass sie ihn am nackten Oberschenkel anfasste, um es ihm zu demonstrieren. »Ich hab hier am Knie Schmerzen seit einiger Zeit. Soll ich da wirklich diese Übungen machen?«

»Das kommt darauf an, welche Art Schmerzen du hast.« *Sicher nicht solche Kopfschmerzen wie ich von deinem Gesülze.*

»Kannst du nicht mal gucken? Bevor ich was falsch mache? Du kennst dich doch da aus. Ihr nehmt doch im Sportstudium auch die typischen Verletzungen mit ihren Symptomen durch, oder?«

Stella seufzte. *War ja klar.* »Eigentlich solltest du damit besser zum Arzt gehen.«

»So schlimm sind die Schmerzen nun auch nicht. Kannst du das nicht ganz schnell checken, damit ich hier weitermachen kann?« Ein übertriebenes Brustwarzenpiercing schimmerte durch sein enges Shirt.

Stella schloss die Augen. Was sollte sie machen, damit der Typ sie endlich in Ruhe ließ? Sie durfte nicht unhöflich werden, denn er war ein Kunde. Trotzdem wurde sie hier nicht fürs Betatschen bezahlt. »Sind wir das nicht letzte Woche schon mal durchgegangen?«

»Nein, da musst du dich vertun. Wahrscheinlich war das der Typ mit den Rückenschmerzen.« Manfred grinste bauernschlau.

Mist, ein direkter Boomerang. Schnell ließ sie ihren Blick durch den Raum schweifen. Keiner ihrer männlichen Kollegen war in der Nähe. Sie musste wohl selbst ran. »Dann zeig mal, wo genau sitzt der Schmerz?«

Manfred spreizte die Beine und legte seine Hand auf das rechte Knie. »Eigentlich der ganze Bereich hier.« Seine glänzenden Sportshorts spannten sich über seinen Oberschenkeln. Ein Hauch von altem Schweiß stieg auf.

»Da würde ich vorsichtig sein. Das könnte ein Kreuzbandriss sein.«

Eine unbekannte Stimme drang von hinten an Stellas Ohr. Dankbar drehte sie sich um. Er war es! Er war noch nicht sehr lange Mitglied, aber Stella hatte ihn bereits kennengelernt. Sie lächelte ihm zu, aber er schaute ganz neutral auf Manfreds Oberschenkel. »Soll ich mal schauen? Ich bin Physiotherapeut. Ich kenn mich da aus.«

Stella blickte von ihm zu Manfred. Der zuckte zusammen, als der Fremde seine Hände weit oben auf die Oberschenkel legte und langsam an seinen Beinen entlangstreifte. »Tut es hier weh? Dann sind es die Abduktoren, oder etwa da, an den Adduktoren? Tut es nur weh, wenn du die Beine auseinanderpresst?«

Manfred riss seine Beine beiseite. »Nee, ist ja nicht so schlimm. War ja nur vorsichtshalber.« Beleidigt blickte er von dem Kerl zu Stella und zurück. So als könnte sie etwas dafür, dass er sich dazwischengedrängt hatte.

»Na, umso besser. Dann bist du ja putzmunter und gesund.« Stella trat einen Schritt zurück und wandte sich zu ihrem Helfer. »Danke für deinen fachlichen Rat.«

»Gern geschehen. Jederzeit wieder.« Der Typ warf einen belustigten Blick auf Manfred, der sich jetzt umständlich aus dem Gerät pellte.

Stella blickte den Physiotherapeuten an. Er war ihr schon ein paarmal aufgefallen. Wie hieß er noch – Andreas, nein, Anton? André! Ein androgyner Typ. Wenn sie jemals einen Mann getroffen hatte, auf den das Adjektiv metrosexuell passte, dann war er es. Erst hatte sie ihn für einen typischen Poser gehalten, aber er stand eigentlich nie vor dem Spiegel. Dann war sie sich sicher gewesen, dass er schwul sei. Aber nachdem sie ein-, zweimal mit ihm rumgeschäkert hatte, hatte er sie ganz unverblümt angebaggert. Dann war er vielleicht doch nicht schwul. Aber vor lauter Schreck über ihren Irrtum hatte sie ihn erst einmal abblitzen lassen und es hinterher bereut. Dabei war er das perfekte Pulstraining für sie. Immer wenn sie ihn sah, lief ihr Herzschlag auf Hochtouren. Und jetzt entpuppte er sich als Retter in der Not. Aber wie sanft seine Hände an den Männerbeinen herabgeglitten waren. War er doch schwul? Na, egal. Im Spiegel sah sie, wie Paulchen Grauer Panther den Raum betrat, ein grapschender Endfünfziger. Jetzt nichts wie weg hier.

Stella schwitzte nach. Sie hatte gerade zwei Kurse Steppaerobic hinter sich und war durstig. An der Vitaminbar mischte sie sich schnell ihren Spezialdrink und setzte sich vor der Theke auf einen Barhocker. Ein Mitglied nach dem anderen verließ das Fitnesscenter. Die Teilnehmer vom letzten Kurs, fast ausschließlich Frauen, stürmten aus der Umkleide, frisch geduscht, abgekämpft und glücklich, Stellas hartes Training durchgehalten zu haben.

»Bis nächste Woche ... Bis dann ... Ja, dir auch einen schönen Abend.« Ein Mann kam aus der Umkleide, sah Stella allein an der Bar sitzen, stockte kurz und überlegte wohl, ob das seine Chance bei ihr war, aber sie gähnte demonstrativ. Und dann kam schon die letzte Frau aus der

Umkleide, und der Moment war vorbei. »Tschö, Stella«, rief er und hielt der anderen Frau höflich die Tür auf.

Noch einmal ging die Tür auf. André erschien, aber er war im Bademantel. Erstaunt schaute er sich um, als er Stella allein an der Theke sitzen sah. »Ist etwa schon Schluss? Ich dachte, es wird erst um elf zugemacht.«

»Keine Eile. Du hast noch genau ... fünfunddreißig Minuten. Es ist Sonntag. Da leert es sich immer früh.« Über den Rand ihres Glases hinweg begutachtete sie, was sie dort sah. André trug einen blauen Bademantel, darunter schien er nackt zu sein. »Warst du in der Sauna?«

Er nickte. »Ich weiß, man muss hier vorne bekleidet erscheinen, aber ich wollte mir nur schnell was zu trinken holen.«

»Was willst du denn?«

»Johannisbeerschorle.« André stand an der Theke. Dass sein halb offener Bademantel mehr von ihm preisgab als erlaubt, scherte ihn dabei offensichtlich nicht.

Johannisbeerschorle – das Lieblingsgetränk von Julian. »Ich mach dir eine. Geh ruhig zurück in den Ruheraum. Ich bring sie dir gleich.« Schon stand Stella hinter der kleinen Theke. »Ach, kannst du mal schauen, ob da noch jemand in der Männerumkleide ist? Eigentlich müssten alle weg sein, oder?«

»Ich glaub, ich bin der Letzte. Aber ich guck mal.«

Als die Tür zur Männerumkleide ins Schloss fiel, wischte Stella sich die Stirn ab. Verführerisch, die ganze Situation. Sie ertappte sich beim Gedanken daran, die Vordertür abzuschließen und sich ganz ungestört einem Schäferstündchen mit André hinzugeben. Aber wenn er jetzt doch schwul war? Seine sanften Hände heute auf Manfreds Schenkel. Im Geiste sah sie schon, wie diese Hände auf ihren Oberschenkeln lagen. Verdammt. Julian war schon so lange her. Sie konnte sich gut und gerne mal wieder auf ein Abenteuer einlassen.

Durch die Frauenumkleide gelangte sie in den Saunabereich. Da lag er auf einer der Ruheliegen, die Augen geschlossen, der Bademantel noch immer halb offen, als wüsste er nicht ganz genau, dass sie alleine waren. Was hatte er letzte Woche gesagt, als sie noch vollkommen überzeugt davon war, dass er schwul sei? *Du hast einen tollen Körper. So muskulös und doch so weich. Alleine dich anzuschauen erotisiert mich.* Würde das nicht auch ein Schwuler sagen können? *So muskulös.* Verdammt noch mal. Wie peinlich wäre das denn, wenn sie zwischen all den lechzenden Heteros hier ausgerechnet einen Schwulen anbaggern würde. Als sie näher trat, öffnete er die Augen und setzte sich auf. Er massierte sich den Nacken.

»Was denn? Ein Physiotherapeut, der Verspannungen hat?« Sie hielt ihm das Glas hin.

Er griff zu. »Ich bin kein Physiotherapeut.« Mit einem schelmischen Grinsen trank er das Glas halb leer.

»Du bist gar kein ...?«

»Sagen wir mal so: Ich kenn mich wirklich gut mit dem menschlichen Körper aus und weiß genau, was ihm guttut. Deinem Körper, meinem Körper ...« Sein Blick wanderte über ihre eng anliegende Sportbekleidung. »Aber verrate es Manfred nicht. Der wäre sicher sehr enttäuscht, dass seine Nummer nicht funktioniert hat.«

»Ah, du hast es direkt geblickt. Wie clever.«

»Du hast mir einfach leidgetan.«

Stella blickte ihn an. Er bot einen geradezu berauschenden Anblick. Wenn es so etwas wie das Klischee einer verführerischen Frau gab, dann lag sie halb bekleidet auf einem Sofa, ihre Arme offen, ihre Beine leicht gespreizt, und betörte mit ihrem Blick durch halb geöffnete Augen.

Und genau so sah André im Moment aus. Halb zurückgelehnt, das Glas noch in der Hand, ein Bein angewinkelt, das andere lässig von sich gestreckt, blickte er zu ihr hoch. Unergründlich.

Für einen Moment war sie vollkommen gefangen von seinem Blick. Dann riss sie sich los und drehte sich weg. *Okay, ich mach's. Ich frag ihn. Was frag ich ihn? Wie frag ich ihn nur, dass er mich nicht auslacht?* »Dann stehst du also nicht auf Manfred?«

Er lachte lautlos.

»Ich dachte nur. Du hast ... Deine Hände waren so sanft.«

»Eigentlich willst du doch wissen, ob ich auf dich stehe, oder?« Er schlug seinen Bademantel nun ganz zurück und legte seinen Schwanz frei. »Ich denke, das sollte Antwort genug sein.« Sein Prachtstück stand aufrecht. Seelenruhig stellte er das Glas auf den kleinen Tisch neben sich. »Ich nehme an, du bekommst haufenweise solche Angebote. Ich hätte nicht von alleine damit angefangen, wenn ich nicht den Eindruck hätte, du seist ... interessiert.«

»Du bist gar nicht schwul.«

Mit einem Ruck stand er vor ihr und ließ den Bademantel über seine Schultern gleiten. »Ich würde sagen, ich bin offen für alles, was Spaß macht.«

»Und ich dachte, ich kenne die Männer.«

»Nun, ich bin eben anders als die meisten.« Er trat näher an sie heran, und sein Gesicht war nur noch eine Handbreit von ihrem entfernt. »Ich glaube, ich kenne die Frauen gut genug, um das hier machen zu dürfen.« Er beugte sich weit vor. Ganz leicht berührten seine Lippen ihre, dann zog er sich zurück. »Nun, keine Ohrfeige, kein empörter Aufschrei? Dann versuch ich es noch mal.«

Als er Stella in seine Arme nahm, spürte sie seinen Schwanz an ihrer Hüfte. Zwischen ihren Beinen wurde es warm. Es war genau das, was Stella gewollt hatte, und er hatte es getan, bevor sie daran gedacht hatte. *Grandios.* Sie packte ihn am Hintern und zog ihn näher zu sich heran. Ihre Münder gaben leise Geräusche von sich.

Er rieb sich an ihr, und während er leise stöhnte, wanderten seine Hände unter ihr enges Tanktop, schoben es langsam in die Höhe und legten ihren BH frei. »Ich seh ja ein, dass du einen Sport-BH tragen musst, aber in der Welt der Erotik sind diese Dinger echte Panzerschränke.« Er strich mit seinen Daumen über ihre Nippel. »Es dauert ewig, bis ich dich da herauskriege.« Seine Hände wanderten tiefer, schlüpften unter ihre Gymnastikhose und packten sie bei den Pobacken, so wie sie es vorher bei ihm getan hatte. »Ein Baumwollslip. Hätte ich mir denken können.«

»Ich hab auch so schon genug Fans, ohne dass sich unter der engen Kleidung Luxusdessous abzeichnen.«

»Wohl wahr«, seufzte er. »Ich beschwer mich auch gar nicht. In zwei Minuten werde ich ohnehin nicht mehr daran denken, was du getragen hast.«

Stella spürte, wie er anfing, ihr die Hose runterzuziehen, als sie ihm Einhalt gebot. »Draußen ist noch die volle Festtagsbeleuchtung an. Und gelegentlich kommt mein Chef abends noch mal vorbei. Ich mach schnell alles aus und steck den Schlüssel ins Schloss. Dann sind wir ungestört.« Sie löste sich aus seiner Umarmung.

Er trat einen Schritt zurück. »Kein Problem. Ich warte hier.«

In Windeseile war sie draußen, holte den Hauptschlüssel aus der Schublade und schloss ab. Solange der Schlüssel im Schloss steckte, würde niemand reinkommen können. Sie flitzte nach oben. In den oberen Kursräumen waren die Fenster noch gekippt. Schnell zog sie alles zu und raste durch den Raum, in dem die Cardiotrainer, Laufbänder und Crosstrainer standen. Hier war alles okay. Im Nu waren alle Lichter aus. Jetzt blieben nur noch unten die Muckibude und der Bereich mit den Fitnessgeräten. Eilig sprang sie die Stufen hinunter, lief an der Theke vorbei und wollte gerade das Licht in dem großen Raum ausmachen, als sie wie vom Blitz getroffen stehen blieb.

»Ich hab dich von draußen gesehen.« Er saß auf einem der Fitnessgeräte.

»Julian?!«

»Ich wusste, dass du heute Abend hier sein würdest.«

»Ich bin ...«

»Überrascht? Das war ja der Plan.« Schnell stand er auf und war mit wenigen Schritten bei ihr. Seine Arme ließen ihr gar keine Wahl. Er presste ihren gesamten Körper an sich. Stella spürte seinen harten Schwanz. Wären sie beide nicht noch angezogen gewesen, er hätte sofort in sie eindringen können. Aber so rieb er sich nur an ihrem Venushügel. Irgendwie kam die Stellung Stella gerade ausgesprochen bekannt vor.

»Weißt du, wo wir beide es tatsächlich noch nie gemacht haben?«

»Ich ...« Was sollte sie nur machen? Himmel, es war Julian. Julian! Der Retter der Frustrierten. Der König des Küchentisches. Der Gott der Lustspiele.

»Wir haben es noch nie auf einem dieser Geräte gemacht. Ich will dich. Ich hab mich so sehr danach gesehnt, deinen Schweiß zu riechen, deine Haut zu lecken.« Er fingerte an seinem Reißverschluss herum und zerrte sich die Hose über die Hüften. »Ich konnte den ganzen Flug über an nichts anders denken als daran, was ich alles mit dir machen werde.«

Stella war froh, dass er sie stürmisch küsste, denn so brauchte sie nicht sofort zu antworten. Und ehrlich gesagt, war ihr gar nicht danach, ihn in irgendeiner Weise abzulehnen. *O Mensch. Da darbt man nun fünf lange Monate, und dann so was.* Seine Hand glitt in ihre Hose und fand sofort den Weg in ihren Schlitz. Stella sog scharf die Luft ein. Ihre Knie knickten weg.

»Wow, Stella. Du scheinst aber auch auf mich gewartet zu haben. Klitschnass in weniger als dreißig Sekunden. So schnell waren wir noch nie. Ich will verdammt sein, wenn ich dich nicht sofort um den Verstand vögle.« Schon schnellte sein Schwanz aus der Hose.

»Warte ... warte. Ich bin ... Lass mich überlegen.« *Wie sollte sie denn das bitte zustande bringen?* Seine Finger rieben über ihre Perle. Sie war wahnsinnig geil. Nur im Hinterkopf pochte die Gewissheit, dass hier jede Sekunde ein weiterer Typ mit aufgerichtetem Schwanz hereinspazieren würde, wenn sie nicht bald zurückging. Sie hielt Julians Hand am Gelenk fest. Doch er ließ sich nicht beirren. Irgendwie schaffte er es, seine Finger weiter in ihrem Dreieck zu behalten, und irgendwie schaffte sie es nicht, sie dort herauszubekommen.

»Nicht jetzt ... Ich muss ... dringend ...«

»Dringend von mir gevögelt werden. Das wolltest du doch sagen, oder?« Unbeirrt kreiselte sein Zeigefinger weiter, und jetzt hielt Stella sein Handgelenk schon mit ihren beiden Händen. Aber statt die Hand wegzuziehen, drückte sie sie näher ran. »Nein ... ich ... muss ... ganz ... dringend ...« *Was wollte sie noch mal sagen?* Sie kippte ihr Becken nach vorne.

Abrupt hörte der Finger auf. »Na, wenn du musst, dann musst du.« Er zog seine Hand aus ihrer Hose und leckte seinen Finger ab. »Hm, noch immer mein süßes Mädchen.« Als er sie küsste, schmeckte er nach ihr. »Ich will dir ja nicht unser Wiedersehen vermiesen. Dann geh mal. Ich hab zwölf Stunden über den Wolken gewartet, ich schaff auch noch weitere fünf Minuten. Aber keine Sekunde länger.«

»Ich mach auch noch alles aus. Und schließ ab. Okay?« Sie drückte ihn etwas unsanft auf eine von den dicken Polsterrollen, die praktisch an jedem Gerät angebracht waren. »Und du wartest genau hier auf mich. Genau hier! Das hab ich mir schon immer erträumt.«

Schon war sie zur Tür raus. *Keine Sekunde länger.* Es klang scherzhaft, aber Julian hatte ja keine Ahnung, wie ernst Stella seine Drohung nahm. Sie sprintete vorbei an der Theke, durch die Frauenumkleide in den Saunabereich und kam abrupt zum Stehen.

»Wir müssen das hier verschieben. Ich würde ja gerne ... Aber mir ist eben noch eingefallen ...« Wo war André? War er doch gegangen. Obwohl sie irgendwie erleichtert war, kam sofort ein Gefühl des Bedauerns auf.

Plötzlich schlangen sich von hinten Arme um sie, und während sie Andrés Zunge an ihrem Hals spürte, fuhren vorne zwei Hände an ihrem Bauch entlang. »Ich werde das hier auf keinen Fall verschieben. Und du auch nicht.« Zwei Finger fuhren in ihre Hose und sofort zwischen ihre Schamlippen. Sie nahmen ihre Perle in eine sanfte Zange. »Wetten? Wetten, dass du nichts verschieben willst.«

Stella ließ ihren Oberkörper nach hinten fallen. »O Gott. Du hast ja so recht.« *Was wollte sie gerade noch sagen?* Er rieb ihre kleine Eichel so sanft, so zart zwischen seinen beiden Fingerkuppen, dass sie glaubte, vor Lust umzukommen.

Sie atmete heftig. »Wir holen das ... das in ... aller ... Ruhe ... nach.« Sie war schon so weit. Und André wusste das. Während er mit der einen Hand weitermachte, zog er ihre Hose über die Hüften. Mit einem Ruck war auch ihr Slip auf den Oberschenkeln. Sie spürte seinen Schwanz an ihren Arschbacken.

»Nein ... Wir müssen es verschieben. Ich hab gerade ... auf dem Plan gesehen ... Matthias, mein Chef, kommt immer am Sonntagabend noch vorbei. Wir haben keine Zeit mehr.«

»Und wenn wir uns furchtbar beeilen?«

»Er kann jeden Moment kommen.«

»Ich könnte hier auf dich warten. Du hast doch die Schlüssel. Du kommst danach einfach wieder zurück.«

»Nein, die Alarmanlage ...« *Lass dir was einfallen. Lass dir was einfallen!* Ein Lächeln huschte über Stellas Gesicht. Sie hatte eine Idee. Sie würde Julian zu sich nach Hause schicken. Dort würden sie heute Nacht ohnehin landen. »Ich weiß was. Ich ruf ihn an. Ich lass mir einen Vorwand einfallen, und dann frag ich ihn, ob er noch kommt, okay?« Sie schob André sanft von sich. »Okay? Es dauert vielleicht ein paar Minuten, aber dann haben wir Sicherheit. Ein paar Minuten, okay?«

»Okay! Ein paar Minuten.«

Mit einem Satz war sie zur Tür raus und hastete leise zu ihrem Spind. Sie griff sich ihre Haustürschlüssel und raste an der Theke vorbei rüber in den Hauptraum. Julian war bereits nackt. Gerade zog er sich das T-Shirt über den Kopf.

»Nein, nicht.« Etwas außer Atem kam sie zum Stehen und sammelte schon seine Sachen ein. »Ich hatte ganz vergessen, ich muss hier noch was erledigen. Hier sind meine Schlüssel. Du gehst einfach schon mal vor, in meine Wohnung. In spätestens einer Stunde komme ich nach.«

»Was ist denn so wichtig?« Er nahm ihr die Sachen aus der Hand und ließ sie wieder zu Boden fallen.

»Ich hab ein wichtiges Gespräch.« Wieder hatte er sie gefangen genommen. Seine Hände waren überall.

»Jetzt? Mit wem hast du denn jetzt noch ein wichtiges Gespräch?« Auch er zog ihr die Gymnastikhose runter.

»Mit ... mit meinem Chef!« Oje. Gefährliches Fahrwasser. Sie log noch schlechter, als sie kochte.

»Ein Gespräch, mit Matthias? Sonntagabends um elf Uhr? Das muss aber was sehr Dringendes sein.« Ihr Slip rutschte immer tiefer.

»Er ist sauer auf mich.« Sie fingerte an ihrem Slip herum, aber da entglitt er ihr und rutschte auf den Boden.

»Warum?« Sie spürte, wie sein Schwanz in ihrer Spalte vor- und zurückglitt. Jetzt war es gleich soweit.

Improvisieren, Stella, improvisieren! »Ich kann es mir nicht leisten, meinen Job zu verlieren.« Ihre Hände suchten nach seinen Schultern. Sie musste ihn von sich drücken.

»Was ist denn so schlimm, dass du deinen Job verlieren könntest?« In einer schnellen Bewegung drehte Julian sie um und stieß zu. Sein Schwanz glitt in ihr Loch, und Stella stieß einen spitzen Schrei aus. Ihre Hände krallten sich an einer zweiten Polsterrolle fest.

»Er glaubt ... ich ... mach hier ... mit Typen rum.«

»Aber du machst doch hier mit Typen rum. Wenigstens mit einem.« Julian stieß rhythmisch zu seinen Worten zu.

»Umso schlimmer, wenn ... wenn er mich jetzt hier mit dir erwischt.«

»Du brauchst diesen Job wirklich, oder?« Stella hatte den Eindruck, dass selbst sein Schwanz Bedauern ausdrückte, als Julian aufhörte, sich zu bewegen.

Genau in diesem Moment hörten sie, wie eine Tür ging. Und schon kam ein Mann um die Theke.

»Stella, wir können doch auch einfach ...« Der nackte Mann kam näher und blieb dann mit aufrecht abstehendem Schwanz am Übergang in den Trainingsbereich stehen.

»Das ist doch gar nicht Matthias ... Und er ist nackt! ... Und er hat einen Ständer!!« Julians Schwanz war tief in ihr, als er mit einer ungewohnt rauen Stimme seine Überraschung artikulierte.

Jedes einzelne Wort von Julian schmerzte in Stellas Ohren.

Auch André schaute verdutzt auf das Bild, das sich ihm bot. »Hier steckst du also!«

Noch immer aufgespießt breitete Stella ihre Hände aus. »Ich weiß, es ist schlechtes Timing. Aber ich hab keinen von euch beiden heute Abend hier erwartet.« Ihre Worte waren mehr gehechelt als gesprochen.

Über ihren Rücken schaute Julian verdutzt zu André. »Es tut mir leid ... Ich wusste ja nicht, dass du einen Freund hast ... Ich wollte mich echt nicht in ...«

»Nein, aber so ist es doch gar nicht.«

Auch André schüttelte den Kopf. »Ich wollte hier nicht in was reinplatzen ... in das ich ganz definitiv reingeplatzt bin.« Er klang jetzt gar nicht mehr so irritiert und kam plötzlich näher.

»Stella, Stella. Du lässt dich von diesem Typ vögeln, obwohl du genau weißt, dass ich drüben auf dich warte. Wie unartig du bist.« Er stand nun vor ihnen und ließ seinen Blick süffisant über ihre Körper laufen. »Das gefällt mir. Unartige Mädchen gefallen mir sogar sehr. Und unartige Jungs auch.«

Stella war überrascht. »Ich dachte, du bist nicht schwul.«

André schüttelte leicht den Kopf. »Ich hab gesagt, ich bin offen für alles, was Spaß macht.« Sein Schwanz wippte ganz leicht auf und ab, und für einen Moment sagte niemand was. Dann streckte er die Hand aus und tastete sich zwischen ihre Beine. Seine Finger glitten über ihre Perle.

Stella stöhnte leise. Julian wartete ab, doch als Stella nicht protestierte, fing er plötzlich an, wieder zuzustoßen.

Sie hörte noch, wie einer der beiden sagte: »Deswegen warst du so feucht«, aber wusste schon nicht mehr, wer von beiden es war. Julian *UND* André, das war definitiv zu unglaublich, um es sich überhaupt vorstellen zu können. Julians Schwanz stieß immer tiefer zu, und Andrés Finger verbrachten wahre Kunststücke. Ihre Hände krallten sich in den lederüberzogenen Schaumstoff, bis ein langer Schrei ertönte. Dann sackte sie nach vorne.

Benebelt nahm sie war, wie sich eine Hand zwischen ihren Po und Julians Bauch herunterdrängelte. Obwohl sein Schwanz noch immer in ihr war, war da eine fremde Hand zwischen ihren Körpern. Julian stöhnte jetzt auch.

André! Was machte er nur? So wie er zuvor mit ihrer Lust gespielt hatte, spielte er nun mit Julian. Und obwohl Julian nie davon gesprochen hatte, dass er Sex mit Typen hätte, konnte sie sich vorstellen, dass er jetzt und hier ... mit André an der Percussion ... nicht abgeneigt war, neue Erfahrungen zu machen.

Stella hob ihren Kopf. Julians Schwanz flutschte aus ihr heraus, und sie drehte sich um. Sofort ging André in die Knie und schluckte Julians Schwanz. So sah es jedenfalls aus, denn der Schwanz verschwand tief in seinem Mund, bis zu den Eiern.

Julians Pupillen wurden mit einem Schlag noch größer, als sie ohnehin schon waren. Andrés Haarschopf begann, sich vor- und zurückzubewegen.

An Julians Gesichtsausdruck war zu erkennen, dass André auch dieses Metier beherrschte. Mit beiden Händen hielt Julian sich an dem Gerät fest, als der Rhythmus immer schneller wurde. Stella war gefangen von diesem Bild. Doch plötzlich stoppte André und entließ den Schwanz aus seinem Mund.

»Ich will dir ja nicht den ganzen Spaß verderben, Stella. Dieser Schwanz gehört schließlich dir.« Er stand auf. »Aber wenn du erlaubst, Stellas Nicht-Freund, werde ich dir ein wenig zur Hand gehen.« Schon lehnte er sich hinter Julian an das andere Schaumstoffpolster und zog ihn an den Hüften zu sich heran.

»Schon mal von 'nem Mann gefickt worden?« André fühlte sich anscheinend sehr wohl in dieser Konstellation. In der einen Hand hielt er Julians Schwanz fest umschlossen, während er mit der anderen über seine eigene Eichel rieb.

»Nein.«

»Lust drauf?«

»Wenn du das so gut kannst wie lecken, dann lass ich es auf einen Versuch ankommen.«

»Stella, ich darf doch mal. Du bist so herrlich nass.« Mit einem Griff war er zwischen ihren Beinen und machte sich die Finger mit ihrem Saft nass. Dann verteilte er ihren glitschigen Saft auf seinem Schwanz und griff nach Julians Pobacken.

»Es tut nur am Anfang ein wenig weh, aber das kennst du ja bestimmt. Sicher hast du es schon mal bei einer Frau gemacht.«

Julian antwortete nicht, sondern konzentrierte sich nur auf das Gefühl. Stella griff zu seinem Schwanz. In dem Moment, in dem André zustieß, wurde der Schwanz noch härter. Stella war fasziniert. Ein Geräusch entfuhr Julians Mund, es konnte Schmerz sein oder Lust, oder lustvoller Schmerz.

André hielt inne. Er verteilte Spucke auf seinem Schwanz, und ganz langsam drückte er ihn nun tiefer. »Fantastisch ... Jetzt gleich ... jetzt gleich ... gleich bin ich ... ganz drin.«

Schweißperlen standen auf Julians Stirn. Er hatte seine Augen aufgerissen und starrte Stella an. Sie hielt seinen Schwanz noch immer in der Hand, und jetzt spürte sie den Rhythmus, in dem André seinen Schwanz in Julians Loch versenkte. Sie ging mit. Sie war fast neidisch auf Julian, so sehr schien es ihn anzutörnen.

Endlich kam ihr der Gedanke. Sie drehte sich wieder um und drängelte ihren Po Julians Schwanz entgegen. Ganz langsam stieß er zu, nein, nicht er stieß zu. André stieß zu. Und mit jedem Stoß versenkte sich Julians Schwanz tiefer in ihrer Möse. Andrés Stöße kamen immer fester.

Stellas Venushügel drückte sich gegen die Polsterrolle. Das Kunstleder wurde immer feuchter und glitschiger und rieb über ihre Perle, jedes Mal, wenn sie dagegen gestoßen wurde. Es dauerte keine drei Minuten, da kamen sie alle drei, kurz nacheinander.

»Wow!«, war das erste Wort. Julian hatte es gesagt, als endlich alle wieder atmen konnten. »Wow!«

»Ja, echt wow!« Stella war vollkommen fertig. Fünf Monate leere Ödnis, und jetzt das. Das menschliche Knäuel löste sich auf, und André blickte auf die nasse Polsterrolle.

»Deinen Geruch kriegst du da nie wieder aus. Wenn Manfred und all die anderen Männer das jetzt auch noch jeden Tag riechen müssen, dann wirst du keine ruhige Minute mehr haben. Ich weiß, ich werde dir keine ruhige Minute mehr lassen.«

Süße Versuchung

Keinen BH, keinen engen Slip, am besten gar keinen Slip zu tragen, und dann nur ein weites Oberteil und locker sitzende Leggings – das war angesagt, wenn man zu einem Fotoshooting ging, bei dem viel Haut gezeigt werden sollte. Und Alina wusste, dass sie heute viel Haut zeigen würde. Als professionelles Dessousmodel trug sie an einem solchen Tag nichts, was Streifen oder Druckstellen auf der Haut hinterließ. Obwohl sie schon so eine Ahnung hatte, dass es noch Stunden dauern könnte, bis die ersten Fotos gemacht wurden.

Nicole, die Koordinatorin ihrer Agentur, hatte etwas von einer Bodypainting-Aktion gesagt, wobei sie nicht mit Farbe, sondern mit Nahrungsmitteln angemalt werden sollte. Bodypainting hatte sie vor drei Jahren schon mal gemacht, aber da war es für eine Freundin gewesen, und sie hatten jede Menge Sekt und Spaß. Das war hier nicht zu erwarten. Die Bezahlung war eher mittelmäßig, und die Fotos würden nachher auch in keinem angesagten Modejournal veröffentlicht werden, sondern lediglich in einem Werbeprospekt für ein Restaurant erscheinen, wenn sie Nicole richtig verstanden hatte. Alina hatte den Job nur angenommen, weil Patric als Fotograf gebucht war. Sie wollte schon lange mit ihm zusammenarbeiten. Patric war ein sehr guter Fotograf und ein netter Kerl. Aber ausschlaggebend war: Er passte genau in ihr Beuteschema. Sie würde die Fotos mit ihm auch machen, wenn sie nie erscheinen würden, einzig und alleine aus dem Grund, weil sie Patric damit endlich besser kennenlernen durfte.

Alina hatte einen leichten Bademantel aus Seide mitgebracht, den sie sich jetzt überzog. Sie kannte das: warten, sitzen, hinstellen und ausleuchten. Und sie wollte nicht die ganze Zeit nackt vor den Kerlen da draußen rumhüpfen. Sie zog den Vorhang der Umkleidekabine beiseite und schaute in den Raum. Patric stand mit dem Rücken zu ihr, breitbeinig und mit vor der Brust verschränkten Armen ein paar Meter von ihr entfernt. *Breite Schultern und geiler Knackarsch. Köstlich.*

Sie stellte sich neben ihn. Patric beobachtete mit kritischem Blick, was der Auftraggeber und sein junger Gehilfe alles in sein Atelier schleppten. Große Schachteln aus Styropor, als hätte jemand ein Festtagsmenü für hundert Personen beim Billig-Chinesen geordert. Eine ganze Ecke war schon vollgestellt.

»Das wird nix. Das sag ich dir gleich«, murmelte Patric leise, ohne den Blick von dem älteren Herrn zu nehmen.

»Glaubst du? Mach mir keine Angst. Ich habe keine Lust, mich stundenlang anmalen zu lassen für nix und wieder nix.«

»Der spart an allem. Immerhin ist er nett und nicht aufdringlich. Aber professionelle Werbung sieht anders aus. Wenn es schon so losgeht, dann endet es meistens nicht besonders. Ich kenn das.«

»Was genau soll hier eigentlich passieren?«

»Er macht einen neuen Laden auf. Und für den Anfang hat er sich gedacht: *Sex sells.* Aber statt Profis ranzulassen, macht er alles selber.«

»Das heißt, er schmiert mich mit Rahmsoße à la Jäger-schnitzel ein und garniert mich mit Petersilie? Alina an Rotkohl mit Kartoffelgratin?«

»So in der Art. Nur geht es um belgische Süßwaren. Pâtisserie.« Patric seufzte kummervoll. »Es gibt extra Food-stylisten, die genau wissen, wie man so etwas ins richtige Licht setzt, aber er will ja unbedingt Geld sparen. Ich hab jetzt schon keine Lust mehr.«

»Schade«, beklagte Alina zweideutig.

Endlich drehte er sich zu ihr um, und sein Blick fiel direkt auf ihr Dekolleté. »Na, vielleicht hab ich doch grad wieder Lust bekommen.«

Gespielt verschämt raffte Alina die beiden Seiten ihres Bademantels zusammen. Doch er grinste sie frech an. »Gib dir keine Mühe. In spätestens einer halben Stunde sehe ich deine Brüste sowieso, und wahrscheinlich noch viel mehr.«

»Hey, wir sind hier wegen des Jobs.«

Patric zuckte lakonisch mit den Schultern. »Um uns beide mach ich mir keine Sorgen. Wir sind Profis. Aber der da ...«

Der ältere Herr schien endlich alles ausgeladen und aufgestapelt zu haben, was er brauchte. Er steuerte auf sie zu, während der Gehilfe im Hintergrund die ersten Styroporschachteln öffnete und einige weitere Utensilien aufbaute.

»Ah, Mademoiselle. Sie müssen das Model sein. Mein Name ist François Chevalier.« Er streckte Alina zuvorkom-mend die Hand entgegen. Er war klein, ziemlich rund-lich und hatte kaum noch Haare. Aber dafür hatte seine Stimme einen aparten französischen Einschlag.

Zögernd ergriff sie die Hand. Doch als er einen Kuss auf ihren Handrücken hauchte, lächelte sie überrascht.

Wie charmant. Das hatte noch nie jemand bei ihr gemacht. Mit einem ehrlichen Lächeln antwortete sie: »So ist es. Nennen Sie mich in den nächsten Stunden einfach Alina. Apropos, was glauben Sie, wie lange es dauern wird?«

»Nun, ich werde so schnell machen, wie es geht, aber Qualität braucht seine Zeit. Haben Sie schon besprochen, was ich mir vorstelle?«

Patric nahm Alina am Arm. »Ich wollte ihr gerade den Aufbau erklären. Komm mit.« Sanft zog er sie zu der Ecke mit den verschiedenen Hintergründen. »Hier werden wir die Fotos machen. Unser einziges Accessoire.«

Er sagte das mit einem so bedauernden Ton, als wollte er sich persönlich bei ihr dafür entschuldigen. Alina blickte auf eine große weiße Chaiselongue, ein Sofa, das sowohl Sitz- als auch Liegemöbel war. Die große Sitzfläche wurde hinten nur zur Hälfte und nur an einer Seite von einer geschwungenen schrägen Armlehne begrenzt. Alina nickte verstehend.

»Ich weiß, es ist etwas karg, aber wir gehen doch sowieso meistens in die Nahaufnahme, oder?« Chevalier stand nun direkt hinter ihnen und klang leicht verlegen.

»Sicher. Ich hol alles aus den Fotos raus, was geht. Sie bringen mir einfach nur das Motiv.« Patric drehte sich weg, sodass Chevalier sein Gesicht nicht sehen konnte. Er verdrehte amüsiert die Augen, als er laut zu Alina sagte: »Nicht wahr, wir machen das Beste draus?«

»Ganz sicher.« Alina lächelte Chevalier zuversichtlich an. Sie würde das hier unter *Gute Tat des Tages* in ihrem Pfadfindertagebuch verbuchen, denn mehr würde es wohl nicht werden. Außerdem: Nichts verband Menschen inniger miteinander als ein schlimmes Erlebnis. Immerhin hatte sie so die Chance, Patric näherzukommen.

Chevalier ging zu einem der verschiedenen Töpfe, die der Gehilfe aufgebaut hatte. Der stand neben den Kartons und beäugte Alina lüstern.

Das kann ja heiter werden, wenn der mich den ganzen Tag so anstarrt. Alina drehte sich demonstrativ weg.

Es waren mehrere Wasserbäder vorbereitet, und Chevalier prüfte nun die Konsistenz in den Schüsseln. Auf einem kleinen Tisch aufgereiht standen Chromgestelle, in denen noch leere Spritztüten und Garnierspritzen auf ihre Füllung warteten. Chevalier stand mit in die Hüften gestemmten Armen vor dem Tisch. »Wo sind die Schokolinsen, der Puderzucker und wo die eingelegten *Fleurs?*«

Der Gehilfe, der dem Aussehen nach nicht älter als sechzehn sein konnte, reagierte nicht. Er hatte Pickel und große Augen, die sich nicht von Alina abwenden konnten.

»*Mon dieu.* Reiß dich zusammen.« Chevalier musste ihn erst anstupsen, bevor er sich ihm zuwandte. »*Vite, vite.* Schnell, schnell.«

Aber auch Patric hatte das pubertäre Verhalten bemerkt und trat zu Chevalier. Er tuschelte leise mit ihm. Der Belgier schaute auf den Jüngling, dessen Blicke sich schon wieder in Alinas Bademantel verfangen hatten. Dunkelbraune kleine Kügelchen fielen neben die für sie vorgesehene Glasschale und kullerten auf den Boden.

Chevalier nickte und trat an den Tisch. »Ich mach das hier allein. Du gehst wieder zurück und putzt schon mal den Laden. Morgen kommen die Möbel.«

Mit enttäuschtem Gesichtsausdruck packte der Jüngling seinen Rucksack und verschwand aus dem Atelier. Chevalier klatschte in die Hände. »*Alors*, dann wollen wir mal anfangen, nicht?« Er griff nach einer Zeichenmappe und holte einige Skizzen hervor.

»Es geht um feinste belgische Pâtisserie. Pralinen, *Petit Fours*, Törtchen, Torten, Feingebäck und Süßspeisen aller Art.« Etwas unsicher stellte er sich neben Patric, so, dass auch Alina mit auf die Entwürfe schauen konnte, die er ihnen nun präsentierte.

Überrascht zog Alina eine Augenbraue hoch. Die Bilder sahen sehr ansprechend aus. Es würde wohl doch nicht so dilettantisch werden, wie sie zunächst befürchtet hatte. Sie warf einen Blick zu Patric hinüber, dem es ähnlich erging. Sein Gesicht sprach eine deutliche Sprache. Auch er war angenehm überrascht.

»Interessant. Und wie bekommen Sie diese Verzierungen hin?« Patric zeigte bei einer Skizze auf eine Stelle im Hintergrund.

»Nun, das ist die wahre Kunst bei der Sache. Natürlich habe ich die eigentlichen Naschwaren bereits alle fertig.« Er machte eine kleine Geste mit der Hand in Richtung der vielen Styroporboxen. »Aber die Ornamente direkt auf der Haut aufzubringen, das wird wahrlich schwierig.« Er zog ein Taschentuch aus der Hose und tupfte sich die Stirn. »Und es ist jetzt schon so warm.«

»Es wird leider noch viel wärmer werden, sobald alle Lampen an sind. Ich muss das Motiv schließlich gut ausleuchten. Ich kann die Klimaanlage höherstellen, aber das mach ich erst später, denn wir wollen doch nicht, dass Alina sich verkühlt.«

»*Eh bien*. Dann fangen wir vielleicht mit den Fotos ohne Ornamente an.«

Alina setzte sich auf das weiße Leder und lehnte sich zurück. Patric stellte sich hinter das Stativ und checkte die Belichtung. Dann blieb sein Blick ohne Kamera an ihr hängen. Er lächelte versonnen, während man im Hintergrund Monsieur Chevalier rumoren hörte. Der öffnete diverse Styroporboxen, die laut quietschten, wenn er die Deckel abnahm.

Alina lächelte zurück, doch ihr Blick traf nicht seine Augen, denn diese fixierten amüsiert ihren Körper. Ihr Bademantel war seitlich über ihre Oberschenkel gerutscht und gewährte gefährlich viel Einblick.

»Böser Junge!«, feixte sie. Es machte ihr nichts aus, wenn Patric sie so ansah. Ganz im Gegenteil, es gefiel ihr ausnehmend gut. Trotzdem zog sie sich züchtig den Stoff über ihre nackte Haut. »Liege ich so schon richtig? Kann ich in dieser Position bleiben?«

»Oh, ich denke, wir werden verschiedene Positionen ausprobieren müssen, bis der Spaß hier beendet ist«, gab Patric zweideutig von sich.

Also gut, er flirtet mit mir. So weit, so gut, dachte Alina.

»Fangen wir vielleicht damit an.« Chevalier stand plötzlich mit einem Tablett Pralinen vor Alina. Er hatte sich dünne weiße Handschuhe übergezogen, damit er keine Fingerabdrücke auf den feinen Süßwaren hinterließ.

Alina setzte sich auf und zog endlich ihren Bademantel aus. Patric ließ sie keine Sekunde aus den Augen, doch Monsieur Chevalier schaute verschämt beiseite. »Ich dachte mir, wir könnten sie auf dem ... äh ... Rücken ... oder ... äh ... Popo drapieren, und ... äh ... äh ...«

»Wie wäre es so?« Alina kniete sich vor die Couch und legte die verschränkten Arme auf das Sofa. Ihr schöner herzförmiger Hintern ragte kokett in die Höhe.

»C'est une bonne idée!« Chevalier war entzückt, aber Patric hielt ihn zurück, als er schon die erste Praline auf ihre Haut legen wollte.

»Ich denke, wir grundieren erst noch mit Körperpuder.« Schon stand er hinter Alina, in den Händen einen Pinsel mit buschiger Quaste und eine große Puderdose. Er kniete sich neben sie und verteilte mit schnellen Strichen Puder auf ihren Rundungen.

Chevalier zückte schon wieder sein Taschentuch und tupfte sich die Stirn trocken. »Ich hoffe, Sie verzeihen mir, dass ich keine Visagistin hinzugezogen habe. Aber mein ganzes Geld ist in die Neueröffnung der Pâtisserie geflossen. Ich muss leider sparen.«

Patric wollte etwas sagen, aber Alina war schneller. »Das macht doch gar nichts. Patric macht das doch sehr gut ... und sehr gefühlvoll.«

»So?«, meinte dieser und strich dabei mit der Quaste unerträglich langsam an ihrem linken Unterschenkel hoch. Kurz vor ihrer Porundung hielt er inne. Dann kam er mit seinem Gesicht ganz nah und blies sanft auf ihre Spalte. »Ups, das war zu viel Puder.«

Ein prickelndes Feuer ging durch ihren Körper. »Jetzt wird's mir aber etwas zu heiß«, murmelte Alina.

»Das hab ich gehört«, hauchte Patric. Er stand auf und sagte in normalem Ton: »Ich stell die Klimaanlage mal etwas höher.«

»O ja, das wäre sehr nett von Ihnen.« Chevalier bekam von ihren kleinen neckischen Witzeleien nichts mit. Er war so sehr damit beschäftigt, seine Pralinen zu begutachten. Mit größter Sorgfalt drapierte er die kunstvollen Stücke aus weißer Schokolade nun auf Alinas Rundungen. »Und, geht es so?« Er warf Patric einen fragenden Blick zu.

Der hatte wieder die Kamera in die Hand genommen und stellte sich breitbeinig direkt über Alinas Po. »Den Rücken bitte etwas mehr durchdrücken. Stopp! So ist gut.« Er machte zwei, drei Aufnahmen. Dann schob er zwei Schokostücke näher zusammen. Wieder machte er einige Aufnahmen. Chevalier zog sich zurück und bereitete das nächste Tablett vor.

Patric ging auf die andere Seite des Sofas und fotografierte über Alinas Rücken hinweg das süße Arrangement. »Schön den Kopf unten behalten. Und jetzt nicht bewegen. Sehr schön. Wirklich sehr schön. Perfekt.«

Während Alina noch überlegte, ob er die Fotos oder ihren Po meinte, hatte er schon die Couch umrundet und kniete hinter ihr.

O mein Gott, er blickt direkt auf meine Möse. Sie wusste, dass Patric sehr professionell war und sich nie die Blöße geben würde, ordinär zu werden. Aber das beruhigte sie gar nicht. Ganz im Gegenteil. Eigentlich wünschte sie sich geradezu, dass er ihr etwas zuflüsterte, das nur für ihre Ohren bestimmt war.

Sein Kopf kam näher. »Das sieht ja wirklich zum Anbeißen aus.« Sein Atem streifte ihre Haut. Sein Gesicht war nur drei Handbreit von ihrer Spalte entfernt. Und auch wenn noch die Kamera dazwischen war, hinderte es Alina nicht daran, langsam feucht zu werden. So war das aber nicht geplant gewesen. Atmete Patric immer so heftig, oder machte er das etwa extra? Alina spürte einen warmen Lufthauch an ihrem verborgenen Dreieck. *Er muss das sein lassen.* Sie spürte, wie ihr Körper ganz automatisch anfing, Blut in ihren Unterleib zu pumpen. Ihre Vulva pochte bereits. Noch eine Minute, und sie würde vor Lust tropfen. Was, wenn er es bemerkte? Oder Chevalier? Vor der nächsten Runde musste sie erst einmal auf Toilette gehen und sich abtupfen. Plötzlich war sie sich sicher, dass Patric es extra machte. »Lass das«, zischte sie.

Patric zog seinen Kopf weg und flüsterte leise: »Ich dachte, das gefällt dir.« Er stellte sich auf und ließ die Kamera sinken. »Fertig.«

Chevalier trat hinzu, ein Tablett mit hell- und dunkelbraunen Pralinen in einer Hand.

»Sind die eigentlich echt? Kann man die essen? Sie sehen wirklich sehr appetitlich aus.« Patric warf Alina einen vielsagenden Blick zu.

»Aber sicher, sobald wir hier fertig sind, können Sie so viel naschen, wie Sie wollen.« Chevalier nahm die weiße Schokolade fort, aber bevor er die braunen Stückchen aufstellen konnte, richtete Alina sich auf. »Ich muss mal für kleine Mädchen.«

Noch bevor sie aufstehen konnte, legte Patric eine Hand auf ihre nackte Schulter. »Bitte erst noch die dunklen Pralinen. Es wird die gleiche Motivserie. Ich möchte jetzt nichts an der Einstellung verändern. Geht das?«

»Natürlich.« Was sollte sie denn sonst sagen? Dass sie nicht einhalten konnte wie ein vierjähriges Mädchen? Sie lehnte sich wieder vornüber, und Chevalier stellte die Pralinen auf ihre Haut, ohne sie zu berühren. Wieder ging er zurück an die Tische und beschäftigte sich mit seinen Süßwaren. Wie schon zuvor nahm Patric eine Position über ihr ein, dann fotografierte er wieder von vorne und kniete sich schließlich wieder hinter sie.

Wie zuvor kam er mit seinem Gesicht gefährlich nahe. Alina zuckte zurück, und eine halbrunde Praline kullerte ihre Pobacke hinunter. Blitzschnell schnellte Patrics Hand vor. Er erwischte die Praline genau vor ihrer Möse. Alina zuckte zusammen, doch dieses Mal vor Lust. Patric hatte die Praline mit der flachen Hand genau an ihrer Spalte gestoppt. Doch statt sie jetzt wegzunehmen, ließ er die Hand einfach dort. »Weißt du eigentlich, dass ich bei der Agentur extra nach dir gefragt habe?«, flüsterte er verschwörerisch.

Alina regte sich nicht. Sie war viel zu sehr darum bemüht, sich ihre Lust nicht anmerken zu lassen. Die Schokolade drückte sich in ihre Spalte. *Denk an was anderes.*

Denk an was anderes! Okay, das war mal wieder typisch Nicole. Die Agenturkoordinatorin verstand immer etwas falsch, und die wirklich wichtigen Informationen gab sie an die Models nicht weiter. »Nein, aber du kannst die Praline jetzt wegnehmen, bevor sie schmilzt.«

»Natürlich.« Patric ließ die Praline in seine Hand kullern. »Oh, die können wir nicht mehr fotografieren. Die ist feucht geworden.« Und schwupps verschwand die Praline in seinem Mund.

Alina hielt den Atem an. Das war doch die reinste Folter. Statt dass es besser wurde, wurde es immer schlimmer. Sie fühlte, wie sich der Saft in ihr sammelte. Ihre Schamlippen schwollen an, und ihr Unterleib zog sich vor Lust zusammen. *Himmel, so kann das doch nicht weitergehen.* Sie atmete tief durch, während er noch einige Fotos machte.

»Fertig«, verkündete er schließlich, während er sich wieder aufstellte. Diesmal schnellte Alina aus ihrer Position hoch. Die Pralinen purzelten auf den Boden. »Ich muss mal«, sagte sie mit wippenden Brüsten, die seinen Blick gefangen hielten. Blitzschnell war sie im Nachbarraum verschwunden, wo sie vorhin schon auf einer Tür das WC-Zeichen entdeckt hatte.

Sie klappte den Toilettendeckel auf und setzte sich. Um Himmels willen, das konnte hier noch Stunden dauern, und Patric hatte sie bereits nach dreißig Minuten so weit, dass sie vor Lust triefte. Sein Blick sagte ihr, dass er wusste, wieso sie auf die Toilette ging. Er durfte sich nicht weiter so benehmen. Sonst konnten sie die ganze Fotoaktion auch direkt abblasen. Sie musste ihn in seine Grenzen weisen.

Alina wischte sich trocken und verließ die Toilette. Zurück im Atelier sah sie, wie die beiden Männer sich die ersten Fotos am Monitor anschauten. Chevalier war entzückt. Genau so hatte er es sich vorgestellt.

»Ganz wundervoll, die Fotos sind ganz wundervoll. Sie haben den entzückendsten ... äh ... Popo ... den ich ... äh ... je gesehen habe.« Chevalier drehte sich verlegen beiseite. So offen hatte er wohl gar nicht sein wollen. Es war einfach so aus ihm herausgesprudelt.

»Da kann ich Ihnen nur recht geben«, ergänzte Patric das Geständnis des Pâtissiers, und er drehte sich dabei ganz und gar nicht verlegen weg, sondern ließ seinen Blick genüsslich über Alinas Körper wandern.

Verdammt, sie hätte sich den Bademantel überziehen sollen. »Auf ein Wort.« Alina verschränkte die Arme vor der Brust und trat ein paar Meter zur Seite. Patric stellte sich zu ihr und tat ganz unschuldig.

»Lass das gefälligst!«, zischte sie zornig.

»Was meinst du?«

»Tu nicht so. Du weißt genau, was ich meine. Du willst mich heiß machen.«

»Heiß *und feucht*, wie ich bereits weiß.« Er grinste anzüglich.

»Lass das, verdammt noch mal! Ich denke, du bist Profi.«

»Ja, aber auch ein Mann.«

»Du kannst auch später noch ein Mann sein, aber jetzt bist du erst einmal Fotograf. Also benimm dich gefälligst wie einer.«

»Ist das ein Versprechen, das mit später?«

Wortlos drehte Alina sich um. Er konnte es nicht lassen. *Mistkerl. Verdammt attraktiver Mistkerl.* Sie setzte sich wieder auf die Chaiselongue und blickte zur Decke. »Und wie geht es jetzt weiter?«

Chevalier schien von ihrem Streit nichts mitbekommen zu haben. Mit einem freudigen Lächeln drehte er sich zu ihr um. »Als Nächstes nehmen wir am besten die Korsage. Sie ist so zerbrechlich. Und sie könnte schnell schmelzen, wenn es hier noch wärmer wird.« Er stand mit einer großen, aber flachen Box vor ihr und stellte sie auf dem Boden ab. Als er den Deckel hob, entlockte der Anblick Alina einen bewundernden Ausruf. »O mein Gott! Wunderschön. Ein wahres Meisterwerk.«

Chevalier lächelte stolz. »Ja, aber leider sehr zerbrechlich. Wir müssen alles gut vorbereiten, bevor wir sie Ihnen auflegen.« Er suchte Hilfe suchend den Blick von Patric, der mit einem anerkennenden Nicken in die Box blickte.

Alina stand rasch auf und griff zu dem dicken Pinsel und der Puderdose. »Ich mach das schnell selbst.« Sie stellte sich vor einen großen Wandspiegel und trug sich eine feine Schicht Körperpuder auf der Vorderseite auf. Doch schon stand Patric hinter ihr. »Verschwinde, ich mach das alleine.«

»Ich muss mich bei dir entschuldigen. Du hast recht. Ab sofort benehme ich mich«, raunte er ihr leise zu. »Aber könntest du das auch noch auftragen? Es ist ganz feiner Goldstaub.«

Alina drehte sich um und blickte ihm in die Augen. »Okay. Entschuldigung angenommen. Aber ab jetzt keinen Blödsinn mehr.« Zögernd griff sie nach der kleinen Dose.

»Versprochen.« Patric ging und besprach mit Chevalier die nächste Einstellung.

Als Alina auch den Goldstaub aufgetragen hatte, ging sie zurück und legte sich auf das weiße Leder. Patric gab ihr Anweisungen, wie sie sich platzieren sollte, drapierte ihr dunkles Haar über der Lehne – und erst, als alles perfekt schien, langte Chevalier in die Styroporbox und holte die kunstvoll gestaltete Korsage aus glänzender Schokolade heraus. Sie war fein ziseliert gearbeitet und hatte oben halbe Körbchen, die so eben noch Alinas Brustwarzen verdeckten. Unten endete sie in einem geschwungenen Ornament, das wie eine Spitzenborte gearbeitet war. Es war ein Traum aus Zucker und Kakao. Alina spürte die gekühlte Schokolade auf ihrer Haut und wagte kaum noch zu atmen.

Chevalier war ganz aufgeregt. »Eins meiner Meisterwerke. Wie schade, dass es eine so vergängliche Kunst ist.«

»Das ist wirklich ein atemberaubender Anblick.« Patric fotografierte, und man merkte ihm seine Begeisterung an. Dieses Stück war wirklich etwas ganz Besonderes.

Alina sagte nichts mehr. Sie hatte zu große Angst, die Korsage zu beschädigen. Chevalier beugte sich über sie und dekorierte die Korsage noch mit mehreren frostüberzogenen dunkelvioletten Veilchenblüten. Alina fühlte sich wie eine Königin. Es musste ein wunderschönes Bild sein. Zu gerne hätte sie sich selbst gesehen. Eigentlich sollte immer so fotografiert werden, dass ihr Gesicht nicht zu erkennen war, aber Patric machte viele Großaufnahmen von ihr. Sicher würde sie davon Abzüge bekommen.

Chevalier stieß erschrocken einen Schrei aus. »Oje. Sie sind zu heiß.« Rasch drehte er sich um und kam mit einem kleinen Ventilator zurück. »Wo kann ich den anschließen?« Patric zeigte ihm, wo schon ein Verlängerungskabel lag, und nach wenigen Sekunden stand Chevalier neben ihr und richtete den Ventilator auf ihren Körper. Sofort wurde ihr kalt, und die Brustwarzen richteten sich auf. Auf der linken Seite war plötzlich der Nippel zu sehen. Chevalier wollte den kleinen steifen Hügel zurückschieben, traute sich aber nicht. Verzweifelt beugte er sich über Alina und stotterte. »Ähm ... ich kann ... darf ich ... Sie können sich ja selbst nicht bewegen.« Auf seiner Stirn erschienen Schweißtropfen, und er richtete sich auf, um seine Stirn zu trocknen.

»Soll ich das machen?« Patric kam ihm zu Hilfe.

»O ja, danke. Das wäre wirklich sehr nett von Ihnen«, stieß der Meister erleichtert aus.

Patric trat hinter Alina und versuchte mit seinem Daumen, die Brustwarze wieder unter die Schokoladenform zu drücken. Doch jetzt richtete sie sich noch viel steiler auf. »Du musst mir schon ein wenig helfen«, raunte er ihr leise zu, doch Alina zischte, ohne sich zu rühren, zurück: »Ich versuch es ja. Ich versuch es!«

Patric stellte sich hin und begutachtete, was er angerichtet hatte. Es war schlimmer als zuvor. »Vielleicht, wenn Sie die Korsage insgesamt höher auflegen?«

»Ja, eine gute Idee.« Der Belgier beeilte sich, alles erneut herzurichten, und Patric fotografierte weiter. Sehr schnell hatte er eine Unmenge an Fotos gemacht, sodass Chevalier die Halbbüste unbeanstandet wieder in ihre kühle Aufbewahrungsbox legen konnte. Alina atmete befreit auf. Patric saß schon wieder am Monitor, auf dem die Fotos im Detail zu sehen waren. Alina stellte sich hinter ihn, während der kleine Belgier noch mit dem Verpacken seines Meisterwerks beschäftigt war.

Sie war beeindruckt. »Wunderschön. Ich glaube, es gibt kein schöneres Foto von mir.«

»Ja, wirklich zauberhaft.«

»*O mon dieu.*« Der Belgier stand jetzt hinter den beiden und schien entzückt von den Fotos. »*Formidable!*« Er strahlte über das ganze Gesicht. Hocherfreut bemerkte er nicht einmal mehr, wie nahe er der nackten Alina stand. »Aber nun wird es schwierig. Jetzt muss ich Sie verzieren.«

Aus seiner Entwurfsmappe holte er eine Skizze heraus und zeigte sie herum. Beide nickten anerkennend. Patric dirigierte Alina zur Couch. Sie drapierte ihren Oberkörper über die schräge Lehne. Ihren Kopf ließ sie nach hinten fallen. Ihre langen Haare hingen in der Luft. Mit einigen Anweisungen verbesserte Patric ihre Position, bis sie so lag, wie er sie später fotografieren wollte. »Und jetzt entspann dich.«

»Das wird etwas länger dauern.« Chevalier setzte sich auf einen Hocker vor Alina. Neben ihm stand ein kleiner Tisch, auf dem er mehrere Spritzbeutel in kleinen Chromgestellen bereitgestellt hatte. »Ich habe verschiedene Tüllen, aber der Inhalt ist immer der gleiche: braune Kuvertüre. Es ist sehr viel Fett drin, damit sie nicht so schnell bröckelt, wenn sie starr wird, aber bitte, bewegen Sie sich möglichst nicht.«

»Ich versuche es«, antwortete Alina mit einem warnenden Blick an Patric. Sie würde es schon schaffen, wenn er sie nicht wieder nervös machte.

Chevalier arbeitete rasch und konzentriert. Anfangs zierte er sich, als er Alinas Brust berührte, aber schließlich fasste er sich ein Herz und tat, was er tun musste, um die flüssige Kuvertüre wie vorgesehen aufzutragen. Nach fünf Minuten war er schon mit ihrer linken Brust fertig. Patric schoss die ganze Zeit über viele Fotos. Chevalier hatte nun auch die rechte Brust mit Kuvertüre verziert und arbeitete sich am Dekolleté hoch bis zum Hals.

Eine filigrane Arabeske aus dunkler Schokolade rankte sich über Alinas Haut. Sie hätte zu gerne gesehen, wie es aussah, aber sie bewegte sich keinen Zentimeter. Nur ihre Brustwarzen richteten sich wieder und wieder auf, bei jeder Berührung neu. Schließlich war der Meister fertig und stülpte klitzekleine, zu fantastischen Figuren geformte Baisertörtchen über ihre Brustwarzen und auf ihre Schultern und dekorierte sie mit in Likör eingelegten Blüten. Dann trat er zur Seite. Patric fotografierte das Kunstwerk.

Als Chevalier die Blüten und die Baisers fortnahm, konnte Alina sich endlich wieder bequem hinsetzen. Vorsichtig bewegte sie ihren steifen Nacken, aber sofort kam sie mit den Armen an ihre Brüste. Die Schokolade verschmierte. »Oje.«

»Ach, das ist nicht weiter schlimm. Wir sind ja fertig. Hier, nehmen Sie das.« Chevalier reichte ihr ein Handtuch. Alina stand auf und stellte sich vor den Spiegel. An zwei Stellen war die Verzierung verschmiert, aber sonst sah es toll aus.

»Du kannst auch schnell duschen, wenn du willst«, rief Patric ihr zu.

Chevalier, der schon wieder an seinem Tisch hantierte, drehte sich zu ihm um. »Ja, wenn das ginge, das wäre perfekt. Ich brauch sowieso noch etwas Zeit für die Champagnercreme. Die muss ich frisch anrühren.«

Alina nickte, und Patric trat zu ihr heran. »Oben in meiner Wohnung. Komm mit.«

Er warf ihr den Bademantel über die Schulter, und sie hielt sich die Seide vorsichtig von der Schokoladenverzierung weg. Schnell huschte sie über eine Wendeltreppe aus dem Atelier in sein Loft.

Patric öffnete eine Tür und trat beiseite. Alina ließ die Seide von ihren Schultern gleiten, während sie das große Bad betrat. Sie stand schon unter der Dusche, als Patric sie bei den Handgelenken fasste.

»Das muss jetzt einfach sein.« Er hob ihre Arme hoch und leckte über ihre Brustwarzen. »Ich kann dir nicht widerstehen. Dir nicht und der Schokolade auch nicht.«

»O Gott, lass das. Du machst mich ganz verrückt.« Alina stieß den Atem aus, aber statt ihn fortzustoßen, fasste sie nur in seine Haare.

»Sag mir, dass ich es wirklich lassen soll. Dann hör ich auf. Sofort.« Er leckte ihr die Schokolade von den Brüsten, als wäre er erst acht und hätte das erste Eis des Sommers bekommen. »Sag schon,« murmelte er, während er sie weiter abschleckte. »Ich hab doch gemerkt, dass du vorhin ganz feucht geworden bist.« Plötzlich legten sich seine Hände an ihren Po und wanderten tiefer. Von hinten schob er einen Zeigerfinger in ihre Spalte. Ob sie noch feucht war von vorhin, oder ob Alina schon wieder triefte, war beiden völlig egal. Ihre Möse war glitschig, und sie stöhnte lustvoll auf. Jetzt zog er den Finger wieder zurück und kam von vorne.

Er hörte auf, ihre Brüste zu lecken und blickte sie an. »Ich würde ja vorschlagen, du duschst dich gleich ganz kalt ab. Hier zum Beispiel.« Er schob seine Hand von vorne zwischen ihre Beine und strich langsam über ihre empfindliche Haut.

Alina schnappte laut nach Luft. Nach und nach stieß sie die Worte hervor: »Lass mich. Du machst es nur noch schlimmer.«

Er senkte seinen Kopf wieder zu ihren Brüsten und knabberte an ihren Brustwarzen, während er zwischendurch sagte: »Ach, komm schon. Meinst du, ich merke nicht, wenn eine Frau scharf auf mich ist?«

»Lass mich ... die Fotos ... der Auftrag.«

»Du bist total geil auf mich, stimmt's?« Mit der Handfläche rieb er über ihre pochenden Schamlippen und drückte sie gegen die Klitoris. »Total geil. Aber ich bin auch total geil auf dich. Und ich will nur, dass du dich auf später freust, dann, wenn ich wieder Mann sein darf.«

Sanft glitt ein Finger in ihr Loch hinein. »Also, haben wir eine Verabredung zum Vögeln, später?« Er ließ seinen Finger sanft vor- und zurückgleiten, während er ihr ins Ohr säuselte. »Ich will dich. Ich will dich mit meinem Schwanz vögeln, nicht nur mit den Fingern.« Jetzt nahm er einen weiteren Finger dazu und stieß tief in sie hinein.

Alina stellte sich breitbeiniger hin, damit er noch tiefer kam. »Hmm«, stöhnte sie, als sie ihren Rücken gegen die kalten Kacheln presste. »Ja! Wir haben eine Verabredung zum Vögeln.« Dabei wippte sie genießerisch auf seinen Fingern hoch und runter.

»Das gefällt mir.« Ganz sanft entzog er ihr seine Finger und kreiselte damit um ihre Klitoris.

Alina keuchte. Ihr ganzer Körper bebte. »Und so soll ich jetzt weiterarbeiten?«

»Ja, ich will, dass du heiß bist. Ich will mir vorstellen, wie du nass vor Lust vor mir liegst, wenn ich dich fotografiere.«

»Nein, so kann ich nicht arbeiten«, japste sie. Unerbittlich spielten seine Finger weiter mit ihrer Perle.

»Doch, kannst du.« Plötzlich zog er seine Finger weg und grinste sie frech an. »Du kriegst das schon hin.« Er küsste sie ganz sanft. »Du duschst jetzt besser, bevor unser kleiner Belgier was merkt.« Dann verschwand er.

Alina starrte ihm wütend hinterher. So geil gemacht war sie noch niemals stehen gelassen worden. Sie duschte zwar erst warm, um den Rest der Schokoladenkuvertüre abzuwaschen, aber danach duschte sie kalt, sehr kalt.

Wie er selbst die dicke Beule in seiner Hose erklärte oder es schaffte, sie sofort zurückzudrängen, war ihr schleierhaft. Aber als Alina wieder ins Atelier zurückkam, stand er gelassen am Tisch und schaute Chevalier dabei zu, wie er in einem Topf rührte, als wäre nichts geschehen.

»Ah, Mademoiselle. Ich bin gleich soweit. Die Champagnerglasur muss jetzt noch ein bisschen abkühlen.« Chevalier schob den Topf beiseite und stellte einen kleinen Beistelltisch neben die Chaiselongue. Dort reihte er verschiedene Glasschüsseln auf. Dutzende von silbrigen Linsen warteten auf ihren Einsatz, und Alina war begierig zu erfahren, was damit passieren würde. Chevalier zog wieder seinen Skizzenblock hervor und drehte ein Bild um.

»Das sieht ja fantastisch aus!«, entfuhr es Patric verblüfft. Der Entwurf zeigte eine Frauenbüste, die aussah, als trüge sie ein durchsichtiges Kleid, das über und über mit Diamanten bestickt war. Darauf waren verschiedene *Petit Fours* arrangiert. »Monsieur Chevalier, wenn das alles nur halb so gut schmeckt, wie es aussieht, dann werde ich Stammkunde bei Ihnen!«

Patric war sonst eher sparsam mit Komplimenten, aber er sprach Alina aus der Seele. Das Arrangement sah einfach vollendet aus. Himmel, heute folgte aber auch eine Verführung nach der anderen. »Also dann, ich bin bereit.« Alina setzte sich wieder auf das weiße Leder und wartete auf Anweisungen.

Der Belgier prüfte die Temperatur der Champagnermasse und nahm sich einen Backpinsel. »Ich hoffe, Sie sind nicht kitzelig.«

»Das hoffe ich auch«, sagte Alina grinsend und lehnte sich zurück. »So okay?« Sie hatte eine Position eingenommen, die der auf dem Entwurf ähnelte. Patric nickte. Dann fing Chevalier an, sie mit der noch flüssigen Champagnerglasur einzupinseln. »Das soll den Effekt des durchsichtigen Kleides nachahmen, aber ich muss sehr schnell arbeiten. Sobald sie fest genug ist, muss ich die Schmucklinsen auftragen. Wenn die Masse zu trocken wird, dann klebt es nicht mehr. Ist sie noch nicht trocken genug, verrutschen die Linsen.« Er schien endlich seine Scheu abgelegt zu haben und strich Alina geschickt und akkurat ein. Es war sehr angenehm. Die warme Masse legte sich warm auf ihren Körper. Alina verharrte die ganze Zeit über regungslos, und Patric machte ein Foto nach dem anderen.

Nicht nur das Feingebäck von Monsieur Chevalier war eine Kunst, auch die Art, wie er hier arbeitete, zeugte von einer großen Kunstfertigkeit. Mit einer Gebäckspritze, in der sich weiße Schmelzglasur befand, zauberte er Alina eine Kette um den Hals, die wie eine echte Perlenkette wirkte. Dann verteilte er gleichmäßig die Zierlinsen auf ihrer Haut, die sofort auf der Champagnermasse festklebten. Er arbeitete auf den Punkt. Perfekt.

Doch dann klingelte sein Handy. Er fluchte leise auf Französisch, unterbrach aber seine Arbeit nicht für eine Sekunde. »Nie hat man seine Ruhe.«

Schließlich war Alina fertig verziert. Er lehnte sich zurück und drückte seinen Rücken durch. »*Merveilleux.* Wunderbar. Genau, wie ich es mir vorgestellt habe.«

Patric schoss schnell einige Fotos, bevor Chevalier die *Petit Fours* auf der Arbeit verteilte, denn dieses kulinarische Kunstwerk war nur der Untergrund für seine Gaumenfreuden.

Liebevoll drapierte er Miniatur-*Eclairs* und kleine *Profiteroles*. Dann erst wurden die eigentlichen Werbefotos gemacht. Doch während Alina bewegungslos verharrte, fluchte Monsieur Chevalier plötzlich laut. Er hatte seine Mailbox abgehört und anscheinend eine schlechte Nachricht erhalten. Alina wagte nicht, ihren Kopf zu drehen, aber Patric hielt kurz inne. »Was Unerfreuliches?«

»*Imbéciles!* Was mach ich nur? Meine Möbel kommen gerade. *Quelle merde!* Sie sollten eigentlich erst morgen kommen. Diese Idioten. Meine Backöfen sind zu spät geliefert worden, und jetzt kommen die Möbel zu früh. Und niemand außer meinem hormongesteuerten Gehilfen ist da. Ich werde noch verrückt.«

Patric dachte einen Moment nach, bevor er mit Blick auf Alina sagte: »Wir können auch morgen weitermachen, oder?«

»Ja, ginge das denn?« Chevalier wirkte erstaunt.

»Ich muss von diesem Motiv noch weitere Fotos machen, aber dazu brauche ich Sie nicht. Ist in den restlichen Schachteln etwas dabei, das verderblich ist?«

Chevalier zog seine Entwürfe hervor und sortierte aus. Es waren noch drei Motive übrig. Ein Arrangement von ausgestochenen Marzipanplätzchen auf den Schultern, eine Puderzucker-Körperlandschaft mit kleinen Nugatfiguren und ein Entwurf mit viel Rot und viel Schwarz. »Das hier ist der rote Samt, in den Alina eingefasst wäre.« Chevalier fasste nach einem schweren roten Samtstoff, den er mitgebracht hatte. »Und das Dunkle hier, das man nicht so gut erkennen kann, ist *Mousse au Chocolat* aus Bitterschokolade, über Ihren ganzen Körper verteilt.«

»Und die *Mousse* ist schon fertig?« Patric schielte auf Alina. Diesen Blick kannte sie. Sie hatte ihn schon mal gesehen, gerade oben in der Dusche.

»*Bien sûr!* Sicher.« Was anderes war von dem Meister auch nicht zu erwarten.

»Aber könnten wir morgen noch damit arbeiten?« Patric schien außerordentlich hilfsbereit zu sein.

Chevalier überlegte. »*Oui.* Und Sie sind sich sicher, dass wir morgen einfach weitermachen können? Mademoiselle Alina, Sie haben noch gar nichts gesagt.«

Alina versuchte, sich möglichst nicht zu bewegen, während sie antwortete. »Kein Problem. Ich stehe morgen gerne wieder zur Verfügung.«

Chevalier klatschte erfreut in die Hände. »*Alors*. Ich danke Ihnen. Also morgen um die gleiche Zeit.« Sein Blick flog über die Tische, und er räumte eilig einige Sachen beiseite. Dann griff er zu der Box mit der Schokoladenkorsage. »Die bringe ich schon mal zurück ins Kühllager.« Glücklich strahlend stürmte Chevalier aus dem Atelier. An der Tür drehte er sich noch einmal um. »Ah, ich mache morgen doch neue *Mousse au Chocolat*. Sie können die von heute gerne essen. Es ist die große, eckige Box ganz hinten. Rufen Sie Ihre Freunde an, es ist genug da.«

Patric blickte ihm noch nach, bis die Eingangstür ins Schloss fiel, und drehte sich dann ganz langsam zu ihr um. »Das nenne ich Schicksal.«

Alina grinste. »Aber noch musst du arbeiten. Hast du alle Fotos?«

»So gut wie.« Patric stellte sich schräg vor sie hin und fotografierte noch einige Minuten aus verschiedenen Blickwinkeln. Doch dabei zog er sich geschickt sein Hemd aus, streifte seine Schuhe und Socken ab, bis er nur noch in Jeans vor ihr stand. Obwohl die Fotosession noch immer nicht beendet war, fühlte Alina, wie ihr das Blut in die Möse pumpte.

Doch noch fotografierte Patric. Dann stutzte er plötzlich und sagte. »Oje. Da hat Monsieur Chevalier ja eine Stelle vergessen.«

Alina erschrak. »Wirklich? Müssen wir etwa alle Fotos davon noch einmal machen?«

Patric zog den Hocker an die Chaiselongue und setzte sich. »Mal sehen, vielleicht kann ich ja die Lücke füllen.« Er tauchte seinen Finger in die Champagnermasse und probierte. »Hmm, gar nicht mal schlecht für 'ne Grundierung.« Er tauchte den Finger wieder ein und hielt ihn Alina vor den Mund.

Sie öffnete ihre Lippen und leckte seinen Finger ab. »Hmm. Göttlich. Wenn ich nicht auf meine Figur achten müsste, dann ...«

»Wir können die Kalorien ja wieder abtrainieren.« Er rührte die Champagnermasse ein paarmal um und griff dann nach dem Pinsel. »Hier hat unser kleiner Belgier eine Stelle vergessen.«

Er setzte den Pinsel oben auf ihrem Venushügel an und strich ganz langsam runter. Kurz vor der Klitoris hielt er an und tunkte den Pinsel wieder in den Topf. Er ließ ihn über ihrer Möse abtropfen. Warme Tropfen der klebrigen Masse liefen in ihre Spalte. Es kitzelte. Dann schob Patric den Pinselkopf behutsam zwischen ihre Schamlippen. Alina lag noch immer fast bewegungslos auf der Chaiselongue, aber nun entwich ihr ein tiefes Stöhnen. Sie hob ihr Becken. Jetzt war es ihr egal, was mit der Verzierung und den Silberlinsen passierte. Wenn jetzt etwas verschmierte, dann hatte sie genau den richtigen Mann dafür, alles wieder sauber zu lecken.

Patric kreiselte mit dem Pinsel um ihre Klitoris. Das fühlte sich fantastisch an. Es war geil. Wieder tunkte er den Pinsel in die warme Masse und strich jetzt zwischen ihren Schamlippen hoch und runter. Völlig benommen sog sie scharf die Luft ein und wimmerte vor Lust. Noch immer auf dem Rücken liegend, spreizte sie die Beine.

Patric kniete sich auf die Couch und tauchte wieder den Pinsel in den Topf. Jetzt spreizte er mit einer Hand ihre Schamlippen auseinander, während er ihre Möse mit der Champagnercreme einstrich. Dann ließ er den Pinsel einfach fallen und beugte sich über ihre Spalte. Mit seiner fleischigen Zunge leckte er einmal zwischen ihren Schamlippen hindurch und ließ seine Zunge genau auf ihrer Klitoris liegen.

Alina stöhnte laut auf. Ihre Füße suchten Halt, damit sie sich abstützen konnte. Ungeduldig drängte sich ihr Becken nach oben. Sie begann, sich zu bewegen. Patric spielte mit ihr. Seine Zunge kreiselte um die dunkelrote, vor Lust pochende Perle. Er packte ihre Arschbacken mit beiden Händen und presste ihren Schoß fest gegen sein Gesicht. Ganz vorsichtig knabberte er mit den Lippen an der Klitoris. Alina vergaß zu atmen. Seine Zungenspitze fuhr spielerisch über ihre Perle. Sie stöhnte immer lauter und immer schneller, als er plötzlich von ihr abließ. Genüsslich leckte er ihre Spalte von unten nach oben mit der flachen Zunge. Alina bog ihren Rücken so stark durch, wie sie konnte. Er durfte jetzt nicht aufhören. »Bitte«, bettelte sie, »bitte nicht aufhören. Nicht jetzt!«

»Sei nicht so ungeduldig. Ich lass dich schon noch kommen.« Immerhin widmete er sich jetzt wieder ihrer Klitoris. Seine Zunge trieb sie in den Wahnsinn. Er kreiselte und rieb und saugte so überaus geschickt. Ständig wechselte er das Tempo. Alina konnte nicht mehr. Sie war kurz vor der Explosion. Wieder hörte er auf und schleckte geräuschvoll über ihre Spalte. Dann züngelte er in ihr Loch hinein.

Von Alina war nur noch ein heiseres Stöhnen zu hören. Geschickt legte er ihre Beine um seinen Hals und stützte ihren Rücken mit seinen kräftigen Armen. Tief stieß er seine Zunge in sie hinein. Dann leckte er wieder ihre Perle. Alina stöhnte laut. Sie wollte kommen, jetzt sofort. Ihre Finger fanden den Weg zu ihrer Perle, während er sie mit seiner Zunge fickte. Sie kreiselte mit zwei Fingern um ihre Klitoris. Sie musste jetzt sofort kommen, sonst würde sie verrückt werden.

Aber Patric machte ihr einen Strich durch die Rechnung. Sanft ließ er ihren Po auf das Sofa sinken und zog ihren Körper tiefer, sodass jetzt auch ihr Kopf auf der

Sitzfläche lag. Schnell zog er seinen Reißverschluss auf, und ein stattlicher Schwanz sprang aus seiner Hose. Mit einem Ruck hatte er Hose und Unterhose ausgezogen. Er kniete sich direkt zwischen ihre gespreizten Beine, zog ihren Po auf seine Oberschenkel, und sein Schwanz stieß in ihre Möse. Sein festes Fleisch weitete ihre Öffnung, und Alina gab einen lauten Stoßseufzer von sich. Ihre Beine waren weit geöffnet, ihr Po lag halb auf seinen Oberschenkeln, und ihre geile Möse glänzte feucht in ihrer ganzen Pracht. Patric versenkte seinen Schwanz immer tiefer in sie, dann hielt er inne. Jetzt legte er seine beiden Hände auf ihre Leisten und zog die Schamlippen ganz auseinander. Ihre Klitoris pochte vor Lust. Mit der linken Hand hielt er die Schamlippen offen, während er mit dem Daumen der rechten Hand über ihre Klitoris fuhr.

Alina wimmerte. Sie war geil. Sie war so geil, wie sie noch nie gewesen war. Ein dicker Schwanz steckte tief in ihr, sie tropfte vor Lust, und was Patric gerade mit ihrer Klitoris machte, trieb sie schier in den Wahnsinn. Er ließ seinen Daumen über die geschwollene Haut fahren, rauf und runter. Dann schob er plötzlich von beiden Seiten die Schamlippen über die Perle und rieb mit der Haut über den kleinen, pochenden Hügel. Alina war fast ohnmächtig vor Lust.

Sein Daumen glitschte wieder zwischen die geschwollenen Schamlippen, glitt vor und zurück, schnell, aber sanft. Er berührte sie kaum noch, was ihre Anspannung ins Unerträgliche steigerte. In ihr explodierten tausend Sonnen. Sie schrie vor Begierde und bog ihren Rücken in einem hohen Bogen durch. Die pure Lust bahnte sich in einer einzigen langen Eruption ihren Weg.

Als sie sich keuchend zurückfallen ließ, war das das Zeichen für ihn. Jetzt packte er sie fest an den Arschbacken und stieß in sie hinein. Sein Becken schnellte vor und zurück. Sein Schwanz in ihrer Möse war das Einzige, was Alina noch spürte. Zuerst zog er ihn ganz aus ihr heraus, um sich mit seiner angeschwollenen Eichel wieder und wieder einen Weg in ihr Loch zu verschaffen. Dann wurden seine Stöße immer heftiger. Er stieß immer tiefer, hielt keinen Rhythmus mehr, sondern überließ sich ganz seiner Lust. Seine Knie stemmten sich in das Leder, er richtete sich auf und stieß noch schneller zu. Mit wachsender Lust beobachtete er, wie ihre Brüste in schnellem Takt wackelten.

Dann riss Patric seinen Kopf nach hinten, stieß noch zwei-, dreimal zu, bevor er endlich seinen Oberkörper auf ihren sinken ließ. Sein Atem ging schnell. Er keuchte, aber nur ein paar Sekunden später grinste er sie schon wieder frech an. Als habe er gerade etwas ganz Ungehöriges getan, oder noch vor, etwas zu tun.

Statt seinen Schwanz aus ihr herauszuziehen, presste er nun seinen Schaft gegen ihre Scham und rieb sich an ihr. Alina schnappte nach Luft. Er wusste, wie empfindlich sie dort noch war, und sein Schwanz war noch immer dick und fest. Dabei schaute er ihr tief in die Augen. Sie war da unten ganz nass und glitschig, und das wollte er voll auskosten.

Alina begann sofort wieder zu keuchen. Sie spreizte ihre Beine, presste ihr Becken hoch und rieb ihre Klitoris an ihm. Es dauerte keine Minute, da kam sie ein weiteres Mal. Eine heiße Welle schoss durch sie hindurch und lähmte alle anderen Empfindungen außer ihrer Lust. Während sie kam, drang Patric mit seinem Blick genauso tief in sie ein wie vorher mit seinem Schwanz. Er hatte sie genau da, wo er sie haben wollte. Sie war absolut wehrlos.

Gemeinsam kamen sie allmählich wieder zu Atem. Als er seinen Körper hob, hatte sich das Kunstwerk auf ihrer Haut vollkommen aufgelöst. Einige von den silbernen Perlen klebten an seiner Haut, andere purzelten zu Boden. Alinas Oberkörper war verschmiert und die übrig geblieben Perlen verrutscht.

Er beugte sich über ihre Brust und schleckte an ihrer Haut, wie schon vorhin in der Dusche. Mit einem Lausbubengrinsen sagte er: »Mein Gott, war das geil. Du bist fantastisch. Du hast einen Körper zum Niederknien, und du fickst total wahnsinnig. Ich glaube, ich bin dir verfallen.«

Alina schaute ihn verdutzt an. Das war doch eigentlich ihr Text. Sie brauchte eine Sekunde, bis sie sich wieder fing. »Keine Angst. Wir haben ja noch die *Mousse au Chocolat*. So lange bleibe ich auf jeden Fall noch da.«

Erst schaute Patric verdutzt. Diese Antwort hatte er nicht erwartet. Aber dann verzog sich sein Gesicht ganz langsam zu einem breiten Grinsen, so als wüsste er sehr genau, dass sie noch viel länger dableiben würde. Sehr viel länger sogar.

Der Marquis

Carla drehte sich vor dem Spiegel. Perfekt. Die Korsage war weit genug, um sie nicht zu stören, selbst wenn sie sehr tief atmen würde. Der Rock saß gut und konnte mit einem Handgriff geöffnet werden. Auch wenn sie jetzt schon wusste, dass sie das natürlich nicht selbst machen würde. Das würde jemand anderes erledigen, dieses Mal. Sie tuschte ein letztes Mal mit Mascara ihre Wimpern, denn sie wollte unbedingt schön aussehen, an ihrem großen Abend.

Endlich war sie fertig. Kleidung, Schmuck, alles war perfekt, ebenso wie die Vorbereitungen im Saal. Davon konnte sie ausgehen. Sie hatte nur alles detailliert aufschreiben müssen, und es wurde perfekt für sie vorbereitet. Für einen Augenblick blieb sie vor dem Spiegel stehen und dachte an den ersten Moment, in dem sie Bekanntschaft mit dieser neuen Welt gemacht hatte. Sie wusste damals noch nicht, was sie erwartete, aber es klang so spannend, dass sie einfach mehr erfahren musste.

Im Januar war sie erstmals auf einer dieser Feiern gewesen, diesen Partys, auf die sie eigentlich nur ging, um neue geschäftliche Kontakte zu knüpfen. Sehen und Gesehenwerden war für sie eher ein Pflichtprogramm. Mit Leuten zu feiern, die sich selbst feierten, machte in der Regel nicht sonderlich viel Spaß. So hatte sie mit den verschiedensten

Leuten geplaudert, alte Bekanntschaften aufgefrischt und mit Fremden Small Talk gehalten. Carla hatte sich erst vor zwei Jahren als PR-Beraterin selbstständig gemacht, und diese Partys waren der perfekte Anlass, die städtische Schickeria oder was sich dafür hielt kennenzulernen, in der Hoffnung, sie würden sich bei Bedarf an sie wenden.

Doch es war anstrengend, dieses Dauerlächeln. Irgendwann an diesem ersten Abend hatte sie sich mit einem Mineralwasser in eine stille Ecke zurückgezogen, wo sie ganz unbeabsichtigt ein Gespräch belauschte.

»Ekstatisch.« Es war die Stimme einer Frau.

»Ich kann es gar nicht mit Worten beschreiben.« Die Stimme einer anderen Frau, die laut flüsterte. Die beiden Unbekannten saßen im Loungebereich auf einer der langen Polsterbänke, die von der anderen Seite nur durch eine sehr hohe Rückenlehne getrennt war. Und Carla saß auf der gegenüberliegenden Seite und versuchte eigentlich gerade, an nichts zu denken. Ohne es zu wollen, wurde sie Zuhörerin bei einem sehr privaten Gespräch.

»Ich hab gehört, heute ist Manuela oben.«

»Wie beneidenswert. Ich würde gerne wissen, was sie sich wünscht.« Ein tiefer Seufzer von der Flüsterin. »Am liebsten würde ich sofort nach oben stürmen und mitmachen.« Verhaltenes Kichern setzte ein.

Das war der Punkt, an dem Carla sich aufgesetzt und bewusst gelauscht hatte. Hier im Rahmen dieser Party passierte noch etwas. Etwas, von dem sie keine Ahnung hatte. Das alleine reichte schon, ihre Neugierde anzufachen. Und ganz besonders, weil sich die Frauen so schmachtend anhörten.

»Ich hab mich wieder auf die Liste setzen lassen.«

Liste? Es gab noch eine zweite Liste? Und für was ließ man sich dort draufsetzen?

»Ich mach es auch noch mal.«

»Weißt du schon wie?«

»O ja!« Und die Worte der Flüsterin klangen wirklich ekstatisch.

Carla hatte sich zurückgelehnt. Wann war sie das letzte Mal ekstatisch gewesen? Erfreut, ja, schon hin und wieder. Begeistert, noch seltener, aber ekstatisch? Möglicherweise übertrieben die beiden, aber Carlas Interesse war entflammt. Sie war aufgestanden und wollte auf die andere Seite des schicken Polstermöbels gehen, als sie gerade noch sah, wie die zwei Frauen hinter einer Säule verschwanden. *Mist.* Sie war ihnen hinterhergelaufen, aber als sie um die Ecke kam, standen dort ungefähr fünfzehn Frauen, alle in netten Kleidern, High Heels und mit langen Haaren.

Carla musste sich damals eingestehen, dass sie zu spät gekommen war. Aber sie hatte es dann ja doch noch geschafft, auf die Liste zu kommen, auch wenn es länger gedauert hatte als erwartet. Jetzt griff sie nach ihrer Handtasche und warf sich einen leichten Mantel über. Es war noch früh, aber sie konnte es kaum noch erwarten.

Eine halbe Stunde später hielt ihr Taxi vor der barocken Fassade eines großzügigen Stadtpalais. Es war dezent beleuchtet und wirkte äußerst stilvoll. Ein Page öffnete ihr die Tür, und Carla stieg die Stufen zum Portal hoch. Die hohe Tür öffnete sich für einen Moment, und sie betrat einen Vorraum, der durch eine verspiegelte Glastür vom Foyer getrennt war. Gedämpfte Musik schallte zu ihnen heraus. Ein großer Mann in einem eleganten Cut lehnte sich über ein Pult und bat sie mit einer angenehmen, aber bestimmten Stimme: »Würden Sie mir bitte Ihren Namen nennen?«

Carla sagte ihren vollen Namen und sah zu, wie er zwei Seiten umblätterte und dann einen Haken setzte. Er drehte sich zu einem kleinen Kasten, hielt eine Karte davor und löste ein leises Summen damit aus. Höflich hielt er ihr die Glastür auf. »Ich wünsche Ihnen einen angenehmen Abend.«

Ein geheimnisvolles Lächeln erschien auf Carlas Gesicht. Ob er wohl wusste, was im zweiten Stock passierte? »Danke, den werde ich sicher haben.« Sie schritt durch die Tür.

Die Gästeliste war exklusiv. Nur für registrierte Gäste öffneten sich die Pforten des *Palais d'Oro*. Eine Registrierung bekam man aber erst ab zwei Empfehlungen von Freunden oder Bekannten, die bereits auf der Liste standen. War man nicht auf der Liste, blieben einem die Türen zu diesem exklusiven Zirkel verschlossen. Jeder fühlte sich auf diesen Events als VIP, auch wenn wenig verständlich war, wie man unter all den VIPs noch VIP sein konnte, aber egal. Alleine die Einladung war schon eine Stimulanz der Partylaune.

Carla trat in die riesige Eingangshalle. Hier setzte sich das stilvolle Ambiente fort. Die Einrichtung war modern, aber sehr exquisit. Alles passte perfekt zusammen und war auf ein gehobenes Publikum abgestimmt. Sie begrüßte Tom, einen stadtbekannten Friseur, und seinen Lebenspartner, die wohl auch gerade erst eingetroffen waren. Tom hatte ihr damals ihre zweite Empfehlung gegeben. Die Erste, die ihr die Pforten zu diesen exklusiven Feiern geöffnet hatte, war ihre Freundin Netti. Carla tauchte durch die angeheizte Atmosphäre hindurch, verteilte Luftküsschen links und rechts absolvierte den üblichen Hugging-Marathon. Sie war voller Vorfreude, wusste sie doch, dass eine sehr viel befriedigendere Art des Körperkontakts auf sie wartete. Dem fieberte sie seit Wochen entgegen. Nach der Begrüßungsrunde begab sie sich zur Damentoilette im Eingangsbereich, wo sie sich kurz frisch machte.

Hier war es gewesen, wo sich im Februar die zweite merkwürdige Begebenheit zutrug. Wieder waren es zwei Frauen gewesen, dieses Mal jüngere, zumindest den Stimmen nach, denen sie gelauscht hatte. Carla hatte in einer Kabine gestanden und war gerade dabei, sich wieder anzuziehen, als die beiden Frauen vor den Spiegeln miteinander tuschelten. Zunächst dachte Carla, die zwei waren einfach nur sehr beschwipst, denn bei ihren Schilderungen verfielen sie von einem Flüstern in ein lasziives Stöhnen. Doch dann wurde sie hellhörig. Offensichtlich wurde die eine Frau von der anderen gerade in das Geheimnis eingeweiht. Als Carla ihr gelauscht hatte, wurde ihr klar, dass sie es jetzt nicht mehr einfach nur als Gerücht abtun durfte.

Es gab da dieses Zimmer. Auch in dieses Zimmer gelangte man nur durch persönliche Empfehlung. Wo genau dieses Zimmer lag, wusste die eine Frau selbst noch nicht, aber das Geheimnis war offensichtlich Teil dieser Party. Sie wusste nur, dass sie endlich auf die Liste gekommen war. Und wenn man auf der Liste stand, dann war man irgendwann dran. Dann durfte man durch die Tür. Alle Frauen, die in dieses Zimmer gingen, schwebten wie auf Flügeln wieder hinaus. Manche Frauen änderten nach ihrem Besuch in dem Raum ihre Gewohnheiten. Plötzlich verabredeten sie sich nicht mehr mit Männern. Es hieß, so erzählte die Frau, zwei Bekannte hätten bereits am nächsten Tag ihr Facebook-Account gelöscht.

Das Gespräch war noch nicht zu Ende, doch Carla musste mit anhören, wie die Stimmen der fremden Frauen leiser wurden. Dann ging die Tür der Damentoilette. Für einen Moment schallte laute Musik von draußen herein, und sie war wieder alleine im Raum gewesen.

Etwas passierte hinter dieser Tür. Möglicherweise hatte es mit Drogen oder einer Sekte zu tun, denn eins stand fest: Ging man einmal durch diese Tür, kam man nicht mehr als dieselbe zurück. Was sie gehört hatte, klang so unglaublich und vage, dass Carla eine *urban legend* dahinter vermutete. Trotzdem war sie unendlich neugierig geworden. Und dann passierte es. Kaum, dass sie wieder in der Eingangshalle stand, schwebte eine Frau die Treppe herab. Mit zerzausten Haaren und einem glückseligen Lächeln war sie zum Ausgang geflattert. Es war kaum elf Uhr abends, und es musste einen Grund geben, warum sie die Party so früh verließ. Anscheinend hatte sie schon alles bekommen, was sie sich vorgestellt hatte.

Carla war nun fest entschlossen, diesem Geheimnis auf den Grund zu gehen. Wo war diese Tür, und wie kam sie auf die Liste?

Bei der Party einen Monat später hatte sie einen Plan. Mit einem Glas Champagner bewaffnet, war sie die geschwungene Treppe der riesigen Stadtvilla hinaufgestiegen. Die Decken der Halle waren mit Stuck übersät, überall hing prächtiger Brokat an den Wänden. Kurz bevor die Treppe sich teilte und in zwei Bögen in den zweiten Stock heraufführte, gab es einen Absatz. Hier begab Carla sich auf Beobachtungsposten.

Die Party fand im Wesentlichen im weitläufigen Erdgeschoss statt. Viele nutzten die leisere Umgebung auf der Treppe und im ersten Stock, um dort zu plaudern, aber oben auf dem Gang des zweiten Stockes war alles ruhig. Hinter der letzten Stufe, die auf den oberen Flur führte, war der Weg mit dicken roten Kordeln versperrt. Zu beiden Seiten gingen verschiedene Türen ab, aber der viereckige Flur lag im Halbdunkeln und schien verlassen, während unten in der Halle Lichtblitze zuckten und laute Musik gegen die Wände hallte.

Carla hatte zwanzig Minuten gewartet, aber nichts passierte. Von hier oben hatte sie die Gäste beobachtet, in der Hoffnung, ihre Freundin Netti irgendwo zu sehen, aber die hatte sich immer noch nicht blicken lassen. Gerade, als sie sich ein neues Glas Champagner holen wollte, bemerkte sie eine Bewegung auf dem Flur. Ein Kellner lief über den dicken Teppich, der alle Geräusche schluckte, auf die Treppe zu. Sie hatte gewartet, bis er die Kordel löste, auf die andere Seite ging und die Kordel wieder schloss.

Jetzt hatte Carla sehen können, dass er vier leere Gläser auf seinem Tablett trug. Mit gesenktem Kopf war er die Stufen herabgestiegen, ohne sie eines Blickes zu würdigen. Carla war ihm gefolgt, bis er hinter der langen Theke im Erdgeschoss verschwand. Auf einem Barhocker hatte sie auf ihn gewartet. Nur zwei Minuten später war er aus dem Hinterraum wieder aufgetaucht.

Das war ihre Chance. Sie hatte ihn herangewinkt, und tatsächlich war er zu ihr gekommen. »Diese Gäste dort oben im zweiten Stock, ist das eine geschlossene Gesellschaft?«

»Ich weiß nicht, was Sie meinen.« Er blickte sie völlig regungslos an.

»Sie sind doch gerade von oben heruntergekommen, mit leeren Gläsern. Da sind doch noch mehr Gäste.«

Er antwortete nur widerwillig. »Ja.«

»Und ist diese kleine Gesellschaft dort oben auch Teil dieser Party?«

»Nein.«

Himmel, für den Typen brauchte sie eine Saftpresse. Kein Wort zu viel kam aus ihm raus. »Ich hätte Interesse, diese andere Gesellschaft näher kennenzulernen.«

»Werden Sie denn erwartet?« Sein zuvor neutraler Ton wurde eine Spur frostig.

»Nein.«

»Dann kann ich leider nichts für Sie tun.«

»Ich würde aber gerne erwartet werden.«

»Ich kann Ihnen nicht helfen.«

»Was muss ich denn machen, damit ich erwartet werde?«

»Es tut mir leid.«

Carla griff zu ihrer Handtasche und holte etwas heraus. Diskret schob sie einen Hunderteuroschein über die Theke. Der Kellner sah den Schein, legte seine Hand darauf, und zu Carlas großer Überraschung schob er den Schein zurück. Sie griff noch einmal in ihre Tasche und legte einen weiteren Schein dazu. Genervt, aber trotzdem lächelnd, schob sie die Scheine wieder in seine Richtung. Jetzt blickte der Kellner etwas böse.

»Sie machen es nur noch schlimmer.« Er griff nach einem Tablett, drehte sich weg und ging, ließ sie mit ihren zwei Scheinen unter der Handfläche einfach sitzen.

Unverschämtheit. Sie blickte ihm nach. Mit einem leeren Tablett drängte sich der Kellner durch die feiernden Menschen, dann war er plötzlich verschwunden.

»Es ist der Marquis. Sie müssen einen Termin bei ihm haben, wenn Sie ihn treffen wollen.«

Erschrocken drehte Carla sich wieder zur Theke. Ein anderer Kellner stand dort und blickte auf die zwei Scheine.

Ohne ihre Hand wegzunehmen, fragte Carla: »Wie komme ich denn an einen Termin?«

»Ich weiß nicht.« Sein Blick schweifte über die Köpfe der Menschenmenge hinweg, als würde er nach etwas Ausschau halten.

»Was passiert da hinter der Tür?«

»Oh, ich weiß es auch nicht genau, aber jede Frau, die dort hineingegangen ist, kommt völlig verändert wieder hinaus.«

Carla schnaufte. So viel wusste sie ja selbst schon. »Und weiter?«

»Mehr weiß ich nicht. Ihre Kleidung ist immer verrutscht. Ich vermute mal, dass sie da drinnen keinen Sport machen.«

»Das ist aber dürftig.«

»Ich sage Ihnen schon viel mehr, als ich darf.«

»Aber wie, verdammt noch mal, kommt man da rein?«

Der Kellner schüttelte den Kopf. »Ich kann es Ihnen nicht sagen. Ich weiß nur, dass man etwas teilen muss.«

»Teilen? Was denn?« Carla legte ihre Fingerspitzen auf die Scheine und schob sie nach vorne.

Ihr Gegenüber zuckte mit den Schultern, aber mit einem Mal griff er nach den zwei Scheinen und steckte sie schnell weg. Sein Kollege kam zurück. Mit einem unbeteiligten Gesichtsausdruck griff er nach einem Tuch und trocknete Gläser ab.

Carla blieb sitzen und dachte nach. Ekstase, verrutschte Kleidung, Termine, eine Liste und die Tür. Der Marquis, wer immer das war, und sie musste etwas teilen. Das waren zu viele Geheimnisse auf einmal. Aber das machte es ja gerade so spannend.

Warum nannte sich der Marquis so? Die Frau, die bei der letzten Party gegangen war, hatte eine Glückseligkeit ausgestrahlt, die man nicht im realen Leben fand. Carla hatte den Eindruck, dass die Frau in diesem Moment ihr ganzes Hab und Gut weggeschenkt hätte, wenn man sie gefragt hätte. Ging es also doch um Drogen?

Sie hatte sich noch ein Glas Champagner bestellt und war zurück auf ihren Beobachtungsposten auf dem Treppenabsatz gegangen. Wieder wartete sie, bis sie ihr Glas leer getrunken hatte, und langweilte sich. Doch wie überrascht war sie gewesen, als sie plötzlich eine Frau entdeckt hatte, die ganz langsam über den Flur ging. Erst, als sie barfuß über die Kordel gestiegen und die Treppe heruntergekommen war, hatte Carla sie erkannt.

Es war Netti gewesen, ihre Freundin Netti! Mit einem glückseligen Ausdruck und ihren Schuhen in den Händen war sie die Treppe hinuntergeschlendert. Sie hatte Carla nicht einmal bemerkt, als sie direkt an ihr vorbeiging. Verwundert war Carla ihr gefolgt, doch als Netti in ein Taxi einstieg, hatte sie Carla den Zutritt verweigert. »Nicht heute.« Sie hatte ihrer Freundin einfach die Tür vor der Nase zugeschlagen, und der Wagen war davongefahren.

Carla lächelte, als sie nun an diesen Vorfall dachte. Damals war sie ziemlich ungehalten über das Verhalten ihrer Freundin gewesen, aber sie hatte ihr schnell alles verziehen. Und dem verschwiegenen Kellner, über dessen störrisches Schweigen sie sich so geärgert hatte, nahm sie es auch nicht mehr übel. Ganz im Gegenteil. Heute war sie ihm überaus dankbar dafür. Und der andere Kellner, der die Scheine angenommen hatte, nun, der arbeitete jetzt wahrscheinlich woanders.

Heute wusste sie, was hinter der Tür geschah. Schon zweimal war sie eine *Spielgefährtin* gewesen. Doch heute war sie an der Reihe. Heute war sie die Hauptperson, die *Spielerin*. Es wurde Zeit.

Carla stieg die geschwungene Treppe hoch, bis in den zweiten Stock, und ging über den dicken flauschigen Teppich. Obwohl sie ziemlich genau wusste, was heute passieren würde, war sie viel aufgeregter als bei den letzten beiden Malen. Jetzt blickte sie auch nicht mehr auf und wollte niemandem mehr begegnen, den sie vielleicht noch begrüßen musste. Sie wollte sich ungestört auf den Weg machen.

Als sie endlich wusste, was hier lief, hatte sie sich zuerst gewundert, warum der Marquis seine kleinen Soireen nicht ganz im Verschwiegenen veranstaltete, aber bald wusste auch sie, dass es ja gerade der zusätzliche Kick war, zu wissen, dass all die anderen hier unten bloß sich selbst feierten, während oben das Fest der Sinne stattfand. Außerdem wurden so neue Interessenten akquiriert, Frauen, die genauso neugierig wie sie waren.

Dabei war das ganze Verfahren eigentlich ganz simpel. War man interessiert genug, wurde man auf die Spielerinnenliste gesetzt. War man erst einmal auf der Liste, wurde man gefragt, ob man einen Termin wollte. Wollte man einen Termin, musste man aber erst zweimal eine Spielgefährtin sein. Man musste das machen, was die anderen wollten, die sich schon zuvor auf eine Liste gesetzt hatten. Und nachdem man erst die Spielgefährtin und dann die Spielerin war, musste man für die Frau, die als Nächste auf der Liste stand, alles perfekt vorbereiten. Die Spielerin gab schriftlich genaue Anweisungen über das, was sie wollte. Denn das war das, was man teilen musste: seine größte Fantasie. Darum ging es hierbei. Seine Fantasien zu teilen, mit anderen Frauen. Brauchte man Männer, was häufig der Fall war, aber nicht immer, wurden ausgewählte Callboys gerufen.

Bei ihrer ersten Teilnahme als Spielgefährtin lebte sie die Fantasie einer anderen Spielerin aus. Diese wollte einem

Pärchen beim Sex zuschauen. Zwar gab sie ausführliche Anweisungen, wann Carla was mit dem bestellten Mann tun sollte, oder er mit ihr, aber letztendlich war es nichts gewesen, was für Carla in irgendeiner Weise neu war. Letzten Monat, im August, war sie die zweite Frau bei einem Dreier. Das war auch für Carla neu gewesen, und wäre ihr die zweite Spielerin nicht mit dieser Fantasie zuvorgekommen, dann wäre es wahrscheinlich genau das gewesen, was Carla heute ausprobiert hätte. Doch so hatte sie diese Erfahrung schon gemacht und konnte sich einer ganz anderen Fantasie hingeben. Sie war sehr gespannt, wie es werden würde.

Heute war ihr Tag, ihr Abend, und sie war bereit. Mit flatternden Händen öffnete sie die Tür, die in einen kleinen Vorraum führte. Der lange Umhang und die Handschuhe lagen schon bereit. Die Frau, mit der sie beim letzten Mal den Dreier erlebt hatte, hatte alles genau so vorbereitet, wie sie es aufgeschrieben hatte. Sie war auch diejenige, die nun aus dem Nachbarraum kam.

»Es ist alles vorbereitet. Ich wünsche dir viel Spaß. So viel Spaß, wie ich beim letzten Mal hatte.« Sie hatte schwarze Haare und trug einen spitz zulaufenden Bubikopf. Sie war groß und sportlich und hatte kleine Brüste.

Carla wusste es genau, denn sie hatte diese Brüste noch vor wenigen Wochen liebkost. Aber ihren Namen kannte sie nicht. »Weiß sie es?«

»Nein, sie weiß nichts. Wie du gesagt hast. Du wirst selbst herausbekommen, ob sie einen Unterschied merkt.«

»Perfekt. Ich bin so gespannt.«

»Ich auch. Ich bin sehr froh, dass ich dir assistieren darf. Ich hab mich das wahrscheinlich schon hundertmal in meinem Leben selbst gefragt, aber ich wäre niemals auf die Idee gekommen, es auszuprobieren.«

Carla lächelte, bevor sie sich die große Kapuze über den Kopf warf. Ihr Gesicht war nicht mehr zu erkennen. »Ab jetzt sag ich keinen Ton mehr. Jetzt redest nur noch du, bis ich mich zu erkennen gebe.«

Die andere Frau nickte still und öffnete ihr die Tür. Der Nachbarraum war groß und verdunkelt. Es brannten Dutzende von Kerzen, die Luft war warm. In der Mitte des Raumes stand ein großer, edler Polstersessel. Dahinter war ein großer Standspiegel. Eine blonde Frau saß im Sessel und wartete. Sie trug eine Augenbinde, war hübsch gekleidet und offensichtlich aufgeregt. Sie regte sich, jetzt, da sie hörte, dass jemand den Raum betrat.

Carla nickte der Schwarzhaarigen zu, und beide stellten sich vor den Sessel. Sie schlug ihren Umhang beiseite, und die große Frau löste mit einem geschickten Griff den Rock. Er glitt an Carlas nackten Beinen herab. Die Schwarzhaarige wartete, bis sie aus dem Rock gestiegen war, und legte ihn beiseite. Dann trat sie an einen Tisch heran, der etwas abseits stand. Als sie zurück zu Carla kam, präsentierte sie ihr etwas auf den ausgestreckten Händen.

Das war er also, das war der Schwanz, den sie tragen würde, um eine ihrer größten Fragen zu beantworten. Denn Carla beschäftigte die eine Frage, die sich wahrscheinlich jede Frau schon einmal gestellt hatte: Wie fühlte es sich an, einen Schwanz zu haben und damit zuzustoßen?

Carla war klar, dass sie selbst mit dem, was sie hier vorhatte, nur einen Teil ihrer Frage beantworten würde. Denn wie es sich wirklich anfühlte, einen Schwanz zu haben, der sich plötzlich mit Blut füllte, würde sie auch heute nicht erfahren.

Wie war das wohl, wenn plötzlich so viel Blut aus dem gesamten Körper abgezogen wurde? Und wo kam es so plötzlich her? Sie hatte noch nie gehört, dass Männer kalte Füße beim Sex bekamen, zumindest nicht im wort-wörtlichen Sinne. Carla vermutete, dass es wohl zwangs-läufig vom anderen Ende des Körpers kommen musste, und einige Begebenheiten aus ihrem Sexualleben bestä-tigten ihren Verdacht. Doch wie es sich tatsächlich an-fühlte, würde ihr für immer ein Rätsel bleiben.

Immerhin sollte sie sich heute den zweiten Teil der Frage beantworten können: Wie fühlte es sich an, jeman-den zu ficken? Und würde die Frau den Unterschied merken, wenn sie nichts von dem Ersatzteil wusste? Der Schwanz war exakt anatomisch geformt und war weder zu weich noch zu hart. Carla nickte und stellte sich breit-beinig hin. Die Schwarzhaarige nahm den Latexschwanz und schnallte das Geschirr an Clara fest. Sie prüfte, ob er fest genug saß, und regulierte noch eine der Schnallen. Dann trat sie beiseite und richtete ihren Blick auf die Frau mit der Augenbinde.

»Wir sind so weit. Du auch?«

Ein Lächeln zeichnete sich auf dem Gesicht unter der Augenbinde ab. »Ich bin sehr aufgeregt, aber ich bin so weit.«

»Es ist dein erstes Mal.«

»Nein, mein zweites Mal.«

»Dann weißt du, wie alles geht.«

Die Blonde nickte.

»Also dann. Wir fangen an.« Die Schwarzhaarige war-tete einen Moment, bis sie sagte: »Dann zieh dich jetzt bitte aus. Ganz langsam.«

Als hätte sie es gar nicht erwarten können, fing die Blonde sofort an, die Träger ihres langen Kleides über die Schulter zu streifen. Ganz langsam ließ sie es über ihren Körper gleiten. Carla sah, dass sie sich Mühe gegeben hatte, diesen Abend zu einem besonderen Erlebnis werden zu lassen. Ein schöner BH, ein passender Slip, dazu trug sie halterlose Strümpfe, die auf der Mitte ihrer Oberschenkel endeten. Ihre lange Kette baumelte vor ihrem Busen, als sie aus dem Kleid kletterte. Ganz langsam zog sie sich zuerst ihren BH aus, dann ließ sie ihren Slip auf den Boden fallen. Bis auf die Schuhe, die Strümpfe und die Kette war sie nun vollkommen nackt.

»Darf ich fragen, wie viele ihr seid? Nur die Spielerin und du?«

»Nein, das darf ich dir noch nicht verraten«, antwortete die Schwarzhaarige freundlich.

Carla stellte sich nun vor die Frau und zog einen ihrer Handschuhe aus. Mit dem Zeigefinger fuhr sie zwischen die Beine der Blonden. Die atmete laut ein. Sofort stellte sie ein Bein weiter ab und kippte ihr Becken nach vorne. Sie war schon feucht, feucht genug für das, was sie mit ihr vorhatte. Carla nickte. Sie war so weit.

»Jetzt knie dich bitte auf den Sessel. Die Beine breit, und den Hintern nach vorne hochgestreckt.«

Die Blonde tat, was die Schwarzhaarige sagte, und sofort reckte sich ihr niedlicher Hintern in die Höhe. Carla wusste nicht, was die Blonde beim ersten Mal gemacht hatte, doch offensichtlich hatte es ihr so sehr gefallen, dass sie nicht genug bekommen konnte. Ihre Möse glitzerte feucht. Sie war die pure Einladung.

Carla stellte sich hinter sie, und der Augenblick war gekommen. Sie hatte ihren Handschuh wieder angezogen und packte die Frau bei den Hüften. Es war ein geiles Gefühl. Carla schaute an sich herunter, und ein dicker, aber nicht zu langer Schwanz ragte vor ihr in die Höhe. Die Spitze war genau vor dem Loch, und jetzt stupste sie damit die Schamlippen an.

Die Blonde sagte nichts, aber man merkte, dass sie wusste, was nun kam. Sie streckte ihren Po noch weiter raus. Es war so weit. Carla beugte ihren Oberkörper ein wenig zurück, damit sie besser sehen konnte, was sie tat, und dann drückte sie ihr Becken nach vorne.

Zuerst glitt sie nur wenige Zentimeter in das Loch hinein. Sie beobachtete das Gesicht der Blonden im Spiegel. Die sah angespannt, aber nicht furchtsam aus. Carla zog den Schwanz raus und stieß wieder zu. Jetzt öffnete sich der Mund der Blonden, aber kein Ton kam heraus. Carla stieß ein paarmal hintereinander zu. Jetzt stöhnte die Blonde leise. Dann endlich war Carla mit ihrem Schwanz ganz in ihr.

Schon vorhin, als sie den Finger in die nasse Spalte der Blonden gesteckt hatte, war sie selbst feucht geworden. Jetzt rieb das Ledergeschirr an ihrer eigenen Klitoris und machte sie geil. Die Brüste der Blonden wogten im Rhythmus von Carlas Stößen. Sehr langsam, aber stetig bewegte Carla ihr Becken nach vorne, was jedes Mal ein neues lustvolles Stöhnen bei der Frau auslöste. Carla konnte sich kaum noch beherrschen. Auch sie wollte stöhnen, doch dann hätte sie sich verraten. Die Hände der Blonden krallten sich in die Rücklehne, ihren Kopf drückte sie weit nach hinten in den Nacken. Carla presste ihre Lippen zusammen, damit kein Ton entwich. Stattdessen versuchte sie, sich darauf zu konzentrieren, was es für ein Gefühl war zu ficken. Sie versuchte sich vorzustellen, wie ein Mann stoßen würde, aus der Hüfte heraus. Ihre Beine waren leicht gebeugt, und sie würde morgen ganz sicher einen tierischen Muskelkater in den Oberschenkeln haben. Es war ein unbeschreibliches Gefühl: Lust, Geilheit, wilde Macht, ein Gefühl, jemanden anderen beherrschen zu können oder wenigstens seine Lust steuern zu können. Es machte richtig Spaß.

Carla bemerkte, wie die Schwarzhaarige ihr zuschaute. Sie war auch geil, denn ihre Hand hatte schnell den Weg in ihr Höschen gefunden und bewegte sich dort drin. Carla hörte auf zuzustoßen. Mit den Händen signalisierte sie, dass sie die Position wechseln wollte. Sie zog den Schwanz aus der Möse und stellte sich aufrecht hin.

»Jetzt stell dich wieder hin, ein Bein auf dem Sessel aufgestützt.«

Die Blonde tat, was ihr gesagt wurde, und schon stand Carla ganz nah vor ihr. Dieses Mal stieß Carla sofort zu. Sie war mit einem Stoß in ihr, und ihr eigenes Becken schnellte vor und zurück. Das war eine ihrer Lieblingspositionen. So wurde sie am liebsten gefickt. Und auch der Blonden gefiel es. Plötzlich zuckte diese zurück. Sie war wohl irritiert, als Carlas Korsage sie berührt hatte. Ahnte sie jetzt, dass es kein Mann war, der da in sie eindrang? Wenn, dann ließ sie es sich nicht anmerken, denn jetzt warf sie ihren Kopf in den Nacken und stöhnte.

Carla hielt sie fest, aber die Stellung war wirklich äußerst anstrengend. Wieder signalisierte sie, dass sie jetzt die letzte Position einnehmen wollte.

Die Schwarzhaarige sprach wieder: »Okay, jetzt knie dich auf den Boden.«

Die Blonde wartete, bis ihr Gegenüber zurückgetreten war, und tastete sich am Sessel entlang. Sie kniete sich aufrecht hin.

»Und jetzt wirst du uns zeigen, welche Zungenfertigkeit du besitzt.«

»Oh, das kann ich gut.« Ihre rechte Hand griff in die Luft, und Carla führte sie an den Schwanz.

Das war jetzt der Augenblick. Jetzt würde sie es merken. Und tatsächlich schien die Blonde unsicher, sagte aber nichts, sondern umfasste den Latexschwanz mit ihrer

Hand. Erst als sie jetzt ihren Mund über die Spitze stülpte, zog sie sich sofort zurück. »Der ist ja gar nicht echt!«

»Richtig.« Carla blickte auf die Augenbinde.

»Und du bist kein Mann!«

»Wieder richtig.« Carla griff zur Augenbinde und zog sie vorsichtig weg. Die Blonde blinzelte kurz und orientierte sich.

»Sag mir, hast du vorher was gemerkt?« Carla war neugierig. Noch immer wippte der Schwanz vor dem Gesicht der Blonden.

»Er war am Anfang überraschend kühl, doch ich hab mir nicht wirklich was dabei gedacht. Nein, als du zugestoßen hast, hab ich nichts gemerkt. Gut, ich hab auch schon Kerle im Bett gehabt, die weniger Rücksicht auf meine Anatomie genommen haben, aber nein: Ich wäre niemals auf die Idee gekommen, dass der Schwanz nicht echt ist.«

»Dann tue mir jetzt noch einen Gefallen. Ich will unbedingt wissen, wie es aussieht, wenn eine Frau dem Mann einen bläst. Tu einfach so, als wäre er echt.«

Die Blonde grinste. »Das ist ja mal eine ausgefallene Fantasie. Das würde ich auch gerne wissen.« Schon nahm sie den Schwanz wieder in die Hand und streckte ihre Zunge nach vorne. Ganz langsam glitt ihre Zunge unter den Schwanz, während ihre Augen Carla beobachteten. Dann feuchtete sie sich die Lippen an und schnappte nach dem Schwanz. Immer tiefer glitt der in ihren Mund hinein. Der Kopf schnellte vor und zurück, doch ihre Augen blieben an Carlas Blicken heften.

Für eine Minute fesselte dieser Anblick Carla. Die Frau, die vor ihr kniete, gab sich wirklich Mühe, aber dann war der Moment vorbei. »Okay, ich glaube, näher als so werde ich diesem Gefühl nie kommen.« Carla klang etwas enttäuscht. »Auf jeden Fall macht es mich nicht so an, wie wenn ich dich damit ficke. Aber selbst dabei würde ich wohl kaum zu einem ordentlichen Orgasmus kommen.« Carla trat einen Schritt zurück. »Aber ich danke euch beiden, dass ihr so gut mitgemacht habt. Ich hatte wirklich meinen Spaß.«

»Willst du nicht wissen, wie es ist, mich zum Orgasmus zu vögeln?« Die Blonde klang leicht enttäuscht.

Carla blickte sie an. »Okay. Wie hast du es denn am liebsten?«

»Ich könnte mich in den Sessel setzen, und wenn ich ganz nach vorne rutsche und die Beine breitmache, kommst du gut in mich rein.« Schon saß sie in der Position.

Carla musste sich nur noch vor sie knien. Dieses Mal war sie nicht so zaghaft, denn die Frau würde ihr sicher zu verstehen geben, wenn sie zu tief stieß. Sie begann, sich vor- und zurückzubewegen, und sofort stöhnte die Blonde.

»Es macht mich schon ganz heiß zu wissen, dass ich von einer Frau gefickt werde. Und dass eine andere dabei zuschaut.« Sie hechelte und blickte Carla dabei offen ins Gesicht. Bei jedem Stoß, der in sie fuhr, schloss sie für einen Moment die Augen, doch dann riss sie sie wieder auf und taxierte Carla. Sie leckte sich die Lippen und fuhr sich mit der Hand zwischen ihre Beine. Die Frau schaute mit großen Augen auf Carla, als wollte sie sie verschlingen, und fing an, mit ihrer Perle zu spielen.

Sie stöhnte laut, und auch Carla wurde immer geiler. Sie hatte endlich eine Position gefunden, in der das Geschirr bei jedem Stoß an ihrer Klitoris rieb. Und dann noch der Frau dabei zuzusehen, wie sie sich streichelte, wie ihre Brüste wippten, ihre Augen vor Verzückung rollten – das machte sie total an. Die Muskeln in ihrem Unterleib zogen sich zusammen.

Das war der Kick gewesen, der ihr vorhin gefehlt hatte. Ihr Herzschlag legte einen Spurt hin. Sie wusste, die Blonde würde jeden Augenblick kommen. Die Frau verzog ihr Gesicht. Carla stieß noch heftiger zu. Eine Welle zog durch ihren Unterleib. Jetzt war auch sie so weit. Sie stieß wieder zu, hielt kurz inne, stieß ein weiteres Mal. Das feuchte Leder drückte sich gegen ihre Klitoris. Sie stieß noch ein paarmal zu, jetzt waren es jedoch nur noch ganz kleine, aber schnelle Stöße, und dann kam es ihr. Ihr ganzer Körper verkrampfte sich, nur um sich mit einem lauten Schrei in einer Eruption aus Lust und Geilheit zu entladen. Sie nahm kaum wahr, wie auch die Blonde einen lang gezogenen Laut von sich gab und dann in sich zusammenfiel.

Alle drei blieben stumm. Es dauerte eine Weile, bis allmählich wieder Leben in Carla kam. Auch die Blonde auf dem Sessel rekelte sich, gewährte allen noch einen ausgiebigen Blick auf ihre feuchten Schamhaare und öffnete endlich ihre Augen.

Carla blickte sie an. »Danke.« Es war gehaucht. So lasziv, wie Marilyn Monroe gehaucht hatte, aber es war keine Absicht. Die Stimme versagte ihr, und sie probierte es ein zweites Mal. »Ich danke dir, Marquis.« Sie blickte zur Schwarzhaarigen. »Und ich danke dir auch, Marquis.«

Das war nämlich das große Geheimnis: Sie alle waren die Marquis, alle, die ihre geheimsten Fantasien miteinander teilten. Diese Figur, der Marquis, war nur ein dunkler Schatten, eine Vorstellung, ein verlockendes Mysterium.

Oben ohne

»Jetzt bitte ich dich seit einem halben Jahr, ja flehe dich an, mir dein Cabrio zu leihen. Und jetzt plötzlich willst du es mir einfach so geben? Da steckt doch was dahinter!« Susa schaute Roger, der neben ihr an der Kaffeebar saß, skeptisch an.

»Wie gut du mich kennst, meine liebe Schwägerin.«

»Also sag schon, was muss ich machen? Mein Erbe an meine Schwester abtreten?«

»Nein, nichts in der Art.«

»Mit deinem besten Freund ins Bett?« Sie kannte seinen Busenkumpel Gregor. Auf der Geburtstagsparty ihrer Schwester hatte der ein Auge auf sie geworfen. Aber er war definitiv nicht ihr Typ. Eher würde sie sich einen Arm abschneiden. Ihr Schwager Roger war ein erfolgreicher Geschäftsmann, aber er hatte einen skurrilen Humor und umgab sich mit den unmöglichsten Menschen. Manchmal glaubte Susa, ihre Schwester war die einzige normale Person in seinem Umfeld. Roger antwortete nicht, und Susa vermutete direkt das Schlimmste. »O nein. Das kommt gar nicht infrage.«

»Nein, nein. Das ist es ja gar nicht.« Roger machte eine kleine verlegene Pause. »Es geht nur ein wenig in diese Richtung.«

»Ein wenig in diese Richtung? Was soll das denn bitte

heißen? Soll ich für ihn strippen? Oder will er Nacktaufnahmen von mir haben?«

»Es geht doch gar nicht um Gregor. Obwohl, jetzt, da du es sagst: Ich kann es ihm ja mal vorschlagen.« Roger grinste sie spitzbübisch an.

Susa boxte ihn in den Arm. Das bedeutete ein definitives Nein. »Also, raus mit der Sprache.«

Roger räusperte sich und trank seinen Espresso. Dass er sie während ihrer Mittagspause in die kleine Cafeteria eingeladen hatte, war ihr gleich spanisch vorgekommen. Und sie sollte nichts ihrer Schwester erzählen. Eigentlich hatte Susa nun fest damit gerechnet, dass es um irgendein Geschenk für Paula ging. Aber ihre Schwester hatte bereits vor zwei Monaten Geburtstag gehabt, und Weihnachten war noch sechs Monate entfernt. Ein mulmiges Gefühl beschlich Susa. Roger wollte doch hoffentlich nichts von ihr. Er glaubte doch wohl nicht, dass sie ... mit ihrem Schwager ... hinter dem Rücken ihrer Schwester ... Pfui!

»Es geht um jemand ganz anderen. Du kennst ihn nicht.«

Ein erleichtertes Seufzen entfuhr Susa. Roger blickte sie fragend an, aber sie winkte bloß ab. Unbedeutend. Er sollte endlich damit rausrücken.

»Massimo. Massimo ist zwar Italiener, aber alles andere als heißblütig. Er ist eher so eine Art ... Muttersöhnchen. Obwohl er allein lebt. Und jetzt wird er vierzig ... Und er ist ein sehr guter Freund von mir, also ein sehr guter alter Freund«, beeilte sich Roger zu ergänzen, als würde das schon alles sagen. »Wir kennen uns schon seit der Schulzeit.«

»Und?«

»Und ich ... also wir ... also ich möchte ihn gerne zum Geburtstag mit etwas überraschen. Aber du kennst mich ja. Ich hab mit Gregor und noch ein paar anderen aus meiner alten Clique gesprochen, und wir wollen uns einen kleinen Spaß mit ihm erlauben.« Roger schaute Susa flehend an, so als müsse sie bereits wissen, was er sagen wollte. Susa blickte ihn stumm an. »Wir haben ein bisschen gewitzelt, was wir ihm schenken könnten. Und wir wollten ihm nicht ... wirklich ... Also, wir konnten uns nicht einigen, ob wir ihm ... also ... ähm ...«

»Ihr wusstet nicht, ob ihr ihm 'ne Nutte kaufen sollt.«

»Ähm ... genau ... Aber dann hatten wir eine andere Idee ... und da kommst du ins Spiel.«

»Ich darf das mal zusammenfassen: Die nächstbeste Idee nach einer Nutte bin ich?«

Roger fuhr sich nervös durch die Haare. »Nein, so darfst du das nicht verstehen. Wir hatten erst mal nur so eine Idee. Und dann haben wir überlegt, wie wir ihm etwas schenken können, das seriös aussieht, aber trotzdem ein bisschen anstößig ist.«

»Mann, Roger. Komm mal auf den Punkt. Du ziehst dich ja wie ein alter Kaugummi.«

»Wir wollen ihm eine Putzfrau für einen Nachmittag schenken. Aber die soll in einem echten Dienstmädchenkostüm auftauchen. Also, so einem sexy, knappen, kurzen schwarzen Kleidchen mit weißer Schürze und Haube und so.«

»Und so?«

»Nein, nein! Es soll auch wirklich gar nichts passieren. Wir wollen ihn nur ein wenig aus der Ruhe bringen. Ein wenig aus seinem Trott holen. Ich mein, der arme Kerl ist neununddreißig! Ich kenne ihn seit über zwanzig Jahren, und ich hab nie auch nur die Andeutung einer Freundin, Verlobten oder sonstiger amouröser Eskapaden mitgekriegt. Und wir wollten ihn nicht vor den Kopf stoßen mit einer Nutte.«

»Also, so eine Art Weckruf zum Vierzigsten.«

»Ja, genau!« Roger klang erleichtert, dass es endlich raus war.

»Ich im sexy knappen Dienstmädchen-Outfit, als eine besondere Art des Freundschaftsbeweises ... da frag ich mich doch: Wie seid ihr auf mich gekommen?«

»Meine halbe Mannschaft fragt ständig nach dir, seit du Paula und mich von der letzten Pokalfeier abgeholt hast. Na, besuchst du deine Schwägerin am Wochenende? Gibt es zu deiner Schwägerin eigentlich einen Schwager? Ständig muss ich mir anzügliches Zeug wegen dir anhören. Du bist heiß. Das weißt du doch.«

»Und das sagst du mir so einfach ins Gesicht. Wenn das Paula wüsste!«

»Paula ist deine Schwester. Gleicher Genpool, genauso heiß, wenn nicht noch heißer.« Er grinste verschmitzt, und Susa war mehr als dankbar, dass er ihr keine Avancen machte.

»Aber hat er mich nicht schon mal irgendwann bei dir gesehen, auf einer Geburtstagsfeier oder so? Er würde mich dann doch vielleicht wiedererkennen und direkt wittern, dass da was im Busch ist.«

»Ach, Massimo ist immer einer der Ersten, die auf Feiern nach Hause gehen. Er ist supernett, sehr intelligent, aber manchmal ist er 'ne echte Spaßbremse.«

Susa überlegte, was das wohl für ein Kerl war. Tendenz eher harmlos. Konnte sie es riskieren? Was war sie bereit, für ein Sommerwochenende mit einem Cabrio zu tun? »Und das bedeutet für Massimo: nur gucken, nicht anfassen?«

»Genau. Wir sitzen draußen im Auto. Nur für alle Fälle.«

Susas Blick sprach Bände.

»Nein, nein. Hundertpro passiert da nix. Da verwette ich mein Jahreseinkommen drauf. Der macht nix. Du brauchst dir keine Gedanken zu machen.«

»Und wenn das so ein Psycho ist? Einer, der nicht normal kann und heimlich Frauen umbringt?«

»Quatsch, Massimo doch nicht. Du kennst ihn nicht. Aber er ist echt ein total netter Typ. Der würde nie 'ne Frau anfassen, wenn sie es nicht will.« Roger zog zweifelnd die Augenbrauen hoch. »Und wahrscheinlich nicht mal, wenn sie es will.«

»Mal daran gedacht, dass er schwul sein könnte?«

»Ich kenne ihn, seit wir sechzehn sind. Ich schwör dir, der ist nicht schwul. Es ist eher so, als sei er asexuell. Und das als Italiener!« Roger klang sehr überzeugt.

Susa schlürfte ihren Cappuccino. Also, drei Stunden Putzen im kurzen Rock. Einen zu engen BH tragen, ein bisschen *chouchou*, ein bisschen mit dem Arsch wackeln. »Ich will den Wagen für ein langes Wochenende.« Mal sehen, wie viel Roger dieses Spiel wert war. »Und ich fahr nach Mailand!«

Roger schaute sie konsterniert an. »Ich dachte eher für ein paar Stunden ...«

»Hab ich mir gedacht, dass du dir das gedacht hast. Ein verlängertes Wochenende. Und ich fahre so viele Kilometer, wie ich will, und über jede Grenze, über die ich fahren will. Das ist der Deal!«

Roger starrte vor sich hin. »Na gut. Donnerstag bis Montag. Und du darfst nach Italien damit. Aber nur du darfst fahren.« Er sah etwas zerknirscht aus. Damit hatte er nicht gerechnet. Seine Autos waren seine Lieblinge.

»Du glaubst doch wohl nicht, dass ich mir dieses Vergnügen von jemandem nehmen lassen würde. Ein ganzes Wochenende in 'nem Oben-ohne-Wagen rumcruisen. Herrlich!«

Nur neun Tage später stand Susa in einem Karnevalskostüm vor einer Wohnungstür im ersten Stock eines Mehrparteienhauses. Ihren Trenchcoat hatte sie erst im Flur ausgezogen. Ohne den Mantel hätte sie im Leben nicht die Straße überquert. Der Saum ihres Dienstmädchen-Outfits saß gerade so tief, dass er die Strapse bedeckte, wenn sie ganz aufrecht stand. Darüber trug sie ein schwarzes Rüschenhöschen. Der Dirndl-BH presste ihre Möpse ins Gesichtsfeld des Gegenübers. Der BH und die schwarzen High Heels gehörten ihr. Alles andere hatte Roger besorgt. Tatsächlich fühlte sie sich ein wenig schmutzig und verdorben. Das machte sie selbst schon ein wenig an. Ruhig Blut, sagte sie sich. Ich krieche jetzt hier in die Ecken, um Staub zu wischen. Sie hatte mit Roger abgemacht, dass sie nicht das Klo putzen und auch nicht die Mülleimer sauber machen würde. Ansonsten würde sie sich redlich Mühe geben, wie eine echte Putzfrau aufzutreten, sich dabei aber anzüglich bewegen, um Massimo etwas ins Schwitzen zu bringen. Sie langte ein letztes Mal in ihre weiße Spitzenschürze. Roger hatte ihr ein winzig kleines Handy gegeben, das mit einem einzigen Knopfdruck den Jungs im Auto Bescheid geben würde, falls etwas schieflaufen sollte. Es war ihre Sicherheit, ihr Rettungsanker gegen einen zudringlichen Italiener. Susa hatte darauf bestanden, trotz aller Versicherungen von Roger, dass sie nichts dergleichen brauchen würde. Roger saß mit zweien seiner Freunde, leider war auch Gregor dabei, draußen vor dem Haus in Wartestellung. Nicht, weil sie glaubten, Susa Sicherungsgeleit geben zu müssen, sondern weil sie sich natürlich köstlich amüsieren wollten. Nach getaner Arbeit würden sie mit einigen Sixpacks bei Massimo in die Wohnung stürmen und einen Männerabend ausrufen.

Susa betätigte die Türklingel. Kurz darauf hörte sie Schritte, und die Tür wurde geöffnet. *Mann, o Mann. Also, wenn das ein Muttersöhnchen war, dann war sie Mutter Theresa.* Der Typ weckte in ihr die Erinnerung an einen reifen Pfirsich. Knackig und saftig, als wolle das Fruchtfleisch einem von alleine in den Mund springen. Definitiv reif zum Vernaschen. Lecker, lecker, lecker. Sie konnte das ziemlich gut beurteilen, denn er trug nur ein Handtuch um die Lenden. Einzelne Wassertropfen perlten über seinen Oberkörper. Etwas überrascht blickte er sie aus stahlblauen Augen an. »Scusi?«

»Ich bin Claire. Ich komme heute zum Putzen.«

»Ah, die Putzefrau. Sí, sí! Das Geschänk.« Er lachte und ein breites Spitzbubengrinsen zog sich über sein Gesicht. Sein Blick wanderte über ihren Körper und blieb an ihrem hochgepressten Busen hängen. Eine Sekunde verharrte er dort. Mit einem Räuspern trat er zur Seite und ließ sie ein.

Susa lächelte zurück und warf den Trenchcoat auf die Garderobe. Er ging vor ihr her, und Susa konnte nicht umhin, seinen Arsch, der sich unter dem knappen Handtuch abzeichnete, zu bewundern. Das war mal wieder typisch, dass Kerle nur auf das *Verhalten* anderer Männer achteten. Dass der Typ so gut gebaut war, fiel Roger anscheinend gar nicht auf. Aber eigentlich hatte er auch gar nichts zu seinem Aussehen gesagt. Vielleicht war Massimo ganz einfach nur schüchtern. Er blieb in der Küche stehen, und als er sich umdrehte, bemerkte er Susas Blick. Wieder lächelte er und zeigte ihr einen kleinen Schrank in der Ecke, in dem Putzmittel standen.

Sein Deutsch hatte eine wundervolle exotische Färbung. »Bitte ... äh ... bedienen Sie sich.«

Nur allzu gerne, schoss es Susa durch den Kopf. Sie hatte Mühe, ihre Neugierde zu verbergen. Was da wohl hinter dem Handtuch lauerte? »Ähm ... ja ... dann will ich mal.«

Er trat zur Seite. »In zwei Minuten, iche bine fertig im *Bagno*.« Er machte eine Handbewegung, die ihr bedeuten sollte, in welcher Richtung das Bad lag. Dann ging er, aber nicht ohne noch mal einen neugierigen Blick auf ihre Aufmachung zu werfen. Sein begieriger Blick entging ihr nicht. *Mission erfüllt*. Er hatte Feuer gefangen. Jetzt musste sie ihn nur noch etwas aus der Reserve locken. Mit dem Outfit brauchte sie wahrscheinlich überhaupt nichts weiter zu tun, als ein wenig den Staubsauger durch die Wohnung zu schieben.

Unschlüssig stand Susa vor dem kleinen Schränkchen und riss sich aus ihren Gedanken, die noch immer bei dem verborgenen Hügel unter dem Handtuch verweilten. Sie musste wenigstens so tun, als sei sie eine Putzfrau. Sie holte den Staubsauger aus dem Schränkchen und schleppte ihn ins Wohnzimmer. Eigentlich sah alles ziemlich sauber aus, es war nur etwas unordentlich. Zeitschriften lagen herum, Gläser standen auf dem Boden, und Kleidungsstücke waren auf dem Teppich verteilt. An einer Stuhllehne hing eine Unterhose. Susa sammelte die Gläser und anderes Geschirr ein und brachte es in die Küche. Spülen würde sie zum Schluss, oder wann immer Massimo sich in die Küche flüchten würde. Sie hatte sich eine Strategie zurechtgelegt. Damit er sich nicht einfach in ein anderes Zimmer verdrücken konnte, würde sie sich mit ihm unterhalten. Ein bisschen Spaß wollte sie auch haben. Einen Mann in sexuelle Verlegenheit zu bringen schaffte selbst sie nicht jeden Tag. Sie kam zurück ins Wohnzimmer und sah gerade noch, wie sich der Typ mit dem Rücken zu ihr die Unterhose vom Stuhl schnappte und sich überzog. Dann griff er schnell zum T-Shirt und zog es sich über. Susa lehnte sich an den Türrahmen und beobachtete alles genüsslich. »Soll ich hier im Wohnzimmer anfangen?«

Der Typ fuhr herum und merkte, dass Susa alles mit angesehen haben musste. »Äh ... sí, sí. Wohnezimmer.« Jetzt griff er zu einer kurzen Hose und zog sie an. Doch diesmal machte er es in aller Ruhe. Susa schaute ihm dabei zu, und er sah aus, als würde er es genießen. Von wegen Muttersöhnchen. Der sprach nur nicht drüber. Dieser Massimo sah überhaupt nicht aus wie ein Kostverächter. Der genoss wahrscheinlich still und heimlich und wollte nur den Neid seiner Freunde nicht auf sich ziehen.

Susa stieß sich vom Türrahmen ab und ging neben ihm auf die Knie. Absichtlich reckte sie den Po in die Höhe, während sie die Zeitschriften zusammensammelte und auf dem Wohnzimmertisch ablegte. Umständlich stand sie auf und drehte ihm den Arsch hin, während sie mit gestreckten Beinen vor dem Staubsauger stand und das Kabel entrollte.

Sie hörte ein leises »Madonna, Madre de Dio«, gefolgt von einem tiefen Atemzug. Sie wackelte absichtlich ein wenig mit dem Po, bevor sie sich wieder aufrichtete. Jetzt suchte sie nach einer Steckdose und fand auch eine neben der Tür. Wieder bückte sie sich grazil und streckte dabei ihren Po in die Höhe. Sie wusste genau, was er gerade sehen konnte. Zwischen Strapsen und Rüschenhöschen blitzte eine Handbreit ihr zartes Fleisch hervor. Nackt und bereit. Sie drehte sich um und sah, wie er versuchte, mit seinem T-Shirt die Beule in seiner Hose zu verdecken.

Noch keine zehn Minuten hier, alle Achtung. Sie war gut. Vielleicht zu gut, schließlich musste sie ja noch zwei Stunden und fünfzig Minuten rumkriegen. Sie griff nach dem Staubsauger und blickte ihn an.

»Ich saug jetzt hier. Vielleicht können Sie solange in ein anderes Zimmer gehen.«

Er vermied es, sie anzusehen, während er das Zimmer verließ. Sie hörte ihn in der Küche rumoren, während sie gewissenhaft das Zimmer saugte. Okay, zwanzig Minuten rum. Zeit für ein bisschen Entertainment. Er saß in der Küche, die nackten Füße auf der Fensterbank, und aß ein Brötchen. Susa bemerkte, wie er ihrem Blick auswich. Vielleicht doch nicht so ein Schmecklecker, wie sie dachte. Sie stellte sich an die Spüle und ordnete das schmutzige Geschirr. So wird das nix, schalt sie sich selbst. Sie hatte ein Leben lang ehrlich für ihren Lohn gearbeitet. Roger zu betrügen kam gar nicht infrage. Sie musste den Italiener aus der Fassung bringen, egal wie.

Geräuschvoll rückte sie einen Stuhl vor die Küchenzeile und kletterte darauf. Mit dem Rücken ihm zugewandt, wusste sie trotzdem, dass er sie beobachtete. Sie stellte einen Fuß auf die Ablage, die Beine nun breit ausgestellt, und begann, das Geschirr aus der obersten Ablage des Hängeschrankes zu räumen. Verdammt, sie hätte auf der Stelle über ihn herfallen können. Er sah wirklich süß aus, ganz anders, als sie ihn sich vorgestellt hatte. Nach Rogers Erzählungen hatte sie eine Art graue Maus mit schwarzen Haaren erwartet. Aber dieser Prachtkerl hier war alles andere als eine graue Maus. Sie musste etwas unternehmen. Umständlich versuchte sie, wieder von dem Stuhl hinunterzukommen, als sich der lange Absatz ihres rechten High Heels in der Stuhllehne verkantete. Susa geriet ins Wanken, griff zur offenen Schranktür, aber das half nicht viel. Sie trudelte. Ein fester Griff stützte sie. Eine Hand lag auf ihrem Rücken, die andere auf der Pobacke.

»Molto pericoloso! Sähr gefährlisch!« Er lächelte verschmitzt, während er ihr runterhalf. Unbeholfen stieg sie von dem Stuhlsitz und fiel ihm entgegen. Er hielt sie fest, aber mit ihrem Schwung knallte sie gegen seinen Körper. Sie konnte seinen Schwanz spüren, der dort unter der Bermuda wuchs. Jetzt wäre es Zeit gewesen, ein wenig von ihm abzurücken. Stattdessen presste sie ihre Hüfte gegen seine auffallende Rute. Sie spürte, dass sie selbst schon feucht wurde. Auffordernd blickte sie ihm in die Augen und begann, sich langsam an ihm zu reiben. Das war das Startsignal. Seine Hände krallten sich in ihre Arschbacken und pressten sie noch fester an seinen Schwanz. Er atmete heftig, und Susa stöhnte wollüstig. *Ja, das war gut.*

Er interpretierte ihre Laute wohl etwas anders, denn erschrocken ließ er von ihr ab. Aber Susa drehte sich um, beugte sich provokant über den Tisch und streckte ihm den Po entgegen. Die Einladung hätte nicht deutlicher sein können. Er fingerte geschickt an ihrem Rüschenhöschen und zog es tiefer, bis es auf den Boden rutschte. Mit einem Ruck zog er sich seine Hose mit Unterhose auf die Oberschenkel, schob den kurzen Rock bis auf ihre Taille hoch und stieß ohne Vorwarnung seinen Schwanz in ihre Möse. Sie war nass, trotzdem entwich ein spitzer Schrei Susas Mund. Sein Schwanz versenkte sich von Stoß zu Stoß tiefer in sie. Die Teller und Tassen, die auf dem Tisch gestanden hatten, polterten zu Boden, während er jetzt mit beiden Händen ihr Becken hielt und weiter zustieß. Langsam ließ die Heftigkeit seiner Stöße nach. Susa stöhnte laut. Es war so geil. Sein Schwanz war beachtlich, und ihre

Möse war feucht und pochte vor Lust. Mit jedem Stoß pumpte sich mehr Blut in ihre Schamlippen. Jetzt stieß er langsamer, aber sehr tief. Sein Schwanz spielte mit ihrer Möse. Er zog sie an den Schultern hoch, bis sie aufrecht stand. Sie lehnte sich mit dem Rücken an seine Brust. Er griff mit beiden Händen überkreuz in ihr Dekolleté und drängte ihren Busen nach draußen. Mit spitzen Fingern knetete er ihre Brustwarzen, bis sie wieder laut stöhnte. Alles, was er tat, war ein bisschen zu schmerzhaft. So etwas hatte Susa noch nie erlebt. Es hatte etwas Aufregendes, etwas Verbotenes, wenn es wehtat und gleichzeitig ihre Lust hochtrieb. Plötzlich änderte er seinen Rhythmus, stieß schneller, während er gleichzeitig mit einer Hand an ihre Klitoris fasste. Blitzschnell ließ er seinen Zeigefinger vor- und zurückschnellen. Susa stöhnte auf. Das war sie schon eher gewohnt. Er merkte, dass ihr das gefiel. Susa war fast wie von Sinnen. Seine Finger spielten mit ihrer Lust und trieben sie immer höher, während sein Schwanz tief in sie eindrang. Sie stand kurz davor, zu kommen, als er plötzlich aufhörte, sich zu bewegen. »Mach weiter, los, mach weiter!«

Er drückte ihren Oberkörper wieder zurück auf den Tisch und zog mit seinen beiden Daumen ihre Arschbacken auseinander. Susas Rosette glänzte rosarot. Die Butterdose stand noch auf dem Tisch, und ehe Susa es sich versah, stieß er zwei Finger mitten in die Butter.

Bisher hatten sie kaum gesprochen, aber jetzt fragte er: »Willst du, dass ich's dir im Arsch mache, im *stronzo?*« Ein Finger kreiste über ihrer Rosette und stupste ein wenig Butter in das dunkle Loch. »Hast du Lust darauf?« Ohne eine Antwort abzuwarten, versenkte er einen seiner gebutterten Daumen in ihrem engen Loch. Susa stöhnte laut auf. Er nahm den zweiten Daumen und schob ihn ebenfalls in das Loch. Susa atmete heftig und verkrampfte sich.

»*Schh, schh, schh.*« Er zog die Daumen wieder heraus. »Du biste so geil. Iche mache es auch ganz vorsichtig.« Er verteilte weiter die Butter auf ihrer Rosette und versenkte einen Daumen langsam und tief in sie. Susa keuchte vor Lust. Alles, was er machte, machte er gekonnt. Jetzt hielt er inne und nahm wieder beide Daumen. Ganz langsam ließ er sie in ihr enges Loch gleiten.

Sie krallte sich mit ihren Händen an der Tischkante fest, während er sie mit beiden Daumen weitete. Susa biss sich auf die Lippen, dann entwich ihr ein schmerzhaftes Stöhnen. Massimo nahm einen Daumen heraus, stieß mit dem anderen aber umso tiefer in sie hinein und versenkte gleichzeitig seinen Schwanz in ihrer Möse.

»Du bist scharf, äh? Willste du, dass ich weitermache?«

»Bitte mach weiter.« Susa war fast besinnungslos vor Lust. Es hatte etwas Brachiales, etwas Animalisches. Mit so wenig eingeschalteten Gehirnzellen hatte sie noch nie gevögelt.

»Du willst, dass iche es dir mache? So richtig fest? Ja, willste du das?« Seine Worte kamen im Rhythmus seiner Stöße. Sein zweiter Daumen glitschte wieder in ihr Arschloch und zog die Haut auseinander. »Hier, ja?«

»Ja, ja!«, schrie Susa raus. Es war ihr egal, was er machte, Hauptsache, er machte weiter. Sie stand so kurz vor dem gigantischsten Orgasmus ihres Lebens. Er konnte jetzt nicht aufhören.

»Keine Angst, ich fick dich. Ich fick dich gut.« Er zog seinen Schwanz aus ihrer Möse heraus und stieß ihn in ihr enges Loch.

Susa stieß einen lauten Schrei aus. Es konnte Lust sein oder Schmerz oder auch beides. Es war eng. Zu eng. Sie ruderte mit den Armen, bekam einen Vorhang zu fassen und zog daran. Die Gardine kam ihr entgehen, während er weiter in sie hineinstieß. Er hatte sie am Becken gefasst und ließ sie nicht mehr los. Mit einem Zeigefinger spielte er wieder an ihrer Klitoris. Vor lauter Lust spürte Susa kaum noch, wie tief er in sie eindrang. Oder vielleicht wurde ihre Rosette weiter. Sie fühlte nur noch das Zucken ihres Körpers und wie er durch die heftigen Stöße immer weiter zur Ekstase getrieben wurde. Jetzt krallte sie sich wieder an der Tischkante fest. Auch das Stöhnen hinter ihr wurde immer heftiger. Ihre Pobacken klatschten laut im Rhythmus an seine Haut. Obwohl Massimo selbst kurz davor war zu kommen, ließ er nicht von ihrem Kitzler ab. Er kreiselte geschickt um den pochenden Knubbel, während er weiter zustieß. Ihr Orgasmus brach wie flüssige Lava über sie herein. Als Susa ihren Oberkörper in heftigen Zuckungen hochriss, hielt er mit seinem Schwanz inne und streichelte sie weiter, bis sie auf dem Tisch zusammensackte. Dann erst stieß er noch ein paarmal tief in sie hinein. Mit einem lauten Schrei lief ein heftiges Beben durch seinen Körper. Sein verschwitzter Oberkörper legte sich auf ihren. Beide hechelten sie, als hätten sie einen Marathonlauf hinter sich.

In ihr gemeinsames Keuchen klingelte plötzlich das kleine Handy in ihrer Schürze. Massimo stieß ein unbestimmtes Geräusch aus, was wohl so viel bedeuten sollte wie: *Ihr könnt mich mal.* Denn er bewegte sich keinen Millimeter. Nach einer halben Minute klingelte es erneut, und erst jetzt packte Susa das Handy in der Schürze und zog es heraus. Mit letzter Kraft drückte sie das nervige Klingelgeräusch weg.

Massimo hob seinen Oberkörper und trat ein Stück nach hinten. Sein Schwanz flutschte aus Susa heraus. Susa stützte sich auf dem Tisch ab, bevor sie sich aufrichtete und umdrehte. Noch immer sagte keiner einen Ton. Die Heftigkeit hatte sie beide völlig überrumpelt. Massimo grinste zuerst, dann musste auch Susa schmunzeln. Sie hob mit einer Hand die Gardine.

»Machte nix. Iche mache das.« Massimo nahm ihr den weißen Stoff aus der Hand und schlang seine Arme um sie. Er küsste sie so zärtlich, wie Susa es nach diesem Gerammel niemals für möglich gehalten hätte. Ganz sanft tupften seine Lippen auf ihren Mund, und eine kleine, freche Zunge spielte mit ihrer. Seine Finger wanderten über ihren Rücken, immer weiter runter, bis sie ihren Hintern erreicht hatten. Seine Hände legten sich über ihre Pobacken und kneteten diese ganz sanft. Schon wanderte seine rechte Hand nach vorn und schob sich vorsichtig über ihre feuchte Spalte. »Iche hoffe, iche hab dir nicht wehgetan.«

»Ein klein bisschen vielleicht.«

»*Scusi!*« Er grinste breit. »Iche mache auch alles wieder gut, wenn du es mir erlaubst.« Behutsam legte er seine Finger über ihr Loch.

Susa stöhnte verzückt auf. Doch plötzlich klingelte jemand Sturm. Die Klingel hörte gar nicht mehr auf. Massimo schaute verdutzt, griff nach seiner Hose und zog sie schnell hoch. Susa zog sich eilig ihr Höschen wieder an und stopfte ihre Brüste zurück unter den Stoff ihres BHs. Das Klingeln hörte auf, und jetzt setzte ein Hämmern ein. »Susa? Susa!«

Massimo ging zur Tür und öffnete sie misstrauisch. Susa trat hinter ihn. Ihr Kostüm hing schief, und ein Stück Saum ihres ohnehin schon so knappen Rockes steckte in ihrem Höschen. Verzweifelt bemühte sie sich, die Dienstmädchenhaube wieder in ihrem verwuschelten Haar festzustecken und dabei einen möglichst neutralen Gesichtsausdruck zu machen.

Roger starrte auf Susa, dann auf den Mann, dann wieder zu ihr. Ungläubigkeit machte sich in seinem Gesicht breit. »Susa? Ist alles in Ordnung? Wir haben angerufen.« Gregor stand hinter Roger und verschlang Susa mit seinem Blick. Auch Rogers anderer Freund leckte sich bei ihrem Anblick lüstern über die Lippen.

Niemand sagte etwas. Plötzlich hörte man ein Stockwerk tiefer die Haustüre aufgehen. Unter einigen *Schss* und *Pssts* drängelten sich plötzlich alle in die Wohnung. Völlig konsterniert standen alle im engen Flur und starrten sich gegenseitig an.

»Was macht ihr hier? Ich hab doch überhaupt nicht angerufen!« Susa war es etwas peinlich. Das Vorgefallene war so offensichtlich.

»Wir haben die Gardine gesehen. Und als dann niemand ans Telefon gegangen ist, da haben wir uns Gedanken gemacht. Und wo zum Teufel ...« Mit offenem Mund starrte Roger den Italiener an, als hinter ihm plötzlich ein Schlüssel ins Schloss gesteckt wurde. Alle drehten sich zur Wohnungstür.

Ein unscheinbarer Mann öffnete die Wohnungstür von außen. Er hielt zwei prall gefüllte Stofftaschen in seinen Händen und trug zu einem Hemd mit einem schrecklichen Muster eine graue Flanellhose. Sein rundliches Gesicht wurde von einer Mireille-Mathieu-Gedächtnisfrisur umrahmt. Er blickte überrascht auf die Menschenmenge, die sich in seinem Flur versammelt hatte. Einen Moment lang sagte niemand etwas.

Doch das Gesicht des Mannes leuchtete erfreut auf. »Roger? Gregor? Und Jürgen! Wie schön, dass ihr gekommen seid. Roger, das ist Alessandro, mein jüngerer Bruder. Er ist seit einer Woche da, um mit mir meinen Geburtstag zu feiern ... Alessandro, das ist mein alter Freund Roger! Vielleicht erinnert ihr euch noch. Alessandro ist doch mit zwanzig wieder zurück nach Rom gegangen, um dort zu studieren. Ach, und Sie müssen die Putzfrau sein.« Umständlich nahm er eine Tasche in die andere Hand und streckte Susa höflich seine Hand entgegen.

»Äh ... ja. Genau. Die Putzfrau.« Etwas verlegen schüttelte sie die Hand des Geburtstagskindes.

»Sind Sie schon fertig? Ich glaube, sonst würde es eher ein andermal besser passen, was?« Massimo blickte sie freundlich an. Er schien als einziger Mann nicht zu bemerken, dass eine ihrer Brüste weiter aus dem Dekolleté schaute als die andere.

»Ähm ... nein. Ich bin schon fertig ... Ich glaub, ich geh dann besser mal.« Schnell angelte sie sich ihren Trenchcoat von der Garderobe und drückte sich zur Tür hinaus. Hinter sich hörte sie, wie der richtige Massimo sagte: »Warum steht ihr alle im Flur? Kommt doch rein. Ich hab so leckere Sachen eingekauft. Echte italienische Antipasti.«

Keuchend blieb Susa auf dem nächsten Treppenabsatz stehen. Sie beugte sich über das Metallgeländer und hielt sich fest. Sie atmete ein paarmal tief durch, bis sie hinter sich Schritte hörte.

Roger stand neben ihr. »Ich sehe, du hast vollen Einsatz geleistet. Du hast sie dir redlich verdient.« Mit einem zerknirschten Gesichtsausdruck hielt er ihr den Schlüssel hin. »Er ist vollgetankt, aber bitte, bitte! Fahr nicht zu schnell.«

Wieder hörte sie Schritte, und beide drehten sich um. Auf dem höheren Treppenabsatz stand Alessandro. Er blickte Susa fragend an.

»Ich geh dann mal besser.« Roger nahm zwei Stufen auf einmal und warf noch einen interessierten Blick auf Alessandro. Dann war er blitzschnell in der Wohnung verschwunden, und die Tür schloss sich hinter ihm.

Als sie alleine waren, grinste Susa breit und hielt die Hand hoch. Zwischen ihren Fingern baumelten die Wagenschlüssel. »Brauchst du eine Mitfahrgelegenheit nach Rom, Alessandro? Ich fahre morgen früh!«

Die Zauberflöte

Beinahe zu spät. Renata hetzte den Gang entlang zur vordersten Loge auf der rechten Seite. Sie kam im letzten Augenblick. Ein Mann in Livree hielt ihr noch die Tür auf, machte aber ein Gesicht, als sei ihre Verspätung eine persönliche Beleidigung für ihn.

Leise schlüpfte Renata in die Loge. Es war schon dunkel, und überall hörte man das dezente Räuspern, kurz bevor die Musik endlich einsetzte. Sie blieb einen Moment an der Tür stehen, um sich an die Dunkelheit zu gewöhnen. Nichts wäre peinlicher, als jetzt lautstark über einen Stuhl zu stolpern. Aus dem Orchestergraben hörte sie die ersten Töne. Leises Rascheln und ersterbendes Geflüster läuteten den Moment ein, auf den sie so lange gewartet hatte: der Auftakt einer wundervollen und ereignisreichen Spielzeit. Mit einem ansteigenden Klang setzten die ersten Instrumente ein. Die Ouvertüre begann.

Renata lehnte sich zurück und lauschte verzückt. Es gab vier Plätze in der Loge, und nur die vordersten zwei waren besetzt. Ein Mann beugte sich rüber zu dem rechten Stuhl, der näher in Richtung Bühne stand, und flüsterte jemandem etwas zu. Jetzt sah Renata das Gesicht der anderen Person. Eine schöne Frau beugte sich dem Mann entgegen und sagte etwas, woraufhin sich die beiden innig küssten.

Es sieht aus wie frisch verliebt, dachte Renata. *Wie wundervoll.* Sie blieb noch einen Moment stehen, während die beiden sich weiter küssten. Renata schloss die Augen und genoss die Musik. Alles war perfekt.

Als sie die Augen wieder öffnete, sah sie, wie der Mann seinen Stuhl verrückte und sich schräg hinter die Frau setzte. Er legte seinen rechten Arm um ihre Schultern. Die Frau beugte sich ebenfalls zu ihm hin, und innig aneinander gekuschelt lauschten sie den Klängen der Musik. Renata dachte noch, wie vertraut sie wirkten. Doch plötzlich fing die Frau an, selbst leise Töne von sich zu geben. Ein kaum vernehmbares Stöhnen entwich ihrem Mund. Sie richtete sich erst auf und ließ dann ihren Kopf und den Oberkörper über die rechte Seite des Stuhls nach hinten sinken. Gleichzeitig legte sie ihr linkes Bein über die Stuhllehne. Sofort reagierte der Mann und rutschte auf seinem Stuhl nach vorne. Gespannt ließ Renata ihren Blick durch den Saal schweifen. Offensichtlich hatten die anderen Opernliebhaber nichts bemerkt.

Renata war wie elektrisiert. Sie stand noch immer im Dunkeln und konnte umso besser sehen, was der Mann tat. Ganz langsam schob er das lange wallende Abendkleid über die schlanken Beine der Frau hoch. Weiter und weiter wanderte der Stoff nach oben. Es gab keinen Zweifel, was die beiden vorhatten. Ihre Stühle standen so weit nach hinten gerückt, dass sie von den Nachbarlogen aus kaum zu sehen sein durften.

Allein bei dem Gedanken daran, was sie wahrscheinlich nun zu sehen bekommen würde, wenn sie sich nur ganz ruhig verhielt, schoss Renata das Blut in die Möse. Sie spürte, wie sie augenblicklich feucht wurde. Ganz leise legte sie ihre kleine Operntasche auf einem gepolsterten Stuhl ab und verhielt sich sofort wieder ruhig. Sie wollte auf keinen Fall das Tun der beiden unterbrechen. Und sie hatte von der Logenwand aus einen perfekten Blick auf das Geschehen.

Die Hand des Mannes strich nun über das Bein der Frau, höher und höher, und verschwand unter dem Stoff. Auch wenn Renata nicht sehen konnte, was genau er darunter tat, so merkte sie doch an der Reaktion der Frau, dass er ihr Lust bereitete. Sie drückte ihren Oberkörper durch, ihr Kopf rutschte weiter nach hinten, und jetzt konnte Renata auch ihr Gesicht sehen. Um jeden Laut zu vermeiden, presste sie die Lippen aufeinander. Dann öffnete sie wieder den Mund, riss ihn verzückt auf, verzerrte in ihrer Lust das Gesicht.

Unten im Konzertsaal brauste der Applaus auf. Die Ouvertüre war zu Ende, und der junge Prinz Tamino, ausgesandt von der Königin der Nacht, um ihre entführte Tochter zu retten, erschien auf der Bühne.

Beide hielten inne, und auch Renata wagte keinen Atemzug. Sie war entflammt. So etwas zu beobachten hatte sie sich schon immer gewünscht. Und währenddessen durfte sie ihre Lieblingsoper hören. *Fantastisch.* Ihre Beine zitterten. Sie war begierig. Begierig darauf, mehr zu sehen, und begierig darauf, sich selbst zu berühren. Sie würde jetzt einfach hier stehen bleiben und den beiden weiter zusehen. Und dabei verzückt der Musik lauschen.

Das Pärchen war sehr mit sich selbst beschäftigt. Der Arm des Mannes bewegte sich vor und zurück. Anscheinend vögelte er die Frau mit seinen Fingern. Doch das schien ihr nicht zu genügen. Sie raffte den Stoff jetzt noch höher und legte ihre Scham frei. Sie trug keine Unterwäsche. *So eine wie ich,* schoss es Renata durch den Kopf. Die Frau wälzte sich in ihrer Lust auf dem Stuhl, bis sie ihren Oberkörper ganz leicht hob und dem Mann etwas bedeutete. Zusammen schoben sie auch ihren Stuhl vorsichtig nach hinten. Sie setzte sich wieder, während der Mann nun vor ihr kniete. Ganz langsam zog die Frau den Saum ihres Kleides wieder hoch. Der Mann, der seinen Kopf unterhalb der Brüstung hielt, ließ sie nicht aus den Augen. Erst als sie den Stoff komplett zur Seite gerafft hatte, öffnete sie langsam ihre Oberschenkel. Immer weiter und weiter, bis sie endlich weit gespreizt vor ihm saß. Und jetzt drückte sie ihr Becken nach vorne. Der Mann beugte sich vor und öffnete seinen Mund.

Unten auf der Bühne erklang eine tiefe männliche Stimme. Die erste Arie hatte eingesetzt. Ein voller Tenor erfüllte den Saal, und Renata lauschte den ersten Tönen mit geschlossenen Augen. Doch sie wollte auch nichts verpassen von dem anderen Schauspiel. Sie öffnete ihre Augen wieder und blickte auf die beiden. Die Armlehne des Sessels verbarg einen Teil dessen, was sie so begierig bespitzeln wollte.

Sie tastete sich vorsichtig zwei Schritte an der Wand entlang, sodass sie jetzt einen schrägen Blick auf die beiden hatte. Das Licht der Bühne fiel nur auf den vorderen Teil der Loge. Renata stand hinten weiter im Schatten. Aber die beiden waren ohnehin viel zu sehr damit beschäftigt, neugierigen Blicken aus benachbarten Logen zu entgehen.

Deshalb traute sich Renata auch endlich, ihren eigenen Rock zu lüften. Endlich fanden ihre Finger den Weg unter den vielen Stoff und tasteten sich vor. Als zwei Finger in ihre Spalte glitten, hätte sie fast selbst aufgestöhnt. Glitschig, nass und heiß. Ihre Perle war dick und geschwollen, obwohl sie noch nichts gemacht hatte. Ganz sanft glitt sie über den kleinen Schwellkörper. *Paradiesisch.* Mit dem Rücken ließ sie sich an die Wand sinken.

Das Becken der Frau war nach vorne gereckt, und Renata konnte genau ihre Klitoris sehen, die zwischen ihren gespreizten Schenkeln feucht glänzte. Er streichelte sie jetzt. Mit dem Daumen wischte er über den kleinen Knubbel und wartete jedes Mal ihre Zuckung ab. Und sie zuckte bei jeder Berührung.

Renata erlaubte sich nicht, schneller zu machen als der Mann. Als würde er sie streicheln, zuckte sie ebenso zusammen, wenn sie es ihm nachtat. Sie stellte sich vor, wie es wäre, nun selbst dort auf dem Stuhl zu sein, der Mann zwischen ihren Beinen und seine Finger an ihrer pochenden Perle. Fasziniert beobachtete sie weiter, wie der Mann weiter im Rhythmus blieb, die Lust der Frau perfekt bediente. Jetzt schob er einen Daumen tief in ihr Loch, während er mit dem anderen weiter ihre Klitoris streichelte. Ihre Lust schraubte sich immer höher. Sie wand sich stumm auf ihrem Sessel, wobei ihr anzumerken war, dass es ihr sehr schwer fiel, ihre Lust nicht laut hinauszuschreien.

Die erste Arie ging zu Ende und die Instrumente machten eine kurze Pause. Beide hielten inne und auch Renata ließ ihren Finger bewegungslos in ihrer Spalte liegen. Auf der Bühne erschienen die drei Dienerinnen der Königin der Nacht und retteten den ohnmächtigen Prinzen. Renata kannte die Handlung auswendig. Sie würde sich voll und ganz der Musik hingeben können. Die interessantere Inszenierung spielte sich ohnehin in ihrer Loge ab.

Die Hände des Mannes lagen auf den nackten Oberschenkeln der Frau. Sobald die Musik wieder lauter wurde, beugte er seinen Kopf zwischen die langen schlanken Beine der Frau. Unbewusst reckte Renata ihren Kopf nach vorn.

Geschickt leckte der Mann die einladend geöffnete Möse. Die Frau hatte ihr Becken weit nach vorne geschoben. Seine spitze Zunge glitt vor und zurück. Die Frau lag nun mehr auf ihrem Stuhl, als dass sie saß. Er beugte sich tiefer, leckte hingebungsvoll durch ihre Spalte und stieß mit spitzer Zunge in das Loch. Die Frau bog ihren Rücken durch. Sie presste eine Hand auf ihren Mund, während sie mit der anderen versuchte, sich irgendwie auf dem Stuhl zu halten. Ihr Körper zuckte nun ununterbrochen. Sie wand sich auf den Polstern wie eine Schlange in der Falle.

Renata ließ ihren Fingern jetzt freien Lauf. Sie kreiselten schneller und schneller. Der Saft lief ihr schon am Oberschenkel runter. Als sie sah, wie die Frau sich in ihrer Ekstase hin- und herrollte, zog sich ihr eigener Unterleib vor Lust zusammen. Noch ein paarmal ließ sie ihren Finger über ihre Klitoris glitschen, dann spürte sie, wie eine Welle aus ihrem Innersten über ihren ganzen Körper hereinbrach. Ihre Beine zitterten, die Knie sackten ihr weg und sie hechelte lautlos, während sie, an die Wand gepresst, Halt suchte. Erschöpft ließ sie ihre Arme zur Seite fallen, das lange Abendkleid rutschte über ihre Beine und verdeckte nun wieder alles. Flach atmend versuchte sie, kein Geräusch von sich zu geben.

Der Frau erging es ähnlich. Renata beobachtete, wie sie, als würde sie aus einem tiefen Traum erwachen, ihre Gliedmaßen sortierte und langsam zurück auf den Stuhl in eine aufrechte Position rutschte. Sie legte eine Hand auf die Brüstung, als wollte sie sich daran abstützen. Völlig mitgenommen saß sie ein paar Minuten dort. Nur an ihrem heftig unterdrückten Atem war noch zu erkennen, was sie gerade erlebt hatte.

Der Mann schob seinen Stuhl noch weiter nach hinten, sodass die Lehne ganz hinter dem Vorhang verschwand. Ein kurzes Rascheln auf den Sitzplätzen unten im Rang deutete darauf hin, dass jetzt Papageno, der Vogelfänger, der Star dieser Oper, auftrat. Sollte Renata die Gelegenheit jetzt nutzen und sich setzen, mitten im Stück? Die beiden schienen nun der Musik zu lauschen, aber Renata war viel zu gefangen von der aufgeladenen Atmosphäre, als dass sie sich hätte bewegen können. Sie würde bis zur Pause warten. Stehend lauschte sie der Musik.

Plötzlich bemerkte sie, wie die Frau sich immer kleiner machte. Als ihr Kopf unterhalb der Brüstung angekommen war, glitt sie komplett vom Stuhl und kniete sich vor den Mann. *Prima, hier oben hatte der zweite Akt schon begonnen.*

Der Mann saß auf seinem Stuhl, seine Arme baumelten locker links und rechts zur Seite, und auch er schob seinen Hintern ein Stück nach vorn. Die Frau rutschte näher ran und fasste nun an seinen Hosenbund. Sie öffnete zwei Knöpfe der eleganten Anzughose, zog den Reißverschluss tiefer und holte dann ganz vorsichtig mit beiden Händen einen beachtlichen Schwanz hervor.

Renata staunte. Ein schöner Schwanz. Kein Wunder, dass die Frau sofort ihre Lippen über den Schwanz stülpte und ihren Kopf vor- und zurückbewegte. Der Mann genoss ihr Spiel sichtlich. Erst kippte sein Kopf nach hinten, um dann doch wieder nach vorne zu schauen und zu beobachten, wie sein Schwanz tief im Mund der Frau verschwand. Jetzt zog sie ihren Kopf zurück und streckte ihre Zunge nach vorne. Geschickt leckte sie über das kleine Häutchen, das die Eichel mit der Vorhaut verband. Die Hände des Mannes krallten sich in die Armlehnen. Er musste sich sehr beherrschen. Erst recht, als sie plötzlich wieder ihren ganzen Mund über seinen Schwanz stülpte und mit dem Kopf heftig vor- und zurückwippte. Wie wenige Minuten zuvor die Frau es getan hatte, presste nun auch der Mann die Lippen zusammen, um nicht laut zu stöhnen. Als wäre er selbst Papageno, dessen Mund unten auf der Bühne gerade mit einem goldenen Schloss verschlossen wurde, brachte er keinen Ton heraus. Doch seine Lust war unverkennbar.

Wieder raffte Renata ihr Kleid hoch. Unmittelbar vor ihr stand einer der beiden freien Stühle. Sie zog den Stuhl langsam zu sich heran und stellte ein Bein auf die Sitzfläche. Sie drückte ihre Möse gegen den hölzernen Holm der Lehne und rieb sich an ihr. Blitzschnell war das Holz feucht und glitschig. Das feine Muster im Holz wirkte wie Noppen. Sie kippte das Becken nach vorne, und ihre kleine pochende Perle fachte ihre Lust immer weiter an.

Währenddessen perfektionierte die Frau ihr Flötenspiel. Sie leckte um die Schwanzspitze herum, drückte den ganzen Schaft nach oben und nahm vorsichtig eins der Eier in den Mund. Das Gesicht des Mannes war verzerrt. Es musste ihm enorme Lust bereiten. Dann ließ sie ab, beugte sich wieder über seinen Schoß und saugte geschickt. Sie hielt mit einer Hand seinen Schwanz an der Wurzel fest, während sich ihr Kopf immer schneller bewegte. Auch Renata rieb sich immer heftiger an der Holzlehne. Gerade, als sie dachte, sie würde gleich kommen, fiel der Blick des Mannes in ihre Richtung. Er hatte sie entdeckt.

Erschrocken hielt sie inne. Trotz seiner Lust hielt der Mann den Kopf der Frau fest und nickte zu ihr hinüber. Die Frau erblickte Renata, und im selben Moment war beiden klar, was Renata mit dem Stuhl tat. Diese ließ den Stuhl los und presste sich erschrocken gegen die Wand. Einen Moment lang passierte gar nichts, dann sah die Frau den Mann an. Sie trafen still eine Übereinkunft, denn die Kniende drehte sich so auf dem Teppich, dass ihr Hintern jetzt in Renatas Richtung zeigte. Der Mann zog den Stoff über ihren Po und legte ihre Spalte in Richtung Renata frei. Einladen spreizte er die Pobacken seiner Begleitung.

Renata stand weiter starr an die Wand gelehnt. Ihre Finger ruhten an der mit Damast bezogenen Tapete. *Nicht lange nachdenken. Nicht lange nachdenken!* Sie war schon so benebelt vor Lust, dass sie sich schnell den freien Stuhl zurechtrückte und sich vorne auf seine Kante setzte. Noch immer hielt der Mann die Pobacken der Frau gespreizt und diese schien nichts dagegen zu haben. Sie schaute mit einem neckischen Gesichtsausdruck über ihre Schulter nach hinten.

Renata streckte ganz vorsichtig ihre Hand aus. Sie war so gespannt, wie sich das anfühlen würde, das feuchte Delta einer anderen Frau. Die Finger ihrer linken Hand erreichten die Ritze und glitten zwischen die beiden Lippen. Renata streichelte über die Haut und die Frau zuckte vor Lust, als sie über ihre Perle strich. Ihre Finger glitten wieder hoch bis zur Rosette und kehrten dann wieder zurück. Mit festerem Druck fuhren ihre Finger über die Haut. Als sie an ihrem Mösenloch angekommen waren, flutschten zwei Finger von ganz allein in die pulsierende Öffnung. Die Frau warf den Kopf lustvoll in den Nacken. Dem Mann gefiel offensichtlich ebenfalls, was Renata tat, und er hielt die Pobacken noch weiter auseinander. Ein Schauer lief durch den Körper der Frau. Sie spreizte ihre Beine weiter auseinander.

Der Mann beugte sich weiter nach vorne, um Renatas Finger besser beobachten zu können. Doch er wollte nicht nur zusehen. Mit einem Zeigefinger verteilte er die glitschige Nässe rund um ihre Rosette. Dabei fixierte er Renata die ganze Zeit über mit seinem Blick, als wollte er wissen, ob sie das anmachte. Sie leckte sich gespannt über die Lippen und nickte ihm zu. Zärtlich streichelte der Mann über die Rosette, stieß mit seinem Finger nur wenige Millimeter tiefer, verteilte mehr von dem Saft und führte seinen Finger jetzt genau vors Loch. Ohne Renata aus den Augen zu lassen, stieß der Mann seinen Finger tief in den von dunkler Haut umgebenen Einlass. Der Körper der Frau zitterte. Sie vergrub ihr Gesicht tief zwischen den Oberschenkeln des Mannes. Dennoch war ein leises Stöhnen zu hören.

Renata war ganz gebannt davon, wie der Finger in das zweite Loch rein- und rausfuhr. Sie konnte den Finger des Mannes im Inneren der Frau spüren. Jetzt stieß auch Renata wieder zu, und sie bewegte sich im Gleichklang mit dem Mann. Gleichzeitig drängten sie sich tiefer in die beiden Löcher der Frau, die sich jetzt kaum noch zusammenreißen konnte. Sie hechelte vor Lust. Zu gerne hätte sich Renata jetzt selbst gestreichelt, aber auch so stieg ihre Lust an. Ihre Finger glitten immer weiter und tiefer in die Frau, genau wie die des Mannes. Doch er schaute Renata dabei mit einem so intensiven Blick an, als ob sie es war, in die er eindrang. Renata biss sich auf die Lippen. Ihre Lust kochte immer höher. Auch der Frau war es offensichtlich mehr als angenehm, was die beiden dort mit ihr trieben, denn jetzt wurde sie zu laut. Renata hielt erschrocken inne. *Wenn jemand sie erwischte!* Das musste der Mann wohl auch gedacht haben, denn gleichzeitig zogen sie beide ihre Finger zurück.

Renata selbst war derart geil, dass sie jetzt nicht anders konnte. Sie hob den Saum ihres Kleides und schob ihr Becken nach vorne. Während sie sich selbst streichelte, ließen die beiden anderen sie nicht aus den Augen. Renata war tropfnass. Ihre rechte Hand rieb zwischen ihren Beinen immer schneller, immer heftiger.

Die Frau wandte sich ihr zu. Zuvor auf allen vieren, richtete sie jetzt, noch immer auf dem flauschigen Teppich kniend, ihren Oberkörper auf. Renata drückte ihr Becken nach vorne, und jetzt war es die fremde Frau, die sie beobachtete, wie sie mit ihrer Möse spielte. Renata rieb sich immer heftiger. Sie wusste, dass sie gerade einen geilen Anblick bot. Die fremde Frau legte ihre Hände auf Renatas Oberschenkel und beugte sich interessiert vor.

Auch der Mann beobachtete sie, während er sich dabei seinen Schwanz massierte. Plötzlich hielt er inne und glitt nun auch runter auf die Knie. Er beugte den Oberkörper der anderen Frau noch tiefer und stieß zu. Ihr ganzer Körper ruckte nach vorne, und ihr Mund landete genau in Renatas Spalte. Renata fühlte, wie die Frau begann, mit der Zunge an ihrer Perle zu spielen. Sie zog ihre eigenen Hände zurück und krallte sich vor lauter Begierde an den Stuhlbeinen fest.

Der Mann stieß ungestüm zu. Die Frau hatte ihre Arme um Renatas Taille gelegt und hielt sie fest. Ihre Zunge schnellte vor und zurück, und Renata konnte nicht mehr an sich halten. Sie presste ihre geballte Faust in den Mund, um jeden Laut zu ersticken. Das war der helle Wahnsinn. Der Typ vögelte die Frau, die sie gerade zur Besinnungslosigkeit leckte. In einem heftigen Zucken bog Renata sich über die Rückenlehne, ihre Muskeln zogen sich zusammen, bis sie sich endlich in einem spastischen Zucken entlud. Eine Welle nach der anderen raste durch sie hindurch. Alle drei sackten gleichzeitig in sich zusammen, gerade als unten auf der Bühne das Crescendo seinen Höhepunkt erreicht hatte.

Die Frau rollte sich beiseite und setzte sich auf den Teppich. Behutsam schob Renata sich den Stoff ihres Kleides über die Beine und setzte sich aufrecht hin. Ihre Möse war noch ganz empfindlich vor lauter Lust. Sie ordnete ihre Haare und strich sich das Kleid glatt.

Die beiden anderen Logenbesucher standen auf und richteten sich ihre Kleidung. Der erste Aufzug war beendet. Unten im Saal war ein Aufatmen zu hören. Auch Renata schaffte es endlich aufzustehen. Sie griff nach ihrer kleinen Handtasche, die mittlerweile auf den Boden gefallen war, und holte zwei weiße Umschläge raus. »Ihr wart wirklich perfekt. Genau so hab ich es mir vorgestellt«, flüsterte sie. Brausender Applaus hob im Saal an.

Der Mann beugte sich lächelnd zu Renata. »Das Drehbuch war aber auch gut geschrieben. Ich sehe dich nächste Woche wieder?«

»Ja, dann kommt noch ein weiterer Mann hinzu.«

Die Frau schaute interessiert. »Das Gleiche, nur mit zwei Männern?«

Renata nickte zustimmend. »So was Ähnliches. Aber in zwei Wochen seid ihr zu zweit wieder dran. Ich schicke euch rechtzeitig das Drehbuch.« Sie verteilte die Umschläge, und die beiden anderen verließen die Loge ohne jedes weitere Wort.

Renata hätte jetzt gerne ein Glas Champagner gehabt, aber ihre Knie waren noch zu weich. Außerdem wollte sie noch ein wenig der sexgeschwängerten Atmosphäre in der Loge nachspüren.

Sie blickte nach links. Die Loge neben ihr war leer, so wie sie es geplant hatte. Wie ihre eigene Loge hatte sie auch die Nachbarloge für den Rest der Saison gebucht. Sie wollte weder entdeckt noch gestört werden. Es würde ein Fest der Sinne werden – eine ganze Saison lang.

Hugo, der Schweinehund

Thea ratterte mit ihrem Fahrrad über das Kopfsteinpflaster. Fünf Kilo mussten runter. Sieben wären noch besser, aber Thea wollte realistisch bleiben. Fünf in diesem Sommer, und die restlichen zwei würden dann vielleicht im Herbst purzeln. Sie wollte wenigstens wieder in Kleidergröße vierzig passen. Vorbei die Zeiten, als sie davon träumte, in achtunddreißig zu passen. Das war einmal. So fingen schöne Märchen an, aber sie hatte in den letzten Jahren gelernt, besser bei realistischen Vorstellungen zu bleiben. Die Träume von Karriere und Familie, eigenem Haus und Reisen in exotische Länder konnten nun mal nicht alle gleichzeitig wahr werden. Und auch eine Gehaltserhöhung würde sich nicht jedes Jahr automatisch einstellen. Seit diese Erkenntnis sie vor Jahren wie ein Hammerschlag getroffen hatte, lebte sie nach dem Prinzip: Immer eins nach dem anderen. Die gute Nachricht war: Sie hatte noch immer kein graues Haar bei sich gefunden, ihr Po war zwar drall, aber straff, und auch wenn Männern in ihrem Leben anscheinend keine dauerhafte Rolle zugedacht war, waren sie trotzdem keine Mangelerscheinung.

Und das mit den Kleidergrößen war ja nun auch relativ. Die waren auch nicht mehr das, was sie mal waren. Thea hätte schwören können, dass ihre uralte, verwaschene Bluse Größe achtunddreißig immer noch passen würde, wenn sie erst die sieben Kilo abgenommen hätte. Gut, möglicherweise war das Material ausgeleiert, aber Thea hatte eher die vereinigte Modeindustrie im Verdacht, ein persönliches Komplott gegen sie geschmiedet zu haben. Sie seufzte, es half ja doch alles nicht. So oder so musste sie von den Kilos runter.

Der Morgen war kühl, sonnig und erstaunlich früh. Aber wenn sie ihren Plan durchziehen wollte, dann musste sie Opfer bringen. Also hatte sie gestern ihr Rad startklar gemacht und schon mal auf das abendliche Glas Wein verzichtet. Und jetzt sauste sie um die Ecken in Richtung Freibad. Ihr Haar wehte im Fahrtwind, und sie fühlte sich alleine schon durch die frische Brise leichter.

Thea überschlug im Geiste: Eine Viertelstunde mit dem Rad zum Freibad und wieder zurück, machte zusammen eine halbe Stunde, also dreihundertfünfzig Kalorien. Dazu kamen dreihundert Kalorien für eine halbe Stunde zügiges Schwimmen. Ein Glas Wein pro Tag weniger, das sie mit hundertfünfzig Kalorien ansetzte, dann kam sie auf täglich achthundert Kalorien weniger als normalerweise.

Wenn also ein Kilogramm Körperfett umgerechnet siebentausend Kalorien waren, dann musste sie für fünf Kilo Speck weniger mindestens fünfunddreißigtausend Kalorien einsparen oder zusätzlich verbrennen. *Summa summarum* machte das vierundvierzig Tage, an denen sie dieses Programm durchziehen musste. An den Wochenenden gab es zwar eine Pause vom Trainingsprogramm, allerdings durfte sie sich den ganzen Juni bis Ende Juli über keinen Ausrutscher erlauben. Keine Fete mit Wein und Bier, keinen ausschweifenden Grillabend. Keine Schokoladenattacken. Keine Kino-mit-Käsenachos-Abende. Das würde schwer werden. Verdammt schwer.

Hugo, ihr innerer Schweinehund, war nämlich ein echt harter Brocken. Diesem Riesenköter in den Hintern zu treten war zwar möglich, führte aber meistens nur dazu, dass er sich kurz erhob, um sich zwei Meter weiter unter lautem Schnaufen wieder auf den Boden plumpsen zu lassen. Dann schaute er mit seinen treudoofen Augen zu ihr hoch, und sein Blick sprach Bände: *Siehste, hab ich dir doch gleich gesagt, dass das nix wird. Da hättest du mich auch gleich liegen lassen können.* Nein, dieses Mal würde sie das durchziehen. Bestimmt. Versprochen. Ganz ehrlich.

Da die Enthaltsamkeit in Sachen Genussmittel eine Art Disziplin erforderte, die ihre Fähigkeiten weit überstieg, musste sie vor allem auf zusätzliche Verbrennung setzen. Der Stoffwechsel musste angeheizt werden. Thea hatte sich für den Biathlon entschieden, weil sie etwas tun musste, was ihr Spaß machte. Am Abend ins Fitnesscenter zu gehen, da machte ihr Biorhythmus nicht mit. Zwar hieß das jetzt, morgens sehr viel früher aufzustehen, aber ohne ein Gläschen Wein machte ja auch das lange Aufbleiben nur noch halb so viel Spaß. Doch der erste Morgen zeigte sich gnädig. Sie fühlte sich gut. Wenn es jeden Morgen so bliebe wie heute, würde sie es schon schaffen.

Keine zehn Minuten später stand sie am Beckenrand und hielt den Zeh ins Wasser. Kalt wie Gurken aus dem Kühlschrank. Na gut, sie musste sich ja nur schnell genug bewegen, dann würde sie die Kälte nicht mehr spüren. Der Beinausschnitt des Badeanzugs saß eng. Alles war ein bisschen eingeschnürt. Sie zog den Stoff aus der Poritze raus. Egal. Sobald das erste Kilo geschafft war, würde es schon weniger kneifen. Und außerdem: Sie nahm hier schließlich nicht an einem Schönheitswettbewerb teil.

Fünf Rentner undefinierbaren Geschlechts schwammen mit eiserner Verbissenheit ihre Bahnen, und ein sechster zog im Hundekraulstil rund um das gesamte Becken. *Oje,* daran hatte sie ja gar nicht mehr gedacht. Wird schon nicht so schlimm werden, sagte sie sich. Ist ja noch genug Platz da. Sie rückte sich ihre Schwimmbrille zurecht, sprang ins Wasser und fand es einfach herrlich.

Hin eine Bahn Bruststil, zurück im Wechsel jeweils eine Bahn kraulen und eine Bahn rückenschwimmen. Das war der Plan. Der hatte früher schon gut funktioniert. Sie schwamm die erste Bahn im Bruststil, schlug an, und sofort ging es zurück im Kraul.

Thea tauchte zwischen den einzelnen Zügen auf, und in den kleinen Fenstern ihrer beschlagenen Schwimmbrille sah sie eine große Kontur am Becken stehen. Noch mal links ziehen, rechts ziehen, atmen. Sie kam näher, und langsam zeichnete sich das Bild einer fabelhaften Gestalt ab. Links ziehen, rechts ziehen, atmen. Eine Fata Morgana? Links ziehen, rechts … *Ach, scheiß doch drauf.* Weiter im Bruststil, Kopf schön über Wasser halten, auch wenn der Nacken steif wird.

Es war doch keine Einbildung gewesen. Jetzt erinnerte sich Thea auch noch an den weiteren Grund, warum sie sich für das Schwimmen entschieden hatte. Sie stand auf Schwimmer, auf diese gnadenlos männliche Silhouette, breites Kreuz, schmale Taille, eine Vorderfront wie eine Ritterrüstung. Schwimmer waren meistens braun gebrannt, und immer umgab sie ein Flair von Sommer, Urlaub und Strand. Den Geruch von Chlor in Kombination mit den typischen Sonnencremedüften verband sie mit ihren schönsten Kindheitserinnerungen.

Und *Mister breites Kreuz* hier war ein ausgesprochenes Prachtexemplar dieser Sorte. Er bückte sich, hob etwas auf und drehte sich weg, um zum nächsten Mülleimer zu gehen. Thea zog sich schnell die Brille von den Augen. *Yes,*

Sir. Das nenn ich einen geilen Schwimmerhintern. Arsch-backen zum Nüsseknacken. Er drehte sich um und *Yippie,* er sah auch von vorne gut aus. Das war nicht immer so, aber der da vorne war wirklich Bundesliga.

Thea versuchte sich in einem besonders guten Schwimm-stil, aber gleichzeitig war ihr klar, dass sie sich quasi als Anfängerin outete, wenn sie beim Brustschwimmen den Kopf über Wasser behielt. Es waren noch gut zehn Meter bis zum Beckenrand, und er stand genau am Ende ihrer Bahn hinter dem Absprungblock.

Sie legte ihr nettestes Lächeln auf, und jetzt schaute er sogar in ihre Richtung, als er plötzlich von einem älteren Bademeister gerufen wurde. Er drehte sich um, ging weg und verschwand in einem kleinen Büro mit Fensterfront. *Mist.* Thea schwamm bis zum Ende der Bahn. Für einen Moment hing sie am Startblock, schaute ihm nach und überlegte, was sie ihn Interessantes fragen sollte, um ihn auf sich aufmerksam zu machen, da fiel es ihr endlich wie Schuppen von den Augen.

Es war doch klar, was hier gerade passierte, oder? Als hätte sie es nicht gewusst. Aus ureigenen Motiven hatte Hugo, der Mistköter, sie mal wieder zum Kopfkino verlei-tet. Aber nicht mit ihr, nicht heute. Nein! Sie hatte einen Plan, und der lautete: so viele Kalorien verbrennen wie möglich. Sie drückte sich vom Becken ab, schwamm wei-ter, wieder im Bruststil, aber dieses Mal so, wie sie es von ihrem früheren Freund, einem Sportstudenten, gelernt hatte. Am Ende der Bahn drehte sie um und kam wie-der zurück im Rückenstil. Sie drehte ihre Arme abwech-selnd über den Oberkörper und bewegte ihre Beine ganz schnell. Sie wusste, dass der Stil nicht so ganz sauber war, aber es war das Beste, was sie konnte. Am Ende schlug sie an und drehte sich. Eine Unterwasserwende hatte sie vor zehn Jahren eher schlecht als recht beherrscht, aber heutzutage würde sie sich damit sicher mehr blamieren als Eindruck machen.

Sie drehte den Kopf unauffällig. Der Typ war noch immer im Häuschen mit dem dicken Bademeister, aber jetzt bekam er etwas ausgehändigt. Er kam heraus und schlenderte zum anderen Ende des Beckens.

Na endlich. Thea tauchte zurück ins kalte Nass und legte ihre Hände aneinander, um sie nach vorne zu stoßen und sofort kraftvoll auseinanderzudrücken. Dann den Kopf hoch, gucken, wo das Schnuckelchen war. Das war ja wohl erlaubt als kleine Motivationsspritze. Hände nach vorne, auseinanderdrücken, Kopf hoch, atmen nicht vergessen, wieder zurück ins Wasser. Und wieder Hände zusammen, nach vorne und auseinander, gucken und atmen. Ach, er stand am anderen Ende der Bahn und bückte sich an der Nachbarbahn zu einer in die Jahre gekommenen Badehaube runter.

Okay, jetzt noch einen Zahn zulegen. Arme nach vorne, auseinanderdrücken, Kopf hoch, gucken und atmen. Arme nach vorne, auseinanderdrücken, Kopf hoch, gucken und atmen. Arme nach vorne, auseinanderdrücken, atmen, Kopf zu spät hoch.

Thea prustete. Ihr Gesicht schnellte nach oben, und ihr Mund schnappte nach Luft, während sie aber gleichzeitig versuchte, das eingeatmete Wasser aus der Lunge zu bekommen. Sie ruderte mit den Armen, um nicht unterzugehen. Ihr Körper krampfte sich zusammen, als sie laut hustete. *Falsche Reihenfolge,* schoss es ihr durch den Kopf.

Sie bekam am Rande mit, dass der Bademeister die Hände in die Seite gestemmt hatte und zu ihr rüberschaute. Sollte sie jetzt etwa einen auf ertrinkende Nixe machen? Sicher würde er sie retten. Aber das müsste sie dann als den miesesten Flirtversuch in ihrer langen Geschichte des Anbaggerns verbuchen. Das wollte sie nicht. Sie signalisierte mit einem merkwürdigen Handwedeln, dass alles in Ordnung war, und versuchte, die letzten Meter zum Beckenrand mit so viel Würde zurückzulegen, wie ihr noch möglich war.

Am Rand angekommen, hielt sie sich fest und hustete sich erst einmal richtig aus. Tränen schossen ihr in die Augen. Sie kam sich echt blöd vor.

»Geht's wieder?«, erkundigte sich eine Stimme interessiert bei ihr. Und als Thea es endlich schaffte hochzublicken, schauten wasserblaue Augen ernsthaft besorgt zu ihr herunter.

Sie nickte und zog sich die Brille vom Kopf. Mann, war das eine Pleite.

»Ich dachte schon, ich müsste mal wieder meine Mund-zu-Mund-Beatmung durchführen.«

Thea rang um ein Lächeln. »Nicht nötig.« Mist, das war so eine Steilvorlage gewesen. Wieso hat sie nicht irgendwas Cooles darauf gesagt? Irgendwas, das ihm zeigte, dass sie wenigstens außerhalb des Schwimmbeckens eine gute Figur machte.

»Schade.« Er grinste zuckersüß.

»Andererseits, wenn du unbedingt mal wieder üben musst, stelle ich mich gerne zur Verfügung.«

»Ich auch«, krächzte es heiser hinter Thea. Die beiden hatten nicht mit der Rentnerin gerechnet, die noch immer am Beckenrand Wasser trat.

»Ja, Frau König. Ich weiß.« Er stand seufzend auf. »Ich weiß das. Der Hauptbademeister hat mir schon Bescheid gesagt, dass ich bei Ihnen darauf gefasst sein muss.«

Frau König verstand den Witz wohl nicht, denn sie drehte sich schnaubend um und paddelte davon. Er verzog sein Gesicht, als ob er etwas falsch gemacht hätte, und grinste Thea verschwörerisch an. »Auweia. Wenn das mal nicht einen Eintrag in die Personalakte gibt.«

»In dem Fall würde ich für dich aussagen. Da kannst du ganz auf mich zählen.« Sie schob sich ihre Brille über die Augen und rückte sie gerade. Grinsend stieß sie sich vom Beckenrand ab. Jetzt war Rückenstil dran. Gottseidank, denn so konnte Thea noch etwas zu Atem kommen, und außerdem sah sie, wie er sie beobachtete. Er stand da und folgte ihren Bewegungen. Auf dem Rücken liegend, konnte er wenigstens nicht ihren Hintern sehen, allerdings ragten jetzt ihre gequetschten Brüste aus dem Wasser. Na ja, daran ließ sich auf die Schnelle nichts mehr ändern.

Sie schwamm bis zum Ende und drehte um. Jetzt war wieder eine Bahn Bruststil dran. Aber er blieb weiter am Beckenrand und beobachtete sie. Mit in die Taille gestemmten Armen stand er da und ... Er wartete auf sie. Ganz klar. Das bisschen, was Thea noch durch ihre beschlagene Brille sehen konnte, ließ keinen anderen Schluss zu.

»Da ließe sich noch einiges verbessern.« Er war wieder in die Hocke gegangen, kurz bevor Thea den Beckenrand erreichte.

»Wie jetzt? Beim Rücken oder bei Brust?« Thea schob die Brille auf die Stirn.

»Na ja, an der Brust selbst würde ich nichts verändern wollen ...« Er grinste anzüglich. »Die scheint mir vollkommen in Ordnung zu sein, aber die Armarbeit könnte bei beiden Stilarten noch optimiert werden.«

Während sie gleichzeitig hoffte, dass die Schwimmbrille ihr keine Froschaugenringe in ihre Haut gedrückt hatte, grinste sie aufmüpfig zurück. »Tatsächlich?!«

»Tatsächlich!«

»Und wer sollte mir da wohl helfen?«

»Ich könnte da gerne behilflich sein. Ich bin hier während der gesamten Sommersaison als Bademeister engagiert.«

»Ein Aushilfsbademeister?«

»Wenn du so willst: ein Aushilfsbademeister. Ich kann aber alles, was auch ein echter Bademeister kann.«

»Also ein ausgewachsener Junge?«

»Ja, vollkommen ausgewachsen.«

»Und der ausgewachsene Junge würde zu mir ins große Planschbecken kommen und es mir zeigen?«

»Was zeigen?«

»Na, ich denke, wie ich mich richtig bewege und so.«

»Genau.«

»Frederick ... Hallo, Frederick!«

Frederick stand auf und blickte in die Richtung, aus der das Rufen kam. »Ja, Frau König, was gibt's denn?«

»Haben Sie jetzt mal geschaut? Bin ich schon besser geworden?«

»Ja, definitiv, Frau König. Jetzt noch zwei Bahnen genau so mit dieser Technik, aber mit etwas mehr Kraft.«

»Und haben Sie auch genau zugeschaut? Ich hatte so den Eindruck, Sie seien abgelenkt.«

»Ich hab nur Augen für Sie, Frau König. Das wissen Sie doch!«

Frau König hob stolz ihren Kopf und funkelte Thea giftig an.

Die blickte hoch in diese wasserblauen Augen. »Aha, da bin ich wohl nicht die Einzige, die hier Schwimmunterricht bekommt.« Mit einem spöttischen Gesichtsausdruck drückte sie sich vom Beckenrand ab.

Sie musste noch ungefähr zehn Bahnen schwimmen, aber während der ganzen Zeit schaute sie immer, wo Frederick gerade war. Er ließ sie nicht mehr aus den Augen. Doch alles Schöne hat einmal ein Ende, und die halbe Stunde war um. Thea setzte sogar noch zwei Bahnen drauf, aber es passierte nichts mehr. Als sie aus dem Becken stieg, schaute sie sich demonstrativ um. Er war nicht mehr da. Kein Frederick, nur Frau König paddelte noch im Becken herum.

Na gut, wenigstens hab ich jetzt was, auf das ich mich morgen freuen kann. Wenn Frederick für die ganze Freibadsaison hier war, würden sie noch genug Zeit haben, sich abseits von Frau König und ihren bedrohlichen Blicken zu unterhalten. Thea duschte, warf sich ihr Handtuch über die Schulter und ging in Richtung Umkleidekabinen.

Da stand er, in seiner knappen weißen Arbeitsuniform, und grinste sie an. Für einen Moment blieb sie still stehen, dann lachte sie laut. »Also. Frederick, du ...«

»Frederick, hallo, sind Sie hier?« Frau König lag also schon auf der Lauer.

Frederick hielt den Zeigefinger an den Mund und öffnete leise die Tür einer Umkleidekabine. Thea huschte hinein, er schob sich ebenfalls hinter die Tür und verriegelte leise die Kabine.

»Frederick? Wo sind Sie denn? ... Frederick!« Das Quietschen von Badelatschen kam immer näher. »Frederick?«

Endlich gab Frau König ihre Nachstellungen auf. Aber sie sprach weiter mit sich selbst. Sie murmelte etwas von einem jungen Ding, das sie beim nächsten Treffen aber sicher in seine Schranken weisen würde. Und wie unverschämt es gewesen sei, das junge Ding. Und wenn sie noch mal zwanzig wäre, *hach!* Da würde sie es aber allen zeigen. Thea bedeutete ihm wortlos, dass ja wohl nur sie das *junge Ding* sein konnte. Siegreich streckte sie ihre geballte Faust in die Höhe.

Ohne auch nur eine Sekunde Zeit zu verlieren, packte Frederick sie an den Pobacken, zog sie an sich und küsste sie. Wow! Das war genau das, was Thea schon seit zwanzig Minuten ständig durch den Kopf ging. Als hätte er ihre Tagträume gelesen. Vielleicht hatte er geglaubt, er würde sie zu sehr überrumpeln, denn er löste sich schnell wieder von ihr. Doch Thea griff sich seine Hände und schob sie zurück auf ihren Hintern. Das Signal war klar: Weitermachen! Sie legte ihren Zeigefinger auf seine Lippen. Die Rentnerin hatte ausgerechnet die Nachbarkabine betreten und rumorte dort herum.

Während Frau König leise ächzte und Geräusche zu hören waren, die sich anhörten, als würde eine Tür knarren, legte er eine Hand auf Theas Badeanzug, genau auf ihre Scham. Er tat nichts weiter. Er legte sie nur dahin. Thea drückte ihren Rücken leise an die Kabinentür und ihr Becken nach vorne. Sie schauten sich stumm an. Nebenan war endlich der nasse Badeanzug auf den Boden geklatscht, und man konnte hören, wie die alte Frau sich kräftig frottierte.

Seine Hand wartete. Er wartete. Thea wartete. Ein Kribbeln zog durch ihren ganzen Körper, und unübersehbar machte auch ihn diese Situation an. Seine weißen Bademeistershorts spannten sich zusehends. Thea schob ganz langsam erst einen, dann den anderen Träger ihres Badeanzuges über die Schultern und zwängte ihre Arme wenig elegant heraus. Sie nahm die beiden Träger und zog sie in Fredericks Richtung. Der übernahm die Träger, aber er tat erst einmal nichts, als mit seinen Händen sanft über den feuchten Stoff des Badeanzuges zu fahren. Beide Brüste zeigten eine deutliche Reaktion. Spitz zeichneten sich die Brustwarzen ab.

Nebenan hörten sie Stoff ziehen, schieben, Druckknöpfe, die sich schlossen, einen Reißverschluss. Dann zog Frau

König offenbar ihre Schuhe an. Endlich war sie fertig. Die Nachbarkabine wurde unsanft aufgestoßen, und Frau König zog, leise Flüche ausstoßend, ab.

Das war ihr Zeichen. Während Thea ihre Arme in die Höhe streckte, zog Frederick den eng anliegenden Badeanzug weiter runter, bis der Stoff erst über die erste Brust und dann über die zweite rutschte. Seine Hände griffen zu. Theas Haut war eiskalt. Die Nippel ragten fordernd nach vorne, aber beide wussten, dass das nicht nur mit der Kälte zu tun hatte. Frederick hielt ihre Brust, als würde er ihr als Büstenhalter dienen.

»Wundervoll. Sind das 90-C-Brüste?«, wisperte er, bevor er eine der kalten Spitzen in den Mund nahm und daran saugte.

»90-D.«

»Noch besser. Ich liebe 90-D-Brüste. Auch 85-C, oder 90-Doppel-D.« Er leckte weiter, während er die vollen Brüste mit beiden Händen liebkoste. »Oder 100-C. Aber am liebsten sind mir 90-D-Brüste. Perfekt. Sie sind perfekt.« Er stülpte seinen Mund über die empfindliche Haut. Seine Zunge fuhr weiter um die Spitzen, und er saugte daran wie ein Welpe an den Zitzen. »90-D. Was bin ich für ein Glückspilz.«

Thea blieb, an die Kabinenwand gelehnt, stehen und genoss das Gefühl. Seine Hände glitten über ihre Haut, streichelten ihre Brüste, und zwischen ihren Beinen wurde es allmählich nass. Und das kam nicht daher, dass sie noch immer den feuchten Badeanzug trug.

Sein Mund blieb oben und leckte abwechselnd über ihre beiden Brustwarzen, während seine Hände nun tiefer wanderten. Er zog an dem Stoff, bis er endlich über ihre Hüften und ihren Po schnellte. Der Badeanzug rutschte zu Boden. »Mein Gott, dir ist ja ganz kalt!« Seine Hände lagen auf ihren nackten Arschbacken. Und tatsächlich fröstelte Thea ein wenig, weil sie zu lange in dem feuchten Stoff geblieben war.

Frederick lächelte sie an. »Ich hab eine Idee. Warte mal.« Er ließ sie los und schaute vorsichtig aus der Kabine. »Die Luft ist rein. Komm mit.«

Thea wickelte sich ihr Handtuch um und folgte ihm eilig. Nach zwei Ecken war er bei den Duschen angekommen. Er machte eine breite Tür auf und ließ sie ein. Es war eine Duschkabine zum Abschließen. Grinsend riss er sich mit einem Ruck das T-Shirt über den Kopf, stellte das Wasser auf warm und nahm dann den Duschkopf aus der Halterung. Er ließ das Wasser über Theas Beine laufen. Immer höher wanderten die warmen Wasserstrahlen, bis er schließlich ihr Delta erreichte. Frederick stellte sich hinter Thea und hielt ihr den Duschkopf vor ihre Möse. Eine Hand glitt nach vorne, und mit zwei Fingern legte er ihre Klitoris frei. Das warme Wasser prasselte direkt auf ihre Perle.

Thea stellte sich breitbeiniger hin. Es war ein wohliges Gefühl, und unbewusst fing sie an zu schnurren wie ein Kätzchen. Der weiche Brausestrahl wanderte von links nach rechts, hoch und runter, aber immer genau über ihre Möse. Ihre Klitoris erwärmte sich. Sie merkte zwar, wie Frederick sich mit seinem Schwanz, der noch immer von den Shorts eingezwängt wurde, an sie drängte, aber weiter passierte erst einmal nichts. Vorne hielt er den Duschkopf vier Zentimeter von ihrer Haut entfernt, nur einmal stellte er den Wasserstrahl stärker ein. Doch dann war seine Hand wieder in ihrer Spalte, rieb ihr über die feuchten Schamlippen, kreiste um ihre Klitoris und schob die blutdurchströmten Häutchen zur Seite. Warmes Wasser massierte ihre Perle. Es war ein angenehmes Gefühl.

Ganz überraschend regelte er die Temperatur runter. Das Wasser schoss eiskalt zwischen ihre Beine. Ihre Perle zog sich erschrocken zurück, ihre Beckenmuskulatur verkrampfte sich kurzzeitig, und sie wollte sich wegdrehen, aber er hielt sie fest. Es war plötzlich unerträglich kalt. Doch jetzt stellte er wieder auf warmes Wasser und schob ihr den Duschkopf vor die geöffneten Beine.

Wow, das war wirklich ein geiles Gefühl. Thea kippte ihr Becken nach vorne. Alles fing plötzlich an zu pochen. Ein starkes Kribbeln setzte ein. Sie hatte das Gefühl, als würde jede einzelne Blutzelle salutieren, wenn sie durch ihre Schamlippen vorbei an der Klitoris schwammen. Thea stöhnte. Es war herrlich. Seine Finger kamen dazu und spielten mit ihr. Alles war warm, sehr warm und glitschig. Thea beugte sich nach vorn und krallte sich an den Armaturen fest. Er nahm den Duschkopf nicht weg, aber mit der anderen Hand zerrte er sich ungestüm die Bademeisterhose von den Beinen.

Als sie seinen wippenden Schwanz an ihren Beinen fühlte, freute Thea sich schon, aber erst einmal schoben sich seine Finger in ihre Spalte und streichelten sie an der empfindlichsten Stelle. Dann drängelten sich zwei Finger in ihr Loch. Er glitt tiefer. Langsam zog er sie wieder zurück und stieß dann wieder zu. Tiefer. Noch tiefer. Seine Finger glitten in ihr vor und zurück. Plötzlich sagte er: »Halt du mal«, und hielt ihr den Duschkopf hin.

Während Thea ihre Klitoris weiter mit dem Wasserstrahl verwöhnte, packte er ihre Pobacken, zog sie auseinander, und mit einem Mal war sein Schwanz in ihrem Loch. Thea stieß einen überraschten Schrei aus. Aber sofort drängte sie ihm ihren Hintern entgegen. »Hmm, das ist gut. Komm, stoß zu.«

Und Frederick stieß zu. Thea musste sich mit beiden Händen an den Kacheln abstützen. Sein Schwanz schnellte vor und zurück, immer heftiger. Er packte sie an den Hüften. »Ich steh auf deinen Hintern.«

»Echt?«, keuchte Thea. Ihre Beine fingen allmählich an zu zittern.

»Echt!« Er stieß weiter in sie hinein, als wollte er ihr damit beweisen, wie sehr er darauf stand.

Thea schaffte es jetzt, sich nur noch mit einer Hand abzustützen, während sie mit der anderen den Duschkopf wieder zwischen ihre Beine bugsierte.

»O Mama. Hier hab ich richtig was zum Anpacken.« Er stieß zu. Sein Schwanz glitt im Rhythmus seines Schnaufens vor und zurück. »Kurven ... Hüften ... *love handles*.« Er zog seinen Schwanz aus ihr heraus und presste ihn in die glitschige Spalte. Jetzt rieb er über ihre Perle. Thea stöhnte laut auf. Das war richtig geil.

»Ich vergöttere deinen Körper.«

Jetzt fasste er um sie herum und drückte mit einer Hand seinen Schwanz fest an ihre Möse. Thea ließ den Duschkopf auf den Boden gleiten und hielt sich nun an der Duschstange fest, während er sich ganz um ihre Lust kümmerte. Er rieb seine Eichel über ihre Klitoris und schnellte vor und zurück, als würde er sie weiter stoßen.

Thea hechelte laut: »Ist das jetzt etwa ironisch gemeint? Du findest meinen Hintern zu dick?«

»Zu dick? Du spinnst wohl. Gerade richtig.« Er packte sie mit beiden Händen an ihren Arschbacken. »Gerade genug«, und stieß wieder zu. »Ich steh total auf pralle Hintern.« Als wolle er ihr beweisen, wie sehr sie ihn antörnte, legten sich seine Finger jetzt ganz auf die Klitoris. Sie rieben schnell über den angeschwollenen kleinen

Knubbel. Thea sank vornüber und hielt sich nur noch mit Mühe aufrecht.

»Du weißt gar nicht, wie mich diese Hungerhaken von heute langweilen. Du hast wenigstens Kurven.« Er rieb sich an ihr. Theas Körper zuckte. Nur noch wenige Sekunden, und sie würde kommen. »Du darfst auf keinen Fall abnehmen.« Jetzt hielt er plötzlich inne.

Das ist ja Folter, dachte Thea noch, aber zu mehr reichte der verbleibende Sauerstoff in ihrem Gehirn nicht mehr.

»Du musst mir versprechen, kein Gramm abzunehmen.«

In ihrem Kopf jaulte triumphierend ein Hund. »Mach ... weiter!«

»Nur wenn du es mir versprichst.«

»Was? ... Mach weiter!« *Ein Versprechen, das unter Folter erzwungen wird, gilt ohnehin nicht.*

»Versprich mir, dass du so bleibst. Nicht abnehmen ... bitte ... Ich verwöhne dich auch den ganzen Sommer lang ... Was immer du willst.« Er stieß weiter zu. Schließlich sollte sie wissen, was sie verpassen würde. Er rieb jetzt schnell und fest über ihre kleine geile Perle. »Kein Gramm!«

»Ja ... o ja!«

»Kein Gramm, versprochen?«

»Ja! ... JA!«

»Hoch und heilig versprochen?« Seine Finger heizten ihre Lust an.

»JA ... JAAAAA!« Sie zuckte, während er nicht aufhörte, weiter ihre Bestätigung für was auch immer zu bekommen. Sie hätte ihm in diesem Moment alles versprochen, alles, was man mit einem tiefen, lang gezogen ausgestoßenen *Ja* versprechen konnte.

Die Welle aus Lust und Geilheit ebbte allmählich ab. Erschöpft sank Thea ihm in die Arme. Frederick kniete sich mit ihr auf den Boden, und jetzt ließ er das warme Wasser über ihren Körper laufen.

Thea kam langsam zu sich. Sie saß auf den kalten Kacheln einer städtischen Badeanstalt und war so glücklich wie schon lange nicht mehr. Langsam drehte sie sich zu Frederick und musste unwillkürlich lachen. Da saß er mit einem Riesenständer und grinste sie an.

Geschickt fasste sie seinen Schwanz und streichelte sanft auf und ab. »Wir müssen unbedingt was dagegen unternehmen, sonst tut der dir noch den ganzen Tag weh.« Sie drehte sich kniend zu ihm hin. »Komm, steh auf.«

Frederick gehorchte.

»Und jetzt etwas tiefer in die Knie.« Er gehorchte wieder.

Sie packte ihre beiden Brüste an den Seiten und nahm seinen Schwanz in die Mitte. Der Ständer verschwand fast komplett unter ihren Rundungen. »Für was hab ich denn 90-D-Brüste, wenn nicht dafür?«

Frederick stöhnte. »Darauf hatte ich gehofft.« Er rieb sich zwischen ihren Brüsten an dem Fleisch, das sie fest zusammenpresste. »Du hast gleich gewusst, wieso mir große Brüste so gefallen, stimmt's?«

»Stimmt.« Doch mehr sagte Thea nicht, denn sie legte ihren Kopf jetzt nach vorne. Mit ein bisschen Verrenken kam sie so gerade mit der Zunge an seine Eichel. Frederick krallte sich augenblicklich an der Duschstange fest.

Er rieb sich zwischen ihren Brüsten, und alle paarmal nahm Thea den Druck von ihren Brüsten weg und schnappte mit dem Mund nach dem Schwanz. Frederick atmete kaum noch.

Sie lutschte und saugte an seinem Schwanz, nur um ihn dann wieder mit ihren Brüsten einzufangen. Frederick rieb sich zwischen ihren fleischigen Rundungen, bis sie wieder mit dem Mund nach ihm schnappte und ihre Lippen auf seine Eichel presste. Sie wusste, er würde jeden Augenblick kommen. Und tatsächlich, jetzt drückte sie wieder die Brüste fest um seinen Schaft, und er stieß weiter zu, bis eine kleine Fontäne vor ihrem Gesicht aufspritzte. In diesem Moment reckte sie die Zunge vor und presste sie an die Eichel.

Frederick keuchte. Er war immer noch dabei abzuspritzen, als ihr Mund seine Spitze umschloss. Sie ließ ihn nicht los. Ihre Zunge spielte weiter mit seiner Eichel, bis Thea merkte, wie das Zucken seines Körpers nachließ. Nur seine Beine zitterten noch.

Beide rutschten keuchend mit dem Rücken an die Wand. Jetzt hielt sie den Duschkopf in der Hand und ließ den Strahl abwechselnd über ihren und seinen Körper wandern. Stumm saßen sie im warmen Wasser nebeneinander.

Frederick fasste ihre Hand. »Du musst morgen früher kommen. Ich hab den Hauptschlüssel bekommen. Bis halb sieben sind wir ganz allein.«

Thea atmete noch immer schnell, aber sie schaute glücklich zu ihm hinüber. »Nur, wenn du Frau König nicht das gleiche Angebot gemacht hast.«

Sein Grinsen war Einladung genug. »Sei um halb sechs hier. Dann mache ich mit dir alles, was immer du willst.«

Zwanzig Minuten später stand Thea draußen vor der Drehtür und suchte nach ihrem Fahrradschlüssel. Die Beine taten ihr weh. Die Innenseiten der Schenkel brannten, als wäre sie drei Stunden Schlittschuh gelaufen. Das würde ein 1A-Muskelkater, ganz sicher.

O Mann, ein ziemlich strammes, kalorienraubendes Trainingsprogramm lag in den nächsten Wochen vor ihr. Radfahren, Schwimmen und heißer, schweißtreibender, Sich-nicht-mehr-auf-den-Beinen-halten-können-Sex, inklusive einem eigenen Personal Trainer. Und hatte sie nicht vorhin hoch und heilig und unter Aufbringung all ihrer Bejahungsfähigkeiten versprochen, kein Gramm abzunehmen?

Stolz, aber etwas umständlich schwang sie sich auf ihr Fahrrad. Mal überlegen. Jeden Tag Sex, großartiger Sex sogar, das waren doch sicher ... also bestimmt konnte sie den mit ... also sicher durfte sie hier vierhundert Kalorien ansetzen. Und wenn sie Radfahren und Schwimmen wieder ausgleichen wollte, dann musste sie ... also nur, um sicherzugehen ... jeden Abend zwei Glas Rotwein, und auf jeden Fall war da heute Mittag eine Portion Spaghetti Carbonara nötig, damit sie das alles wieder ausgleichen konnte.

Thea stieg auf ihr Fahrrad und radelte los. Im Geiste hörte sie Hugo, der sich schnaubend auf die andere Seite drehte und friedlich weiterschlummerte. Sie hätte schwören können, dass er sabbernd von riesigen Fressnäpfen träumte.

Geschenk des Orients

Tessa bewegte sich, und die feine Seide glitt über ihren Körper, als würden Engelsflügel sie streifen. Sie fühlte sich fantastisch. Ihre Haut war glatt und duftete leicht nach Rosenöl. Am liebsten hätte sie den Nebel aus Wasserdampf und betörenden Gerüchen niemals mehr verlassen. Fast wie in Trance hatte sie im Hamam die Behandlung einer kleinen, zierlichen Orientalin über sich ergehen lassen, die auf alle ihre Fragen immer nur lächelnd genickt hatte. Tessa wusste nicht einmal, ob sie ihre Worte überhaupt verstanden hatte.

Beatrix hatte ein großes Geheimnis aus ihrem ungewöhnlichen Geburtstagsgeschenk gemacht. Tessa war seit Wochen aufgeregt. Zum erstbesten Termin war sie nach Paris gefahren. Hotel und Übernachtung waren Teil des Geschenks.

»Du wirst dich fühlen wie im siebten Himmel. Nein, gar nicht wahr. Wie im neunten Himmel. Ach, man kann es gar nicht erklären. Immer wenn man glaubt, es kann nicht besser werden, kommt die nächste Überraschung.« Was genau die vielen Überraschungen waren, sagte Beatrix aber nicht. Nur dass Tessa auf alles, aber wirklich auf alles gefasst sein sollte. Und wenn Beatrix dann doch versuchte zu erklären, wie herrlich sie sich gefühlt hatte, drifteten ihre Gedanken fort, und ihre Augen blickten ins Leere. Nur einmal brachte sie noch ein sehnsuchtsvolles *Serafina* über ihre Lippen.

Tessa konnte nur darüber staunen, was mit Beatrix passiert war. Sie hatte ihre beste Freundin in den letzten zwanzig Jahren nicht mehr so entspannt erlebt. Und jetzt würde ihr das Gleiche widerfahren. Bisher war sie absolut begeistert. Selbst wenn der Tag hier enden würde und sie sich einfach nur den Dampfschwaden des Hamams hätte hingeben können, zählte der Tag bereits zu einem ihrer besten.

Ihr Körper war nach einer Stunde im heißen Dampf zunächst auf kunstvolle Art eingeschäumt und geschrubbt worden. Ein Handschuh aus Seide massierte jeden Quadratzentimeter ihres Körpers. Die Frau mit dem dunklen Teint und den grasgrünen Augen nahm bei jedem Durchgang einen anderen Handschuh. Immer feiner wurde der Stoff und immer sanfter die Bewegungen. Am Ende wurde Tessa mit dicken Wolken aus Schaum gestreichelt. Unglaublich. Ihr war, als würde sie jede einzelne Pore ihrer Haut spüren. Sie schwebte schon jetzt im siebten Himmel. Aber hatte Beatrix nicht versprochen, der siebte Himmel sei erst der Anfang?

Nach dem Verwöhnprogramm mit dem Schaum döste Tessa noch eine halbe Stunde auf dem warmen Stein. Dann führte die zierliche Frau sie in einen gekachelten Raum. Tausende bunter Steinchen waren zu einem prächtigen Mosaik zusammengesetzt. Tessa stellte sich in einen der Alkoven, die in die Wand des halbrunden Raumes eingelassen waren. Mit eiskaltem Wasser wurde sie von oben bis unten abgespritzt. Dann nahm die Grünäugige ein warmes Handtuch und begann, sie damit abzutrocknen. Überrascht zuckte Tessa leicht zusammen, als die fremde Frau mit beiden Händen zärtlich über ihre Brüste kreiste. Tessa hob ihre Arme, aber schon fasste die andere ihren Arm und ließ gar nicht zu, dass sie etwas gestikulierte. Tessa gab sich der Versuchung hin. Was geschehen sollte, sollte geschehen. Beatrix hatte ihr ja versprochen, dass ganz überraschende Dinge passieren würden. Trotzdem konnte Tessa sich die Frage einfach nicht verkneifen. »Serafina?«

Dieses Mal entlockte sie der Orientalin ein leises Glucksen. Sie schüttelte belustigt ihren Kopf und drehte Tessa um. Jetzt sollte sie ihre Hände an die Wand legen. Die Frau, die offensichtlich nicht Serafina war, trocknete ihre Beine und Pobacken. Tessa wurde angewiesen, ein Bein auf eine mosaikverzierte Kachelbank zu stellen. Die Frau griff nach einem neuen Handtuch und drückte es Tessa zwischen ihre Beine. Wohlige Wärme, ja fast schon Hitze sprang auf ihre Schamlippen über. Tessa hielt die Luft an. War das noch ein unschuldiges Reinigungsritual? Egal, es fühlte sich betörend an. Ganz sacht, damit die fremde Frau nichts bemerken würde, kippte sie ihr Becken nach vorne, um den Druck auf das Handtuch zu verstärken. Doch die verstand das dezente Zeichen offenbar und erhöhte den Druck auf das Handtuch. Wenn sie Tessa abtrocknen wollte, löste sie damit allerdings das Gegenteil aus.

Tessa wusste, dass Beatrix damals auf den Rat einer anderen Freundin nach Paris gefahren war. In Deutschland hatte sie bisher keinen Callboy gefunden, der ihr das gab, was sie suchte. Beatrix wollte nicht nur Sex. Sie wollte ein Fest der Sinne erleben. Und nachdem sie endlich gefunden hatte, wonach sie so lange gesucht hatte, hatte sie es ihrer besten Freundin zum Geburtstag geschenkt. »Das ganze Paket!«, wie Beatrix immer wieder betonte.

War es also das hier? Würde die kleine Grünäugige sie jetzt verführen? War Beatrix' großes Geheimnis, dass sie Sex mit einer Frau gehabt hatte? Lag darin das Geheimnis der Sinnlichkeit? Die Hitze breitete sich weiter zwischen ihren Schenkeln aus. Ein leises Stöhnen entwich Tessas Mund. Als hätte die Frau auf dieses Signal gewartet, entzog sie ihr das warme Handtuch. Sie ging kurz hinaus, nur um dann mit einem Umhang aus weißer Seide zu erscheinen. Geschickt warf sie das Kleidungsstück über Tessas Körper und ordnete die verwirrend vielen Stofflagen. Dabei streiften ihre Finger immer wieder Tessas Brustwarzen. Aber Tessa konnte in dem schmalen Gesicht kein eindeutiges Anzeichen erkennen. Wollte die Orientalin sie reizen? Oder war es bei der Menge an Stofflagen nicht zu vermeiden, dass es immer wieder zu erotischen Berührungen kam? Es gab überall Schlitze und Öffnungen. Tessa hätte dieses Kleidungsstück niemals alleine anziehen können. Sie strich über den fließenden Stoff. Umhang war eigentlich nicht der richtige Ausdruck, aber was war es dann? Verschiedene Lagen von unglaublich feiner weißer Seide umhüllten ihren Körper von oben bis unten. Zuletzt wurden ihr spitze silberne Slipper gebracht.

Mit einem anmutigen Hüftschwung ging die kleine Frau Tessa voran und führte sie durch ein Labyrinth von Gängen. Schließlich blieb sie vor einer Tür stehen und wies Tessa in das Zimmer. Hinter der Tür verbarg sich ein großer runder Raum, der komplett mit Sand gefüllt war. In der Mitte stand ein Beduinenzelt aus farbigen Stoffbahnen. Knallbunte Stoffe, durchwirkt mit viel Gold, geformt zu einem wohlgeordneten Muster. Trotzdem wirkte es gar nicht kitschig, sondern eher märchenhaft. Wenn man die Prinzessin eines Wüstenvolkes war, setzte Tessa gedanklich hinzu. Außen an den runden Wänden standen Palmen verschiedener Größe, und durch einen schmalen Bachlauf plätscherte leise Wasser.

Tessa ließ die silbernen Slipper am Eingang stehen. Ihre Zehen bohrten sich in den feinen warmen Sand. Die kleine Frau schlug zwei Stoffbahnen des Zeltes zurück und wies Tessa hinein. Innen war es ein Oktagon und mehr als mannshoch. Teppiche bedeckten den Boden im Eingangsbereich. Hunderte Kissen, große und kleine, alle kunstvoll bestickt, verwandelten das Zelt in ein paradiesisches Schlafreich. Zwei kleine Tischchen standen mitten in diesem Stoffmeer. Die Frau bot Tessa an, sich zu setzen. Mit einer leichten Verbeugung verließ sie das Zelt. Tessa war alleine. Sie stopfte sich ein paar Kissen unter dem Kopf zurecht, sodass sie bequem lag.

Leise Musik schien plötzlich von überallher zu kommen. Schläfrig ließ sie sich nach hinten sinken. Ganz sacht streifte sie eine Lage der Seide von ihrem Bein. Ihre Hand wanderte zwischen ihre Beine. Sie war geil, keine Frage. Dieses heiße Handtuch, diese prickelnde Ungewissheit des Verbotenen, dieses absolut gigantische Körpergefühl, alles stachelte Tessa an. Sie ließ ihren Zeigefinger zwischen ihre Schamlippen gleiten. Ein heftiges Zucken ging durch das Fleisch. Wie herrlich. Genau der richtige Ort für einen Wahnsinnsorgasmus. Sie presste ihre Beine zusammen und schob ihren Finger schnell hin und her. Sie war feucht und heiß. Ein leises Stöhnen entwich ihr. Dieser Ort war göttlich.

Unerwartet hörte sie ein leises Kichern und schlug die Augen auf. Tessa dachte schon, die Grünäugige wäre zurückgekehrt. Aber am Zelteingang standen zwei junge Orientalinnen mit großen Tabletts. Schnell schlug Tessa die Stoffbahnen über ihre Beine und setzte sich mit einem pikierten Lächeln auf. Die jungen Frauen taten so, als hätten sie nichts gesehen und kamen hinein. Mit ihnen zog ein herrlicher Wohlgeruch ins Zelt. Gewürze aus einer exotischen fremden Welt. Es roch nach Kardamom, Anis und Nelken, aber auch süßlich nach Rosen und Honig.

Tessa konnte einen dezenten Duft von Mandeln ausmachen. Darüber wehte das Aroma einer frisch geschälten Orange. Die beiden Frauen holten aus einer Ecke zwei Metallgestelle, auf die sie die Tabletts stellten. Mit verstohlen amüsierten Blicken standen sie auf und verließen das Zelt.

Tessa blickte auf die verschiedenen Töpfe und Schalen, hob die spitzen Deckel der zwei Tajines und roch an dem Couscous. Wieso auch nicht? Das kulinarische Vergnügen fehlte ihr noch an diesem Tag. Die Tür ging noch einmal auf, und sie hörte, wie die beiden zurückkehrten. Aber da war noch jemand. Eine tiefe, samtige Stimme sprach mit den beiden in einer Sprache, die Tessa nicht verstand. Ein Prickeln lief über ihre Haut. Die zwei traten ins Zelt. Dieses Mal brachten sie kleinere Tabletts. Das eine Tablett war über und über mit Süßspeisen bedeckt. Auf dem anderen standen eine Kanne mit Wasser und eine große Kanne mit grünen Blättern, der *Thé à la Menthe*. Stumm stellten sie diese auf den niedrigen Tischen ab und zogen sich mit wissenden Blicken zurück.

Als Tessa hörte, wie sich die Tür zum Gang schloss, tauchte ein Schatten in der Öffnung des Zeltes auf. Ein breitschultriger Mann, schwarzhaarig und mit samtiger dunkler Haut stand dort. Ausdrucksvolle Augen blickten auf Tessa hinunter. Als die vollen Lippen sich öffneten und er sie anlächelte, blitzten weiße Zähne auf. Sein Alter war nicht zu bestimmen. Er war athletisch gebaut und hatte eine absolut erotische Ausstrahlung. Alles an seinem Körper zog Tessa an.

Also doch kein Sex mit Frauen. Bea, Bea! Jetzt wusste sie, warum sich ihre Freundin so in Schweigen gehüllt hatte. Wobei, vielleicht war das nur der Masseur? Aber irgendetwas verlieh Tessa die Sicherheit, dass ihr der Aufstieg in die höheren Himmel bevorstand. Der Mann hatte eine weite weiße Hose an, die an seiner schlanken Taille von einem bunten Stofftuch gehalten wurde. Darüber trug er lässig ein weißes Leinenhemd. Er öffnete seine Hemdknöpfe, ohne Tessa aus den Augen zu lassen. Ihr Blick wanderte an seinem Körper entlang. Als er das Hemd abstreifte, sah sie eine Linie aus feinen schwarzen Kringeln auf der muskulösen Haut unter dem bunten Schal verschwinden.

Galant setzte er sich neben sie auf ein Kissen. Tessa konnte seinen männlichen Duft riechen. Fast ohne Berührung küsste er nun ihre Hand. »Ich bin Karim. Für die nächsten Stunden sind deine Wünsche meine Wünsche. Was immer du möchtest, sag es mir. Ich bin dein Diener.« Er drehte Tessas Hand und küsste ihr Handgelenk. Seine warmen Lippen wanderten höher, küssten hauchzart die Innenseite ihres Unterarms, bis er zur Beuge kam. »Aber wenn du magst, darfst du dich auch einfach überraschen lassen.« Mit einem kleinen Stoß seiner Zunge in ihre Ellenbeuge ließ er von ihr ab.

Tessa wurde heiß und kalt gleichzeitig. Sie musste tief einatmen, bevor sie die Sprache wiederfand. »Das ist wundervoll.«

Er reichte ihr ein Glas mit gesüßtem Tee. Sie trank in kleinen Schlucken. Selbst der Pfefferminztee schmeckte hier wie ein Märchen aus Tausendundeiner Nacht.

Karim kniete sich vor eines der größeren Tabletts und nahm den spitzen Tondeckel von der Tajine. Mit drei Fingern mischte er durch das Couscous und formte dann eine kleine Kugel, die er an ihren Mund führte. Tessa öffnete ihre Lippen. Geschickt schob er ihr das Essen in den Mund. »Das ist Couscous. Für mein Volk ein typisches Essen, aber für dich wahrscheinlich etwas Besonderes.

Und heute ist dein ganz besonderer Tag.« Er fütterte Tessa weiter. Beim dritten Mal landeten einige Krümel auf ihrem Gewand. Tessa wollte sie abwischen, doch er hielt ihre Hand fest. Stattdessen beugte er seinen Kopf über sie und leckte mit spitzer Zunge das Couscous auf. Tessas Brustwarzen ragten sofort überdeutlich spitz aus dem Stoff hervor. Er konnte ihre Reaktion auf sein Verhalten nicht übersehen haben. Und tatsächlich. Er blickte auf die spitzen Erhebungen und dann tief in Tessas Augen.

»Wie ich sehe, gefalle ich dir. Und auch, was ich mache, gefällt dir. Schau dir nur deine Knospen an. Sie warten nur auf meine Lippen.« Ganz langsam zog er eine der Seidenlagen zur Seite. Dann noch eine und noch eine, bis sich ihm eine nackte Brustwarze fordernd entgegenreckte. Ein Zittern lief durch Tessas Körper. *Gleich, ja, gleich.* Nur mit der Spitze seines Fingernagels zog er kleine Spiralen um den Warzenhof. Tessa legte ihren Kopf in den Nacken und stöhnte. *Tu was. Bitte, tu was!* Doch Karim ließ sich Zeit. Sein Finger kreiste weiter, bis Tessa den Kopf wieder hob.

»Ich möchte wissen, wie du es am liebsten magst. Eher ganz sanft oder lieber ein bisschen fester?« Er leckte über die Spitze ihrer Brust. Tessa stöhnte vor Wollust. Sanft biss er in ihr weiches Fleisch. Sie konnte seine Zähne spüren und stöhnte weiter. »Oder magst du es gerne etwas härter, hm?« Sein ganzer Mund umschloss nun ihre Brustwarze und saugte fest. Tessa schrie erstaunt auf. »Also, ich würde sagen, irgendwo zwischen den letzten beiden.« Er lächelte sie wieder an. Dann richtete er sich auf und fing plötzlich an, Kissen zusammenzuraffen. Er machte einen großen Berg, lehnte sich sitzend dagegen und zog Tessa neben sich. Dann fütterte er sie mit süßen Köstlichkeiten. Zwischen kandierten Feigen, getrockneten Datteln und Vanillehörnchen steckte er seine Finger in ihren

Mund. Sie lutschte daran. Es war ein Spiel. Tessa rückte näher an ihn heran. Dann würde sie also jetzt von ihm verführt. Wie herrlich. Sie konnte es kaum abwarten.

»Es ist dein Tag, und natürlich haben wir etwas ganz Besonderes für dich vorbereitet.« Er klatschte in die Hände. Mit einem Mal wurde es draußen vor dem Zelt dunkel. Zwei Reihen kleiner Flammen schossen aus dem Sand. Sie führten genau zum Zelteingang. Dann wurde der Raum geflutet mit den Klängen von Bauchtanzmusik. Tessa blickte zu den kleinen Feuerchen, die in der Dunkelheit tanzten. Karim lehnte sich jetzt auch gegen die großen Kissen und ließ seine Hand unter die Seide und über ihren Bauch wandern. Auf ihrem Dreieck blieb sie liegen.

Erregt spreizte Tessa ihre Beine ein wenig, aber Karim schien die Aufforderung nicht wahrzunehmen. Er blickte durch den offenen Zelteingang. Hinten am Rand des Raumes erschien eine Bauchtänzerin. Zwischen den Feuern tanzte sie barfuß immer näher an das Zelt. Ihr Becken kreiste, und tausend kleine Goldplättchen hüpften auf ihren ausladenden Hüften. Die Frau, in tausend bunte Schals gehüllt, wie es Tessa schien, tanzte in das Zelt hinein. Ihr Bauch bewegte sich, ihre Hüften kreisten rhythmisch in einer unglaublichen Geschwindigkeit, nur um sofort wieder in langsame, laszive Bewegungen zu verfallen. Kleine Glöckchen klingelten bei jeder Bewegung. Sie hatte seidige braune Haut. Im Schein des Feuers schien sie fast golden zu sein. Sie war üppig gebaut, aber alles an ihr war straff und fest. Ihre schweren Brüste lagen in goldverzierten Schalen aus Metall, die mit bunten Tüchern gefüttert waren. Die großen Brüste drängten sich Tessa entgegen. Bei jeder Bewegung wippten sie heftig. Sie hatte das Gefühl, sie würde gleich von ihnen angesprungen. Doch die Tänzerin war geschickt. Sie wusste genau, wie sie sich bewegen musste. Eine Woge nach der anderen ließ ihr festes Fleisch erbeben. Endlich verstand Tessa diesen Tanz – ein getanzter Orgasmus.

Die Tänzerin kam stetig näher zu dem liegenden Paar. Doch ausgerechnet jetzt, wo die fremde Frau im Zelt war, fingen Karims Finger an, sich tiefer in ihr Dreieck vorzutasten. Dabei blickte er weiter auf die Tänzerin. Tessa war etwas verwirrt. Wollte er sie jetzt hier ...? Vor der Tänzerin ...? Gehörte die Tänzerin zu dem Spiel dazu? Sie merkte, wie sie sich verkrampfte, aber dann fand Karim ihre feuchte Spalte, und unerträglich langsam schoben sich seine Finger zwischen ihr glitschiges Fleisch. Tessa schnappte nach Luft. Zu überlegen gab es da nichts mehr. Die Lust brach über sie herein. Sie stöhnte leise auf. Automatisch legte sie ihren Kopf zurück und schob ihr Becken der Hand entgegen. Wäre nicht die Tänzerin dort gewesen, sie hätte Karim ihre Scham noch heftiger entgegengetrieben. Die Tänzerin schien von dem, was auf den Kissen vor sich ging, nichts zu bemerken. In anmutigen Bewegungen tanzte sie von einer Seite zur anderen, bis sie ganz dicht bei ihnen stand. Die laute Musik setzte einen Moment aus, und sie hielt inne.

Während Karims Finger mit kleinen Bewegungen um ihre Klitoris kreiste, sagte er: »Darf ich dir vorstellen. Serafina! Sie wird für dich tanzen.« Karim kam ganz nah an Tessas Ohr und flüsterte: »Für dich und ein klein wenig auch für mich.« Dann wandte er sich an die Tänzerin. »Nicht wahr, Serafina, du wirst für uns tanzen?« Mit diesen Worten schob er seinen nassen Finger in Serafinas Mund. Die leckte ihn genüsslich ab. Tessa war elektrisiert. Eine Woge der Begierde raste durch sie hindurch. Jetzt wusste sie Bescheid: Serafina!

Die Musik setzte wieder ein, und Serafinas Hüften bewegten sich in kleinen Kreisen. Dabei zog sie aus der Schale, die ihre linke Brust hielt, den Stoff heraus. Bald lag nur noch ihre nackte Brust in den fein ziselierten Metallranken. Die Mitte war ausgespart worden für die große dunkelbraune Brustwarze. Karim beugte sich zur Seite und tauchte seinen Finger in ein kleines Gefäß. Serafina tanzte mit breit auseinanderstehenden Beinen nun direkt über ihnen. Ein betörend süßer Duft umfing Tessa. Patschuli und Amber, aber vielleicht war da auch noch etwas anderes dabei. Er benebelte fast ihre Sinne, so süß und durchdringend war Serafinas Odeur.

Diese beugte sich gerade über Karim, der ihre blanke Brustwarze mit Honig einrieb. Die Haut zog sich sofort zusammen, und die Spitze richtete sich fordernd auf. Karim leckte ihr den Honig von der Haut. Serafinas Becken zuckte dabei. Sie zog nun auch den Stoff aus der zweiten Brustschale. Wieder rieb Karim die dunkle Haut mit Honig ein. Doch dieses Mal beugte Serafina sich zu Tessa. Die wusste nicht so genau, was sie tun sollte. Es reizte sie, die Brustwarze zu lecken. Andererseits hatte sie noch nie die Brustwarze einer anderen Frau im Mund gehabt.

»Wenn du nicht möchtest, dann ...« Doch da richtete Tessa sich schon auf und stülpte ihre Lippen über die Haut. Es schmeckte nach Honig, natürlich. Aber die Haut schmeckte auch etwas salzig. Karims Finger kreisten wieder um Tessas Klitoris. Sie hörte nicht auf, an Serafinas Brust zu lutschen. Der Honig war schon lange weggeleckt. Mit gespreizten Beinen kniete sie sich hin und umfasste die goldenen Körbchen, in denen die prallen Brüste lagen. Serafina lachte leicht auf und sagte etwas in der fremden Sprache. Karim antwortete ihr. Die Tänzerin ging tiefer in die Hocke. Doch Karim kniete jetzt schon neben Tessa.

Mit einem süßen Gebäck rieb er Serafinas Brustwarze ein. Dann durfte Tessa wieder lecken. Es schmeckte nach Mandeln und Sesam.

Karims Finger glitten über Tessas Pobacken und fanden geschickt den Weg zwischen die Stoffbahnen. Ein Finger schob sich nach vorne zur Klitoris. Zwei andere drangen in Tessas Loch. O Gott. Sie konnte sich kaum auf den Knien halten. »Es ist dein erstes Mal, nicht wahr? Du leckst zum ersten Mal an der Brust einer Frau!«

Tessa erforschte gerade mit ihrer Zunge die harten Nippel Serafinas, deswegen drang nur ein bestätigendes Stöhnen aus ihrem Mund. Sie blickte hoch in das Gesicht der Tänzerin. Auch sie hatte diese strahlend grünen Augen. Serafina zog ihren Oberkörper zurück. Aber Tessa griff mit beiden Händen nach den Körbchen mit den schweren Brüsten und hielt sie fest. Währenddessen spielte Karim mit ihr, hielt inne, stieß wieder tiefer hinein, nur um dann seine Finger gar nicht mehr zu bewegen. Tessa krallte sich in Serafinas Brüste, während Karim über ihren Kitzler rieb. Sie war auf dem besten Wege zu kommen. Ihr Becken zuckte bereits so heftig wie Serafinas beim Tanzen. Doch Karim hielt inne.

Er durfte jetzt nicht aufhören! Tessa kippte ihr Becken nach hinten und presste ihre feuchte Möse auf seinen Arm. Ein Schauern durchlief sie. Serafina griff nach ihren Armen und zog diese hinter sich. Tessas Gesicht lag nun zwischen ihren dicken Brüsten. Der satte Geruch von süßem Schweiß drang in ihre Nase. Karim kniete nun hinter Tessa und schob eine Hand von vorne zwischen ihre Beine. Unerträglich langsam, aber beharrlich rieben zwei Finger an ihren Schamlippen, während er ihr von hinten die Finger in ihre Möse stieß. Tessa konnte nicht mehr denken. Karims Finger wurden schneller. Tessas Becken bewegte sich automatisch. Sie war pure Lust. Als die erste Woge durch Tessas hindurchrollte, richtete sie sich mit einem verzückten Aufschrei auf. Ihr ganzer Körper zitterte, aber Karim ließ nicht nach. Er ließ seine Finger weiter kreisen, Tessas Körper zuckte, bis sie schließlich kraftlos nach hinten kippte.

Karim fing sie auf. Sanft legte er sie in die Kissen. »Ich glaube, du brauchst eine kleine Pause. Aber du darfst gerne zuschauen, bis du wieder so weit bist.« Tessa hörte das Versprechen nach mehr mit einem wohligen Gefühl.

Im Moment war sie in einem Zustand wunschlosen Glücks, aber sie wusste, das konnte sich bei ihr schnell ändern. Fürsorglich schob Karim ihr einige Kissen unter den Rücken und den Kopf, sodass Tessa, halb liegend, halb sitzend alles beobachten konnte, was noch passieren würde. Er griff nach dem *Thé à la Menthe*. Vorsichtig setzte er das verzierte kleine Glas an ihren Mund. Tessa spürte erst jetzt ihren Durst. Sie hatte so viel gehechelt und gestöhnt, dass ihr Mund schon ganz trocken war. Karim kniete breitbeinig neben ihr. In seiner weißen Hose war deutlich eine dicke Beule zu sehen. Er nahm Tessas Hand, küsste die Innenfläche und schob sie dann über den Stoff. Sein Schwanz war dick und hart. Er rieb sich mit ihrer Hand und stöhnte leise auf. »Das ist alles für dich. Wann immer du möchtest, stehe ich dir zur Verfügung. Wie du willst, wann du willst.«

Er ließ ihre Hand wieder sinken und schaute zu Serafina, die weiter getanzt hatte. Sie zog ein Stofftuch nach dem anderen aus ihrem Kostüm. Ihre Brüste lagen bereits blank, aber jetzt war auch immer mehr von ihren Pobacken zu sehen. Kunstvoll löste sie noch einige Tücher aus ihrem wallenden Rock, bis ihre rasierte Scham zu sehen war. Ein dunkles Dreieck zwischen mächtigen Schenkeln.

Sie tanzte auf die beiden zu. Ihre ekstatischen Bewegungen waren eine Mischung aus klassischem Bauchtanz und einem kunstvoll ausgeführten Lapdance. Tessa spürte, wie das Pulsieren in ihre Schamlippen zurückkehrte. Serafina tanzte auf Tessa zu, bis sie breitbeinig über ihr stand.

Tessa schaute direkt hoch zu ihrer Möse. Karim kniete neben Tessa und schob seinen Kopf vor. Mit weit herausgestreckter Zunge begann er, Serafina zu lecken. Geschickt stieß er seine Zunge vor und zurück, bis Serafina wohlig grunzte. Ihr Becken zuckte weiter. Tessa hob einen Arm. Ihr Zeigefinger spielte abwechselnd mit Serafinas Kitzler und Karims Zunge. Serafina hörte überhaupt nicht auf zu zucken. Laute, gutturale Töne kamen aus ihrem Mund. Tessa verstand kein Wort. Karim stand auf und stand mit seiner dicken Beule genau über Tessas Kopf. Geschickt loste Serafina den Schal, der die Hose hielt. Ein prachtvoller Schwanz kam zum Vorschein. Er wippte leicht bei Karims Bewegungen. Der stand, beide Hände an der Taille, da und reckte seinen Schwanz nach vorne.

Geschickt löste Serafina ihr Oberteil und kniete sich breitbeinig über Tessas Kopf. Der Duft ihrer Lust machte Tessa fast ohnmächtig. Serafinas schwere Brüste schwangen bei jeder Bewegung mit. Aber Tessa konnte dem Schauspiel zuschauen, das die beiden nur für sie darbrachten. Serafina nahm den Schwanz in den Mund, und sofort schnellte ihr Kopf vor und zurück. Karim stöhnte laut auf. Serafinas pralle Brüste schwankten hin und her. Tessa spielte an Serafinas Brustwarzen, während deren Lippen gerade die Spitze des Schwanzes vernaschten.

Auch Karim war geil. Sein Schwanz war hart und fest, und Serafina schien genau zu wissen, wie sie seine Lust anstacheln konnte. Und sie tat es. Tessa hatte noch nie live gesehen, wie eine Frau einem Mann einen bläst. Und so geschickt, wie Serafina den Schwanz leckte, würde sie es sicher auch nie wieder zu sehen bekommen. Sie rieb ihre fleischige Zunge über das feine Häutchen, nur um bald den Schwanz vollkommen in ihrem Mund verschwinden zu lassen. Immer wenn Tessa sie in die Brustwarzen kniff, sog Serafina den Schwanz heftig an. Karims Stöhnen wurde immer lauter. Tessa dachte schon, er würde tief in Serafinas Mund kommen, da hörte diese auf, sich zu bewegen. Geschickt drehte sie ihren Körper in die andere Richtung. Ihre Brüste schwangen vor und zurück und streiften Tessas Bauch. Serafina reckte ihren Hintern dem Schwanz von Karim entgegen. Ihre Möse war höchstens dreißig Zentimeter von Tessas Gesicht entfernt. Sie konnte genau sehen, wie sich Karims dicker Schwanz in Serafinas feuchtes Loch drängte.

Jetzt stöhnte diese laut auf. Ihr Atemstoß traf genau auf Tessas Dreieck. Es kribbelte, und ganz sacht hob Tessa ihr Becken. Während sie fasziniert zuschaute, wie Karims Schwanz tief in Serafinas Spalte verschwand, spürte sie, wie deren Atem immer näher kam. Sie öffnete ihre Beine. Serafinas Atem war heiß. Dann spürte Tessa eine Zunge, die mit ihren angeschwollenen Schamlippen spielte. *Mein Gott, konnte es noch besser werden?* Mit beiden Händen zog Tessa Serafinas fleischige Pobacken auseinander, sodass sie noch besser sehen konnte, wie der Schwanz aus der glitschigen Spalte hinausgezogen wurde. Karim versenkte seine Schwanzspitze nur ein, zwei Zentimeter, zog ihn wieder raus, drang kurz in sie ein, zog ihn wieder raus. Tessa war fasziniert von dem Spiel. Das dunkle Fleisch umfing seine dunkelrote Eichel. Jedes Mal, wenn er den Schwanz rauszog, zog sich Serafinas Loch zusammen.

Die leckte an den Innenseiten von Tessas Schamlippen. Tessa wurde beinahe wahnsinnig vor Lust. Sie wünschte,

Serafina würde sich endlich über ihren Kitzler herma-
chen, als Karim fest zustieß. Serafinas Kopf wurde tief
in ihren Schoß gedrückt. Karim stieß heftig zu. Und mit
jedem Stoß ließ Serafina nun ihre breite, fleischige Zunge
über Tessas Kitzler gleiten. Ihr Stöhnen war laut, sogar
lauter als Serafinas Stöhnen bei jedem Stoß von Karims
dickem Schwanz. Es dauerte nicht lange, bis ihr Körper
von der Lust zerrissen wurde. Dieses Mal schrie sie ihre
Lust laut heraus.

Doch jetzt wurde ihr keine Pause gegönnt. Serafina
machte Platz, und Karim schob sich schnell unter Tessas
Körper, die willenlos alles mit sich geschehen ließ. Er lag
nun komplett unter ihr, nur die Spitze seines Schwanzes
ragte zwischen ihren Beinen hervor. Tessa konnte das feste
Fleisch an ihren Schamlippen spüren. Serafina kniete vor
den beiden. Sie griff zu einem kleinen Kännchen und goss
eine warme, klebrige Flüssigkeit genau auf Karims Schwanz
und Tessas Möse. Es kitzelte, als die Flüssigkeit langsam
von ihrer Haut tropfte. Abwechselnd leckte Serafina nun
Karims Schwanz und ihre Möse. Tessa wollte sie abweh-
ren. Sie war noch viel zu empfindlich für weitere Berührungen, aber Karim hielt ihre Arme fest. Seine Beine schlangen sich um ihre. Sie war Serafinas Zunge ausgeliefert.

Aber Serafina war gut. Sie war besser als jeder Mann,
der Tessa jemals geleckt hatte. Sie wusste ihre Lust anzu-
treiben, wusste, wann sie ihre Zunge zurückziehen musste,
wann sie wieder zustoßen konnte. Zwischendurch leckte
sie Karims Schwanz, bis der Honig fast verschwunden
war. Plötzlich richtete sich Serafina auf. *Nein, sie durfte
jetzt nicht aufhören. Nicht jetzt.*

Aber da spürte Tessa, wie Karim ihre Hüften anhob. Als
er ihren Körper wieder absenkte, spießte er sie ganz sanft
auf seinem Schwanz auf. Dann stieß er richtig zu, wieder

und wieder. Serafina stand über ihnen und beobachtete das Spiel. Ihre Hüften kreisten wieder zur Musik, aber sie blieb auf der Stelle stehen. Tessa keuchte vor Lust, als Karim mit seinen Beinen ihre noch weiter auseinanderschob. Serafina tanzte immer wilder, kam immer tiefer. Karim stieß immer heftiger zu. Dann plötzlich hielt er inne. Serafina schob ihr Becken immer tiefer, und endlich begriff Tessa, was sie vorhatte. Schon pressten sich ihre dunklen Schamlippen auf Tessas feuchte Spalte. Die Kitzler der beiden Frauen rieben sich aneinander. Karim setzte sich wieder in Bewegung und presste mit jedem Stoß Möse an Möse. Beide waren feucht und glitschig. Tessa war verzückt. Entrückt von dieser Welt. Eine Welle der Lust nach der anderen entlud sich in ihr. Serafina drängte ihr heißes Fleisch so lange an ihres, bis Tessa sie wegschieben musste. Sie konnte keinen weiteren Orgasmus mehr ertragen.

Karim drehte sich unter Tessa weg und lagerte sie sanft auf einem Kissenberg. Tessa nahm es nur noch halb besinnungslos wahr. Er setzte sich neben sie auf die Kissen und schob ihr etwas von dem honigtriefenden Baklava in den Mund. Tessa erschrak, als neben ihr Serafina zu einem lauten Zagareet-Trillern anhob. Der schrille Siegesgesang der Berberfrauen. Serafina vibrierte mit der Zunge und erzeugte dabei einen extrem hohen und schrillen Ton. Jetzt wusste Tessa plötzlich, woher Serafina ihre Zungenfertigkeit hatte. Der schrille Ton entfernte sich. Die Tänzerin war fort. Karim streichelte sanft Tessas Rücken. Sie war fast eingeschlafen, als ein letztes Wort ihrem Mund entwich. »Serafina!«

EINE ANMERKUNG DER AUTORIN

Wie ihr Leserinnen und Leser sicher sehr schnell bemerkt habt, fehlt in den Geschichten jeder Hinweis auf den Gebrauch von Kondomen. Das bedeutet nun aber ganz und gar nicht, dass ich der Meinung wäre, Empfängnisverhütung und/oder *Safer Sex*, also der Gebrauch von Kondomen, wäre überflüssig. Das Gegenteil ist der Fall. Aber meine Geschichten sind sexuelle Fantasien und dienen euren Fantasien, und die Hinweise auf den Einsatz eines Kondoms müssten ja notwendigerweise an den spannendsten Stellen eingebaut werden. Das zerstört jede geile Stimmung. Aber in der wirklichen Welt gehen eure Sicherheit und die eures Partners vor. Deshalb tut mir und euch den Gefallen und habt einfach immer ein Kondom griffbereit, wenn auch nur die kleinste Chance besteht, ihr könntet eins brauchen.

Und noch ein Wort zu *sex-in-public*: Fantasien sind Fantasien. Auch wenn für den einen oder die andere gerade die Gefahr, von Fremden beim Sex erwischt werden zu können, den besonderen Kick bringt: Nicht jeder Mensch hat Lust, mit einer solchen Situation konfrontiert zu werden. Nicht jede Örtlichkeit bietet sich an, um im Freien oder an öffentlich zugänglichen Plätzen Sex zu haben. Und für Kinder und Jugendliche finde ich es nur fair, wenn wir ihren Eltern die Entscheidung überlassen, wie und von wem sie aufgeklärt werden.